dtv
W0087218

»Die historischen Etappen des Aufstiegs zur Weltmacht der beiden Staaten werden in zupackender, streckenweise brillanter Weise geschildert.«
Frankfurter Allgemeine Zeitung

»Der Vergleich öffnet den Blick auf charakteristische Merkmale der beiden Systeme ...«
Die Zeit

»Peter Benders Werk über die Verwandtschaften des römischen Imperiums mit der Weltmacht Amerika gehört zu den Büchern, die dringend geschrieben werden mußten.«
Der Tagesspiegel

»Eindrucksvoll ist es, wie er Amerika und also der ganzen Welt den ›schwindelerregenden Zustand‹ beschreibt, einzige Weltmacht zu sein ...«
Berliner Zeitung

Peter Bender, geboren 1923, promovierter Althistoriker, hat seit 1954 als Journalist für den WDR, die ARD, die ›ZEIT‹ und andere Medien als Korrespondent, Redakteur und Kommentator gearbeitet. Wichtige Veröffentlichungen u.a.: ›Offensive Entspannung. Möglichkeit für Deutschland‹ (1964), ›Das Ende des ideologischen Zeitalters‹ (1981). Bei dtv liegt von ihm vor: ›Episode oder Epoche? Zur Geschichte des geteilten Deutschland‹ (4686).

Peter Bender

Weltmacht Amerika
Das Neue Rom

Mit einem neuen Vorwort und
einem neuen Schlußkapitel
zur Taschenbuchausgabe

Deutscher Taschenbuch Verlag

Von Peter Bender
ist im Deutschen Taschenbuch Verlag erschienen:

Episode oder Epoche?
Zur Geschichte des geteilten Deutschland (dtv 4686)

Erweiterte und aktualisierte Taschenbuchausgabe
Juli 2005
Deutscher Taschenbuch Verlag GmbH & Co. KG,
München
www.dtv.de
© 2003/5. Auflage 2004 J. G. Cotta'sche Buchhandlung Nachfolger GmbH,
gegr. 1659, Stuttgart
Das Werk ist urheberrechtlich geschützt.
Sämtliche, auch auszugsweise Verwertungen bleiben vorbehalten.
Umschlagkonzept: Balk & Brumshagen
Umschlagfotos: © Corbis / Randy Duchaine (oben)
und © Bilderberg / Artur
Satz: Dörlemann Satz, Lemförde
Druck und Bindung: Druckerei C. H. Beck, Nördlingen
Gedruckt auf säurefreiem, chlorfrei gebleichtem Papier
Printed in Germany · ISBN 3-423-34204-8

INHALT

Wer die Gegenwart sieht, hat alles gesehen,
was sich seit Ewigkeiten ereignet hat
und auf unendliche Zeit ereignen wird;
denn es ist alles an Art und Wesen einander gleich.
MARK AUREL

Da die Menschen zu allen Zeiten die
gleichen Leidenschaften gehabt haben, so sind zwar die
Anlässe, die die großen Veränderungen hervorrufen,
verschieden, jedoch die Ursachen immer die gleichen.
MONTESQUIEU

Geschichte wiederholt sich in dem Sinne,
daß sich gewisse Arten von Problemen wiederholen,
aber auch verändern.
HENRY KISSINGER

VORWORT

Dies ist ein historisches Buch. Es enthält keine Botschaft, keine Thesen und schon gar keine Theorie. Es prophezeit nichts, weder die Weltherrschaft der Vereinigten Staaten von Amerika noch, wie es jetzt Mode wird, deren Untergang. Das Buch vergleicht. Vergleich geht nicht auf Behauptung, sondern auf Erkenntnis. Wenn ich vergleiche, will ich verstehen, und ich verstehe eine Erscheinung besser, wenn ich sie nicht nur für sich betrachte, sondern neben eine andere stelle, die einige Ähnlichkeit hat. Die Konturen und der Charakter werden schärfer erkennbar, die Taten der Staatsmänner und die Schicksale der Völker werden deutlicher, in ihrer Einmaligkeit oder ihrer Beispielhaftigkeit. Mir wurde über Amerika manches klar, wenn ich mir ansah, wie es mit Rom in einem vergleichbaren Entwicklungsstadium stand, ich verstand mehr von Rom, wenn ich Parallelen zu Amerika suchte. Mit dem Blick auf Rom kamen mir auch Fragen zu Amerika und umgekehrt.

Nicht zuletzt schafft ein Vergleich Abstand, und Abstand ist nötig für eine unbefangene Betrachtung und ein vernünftiges Urteil. Wenn man das alte Rom neben das Amerika von heute hält, bekommt man Distanz zur Gegenwart und gewinnt einen Maßstab, der frei ist von den Gefühlen, die den Blick auf Amerika trüben. Sei es Dankbarkeit, Bewunderung oder Verehrung, sei es Ressentiment, Abscheu oder Hass, sei es eine Mischung aus solchen und ähnlichen Elementen – eine Macht, die alle anderen überragt und fast überall auf der Welt ihre Finger im Teig hat, läßt sich kaum ohne innere Bewegung ins Auge fassen. Ein Vergleich mit Rom gibt Zugang zu Amerika aus zweitausend Jahren Abstand und kann den Versuch erleichtern, sine ira et studio zu begreifen.

Das Buch verdankt seine Entstehung nicht dem terroristischen Massenmord in New York und Washington am 11. September 2001, auch nicht den Kriegen in Afghanistan und
Irak; die Arbeit daran begann schon vor acht Jahren, als niemand ahnen konnte, daß ein solcher Vergleich gewisse Aktualität erhalten würde.

Der praktische Wert historischer Bücher bestand zu allen
Zeiten darin, die Merkwürdigkeiten dieser Welt aus ihrer
Entstehung und Entwicklung besser verständlich zu machen.
Es müssen schon außergewöhnliche Eigenschaften und Umstände gewesen sein, die eine kleine Stadt in Mittelitalien zur
Herrscherin über die ganze antike Welt werden ließen und
dreizehn britische Kolonien am Ostrand Nordamerikas zur
größten Macht der Welt von heute. Wenn wir besser wissen,
wie sie das wurden, begreifen wir auch besser, warum sie
sind, wie sie sind, und kaum anders sein können.

I. 2000 JAHRE ABSTAND

In der Geschichte der Welt gab es etliche Senate,
aber nur zwei wirklich große, den römischen
und den amerikanischen.
ROBERT BYRD

1. Zwei strategische Köpfe

Im Jahr 279 vor Christus stand der Senat in Rom vor einer Ent-
scheidung, bei der es kaum Zweifel gab, wie sie ausfallen müsse.
König Pyrrhos war aus Epiros (heute Albanien und Nordwest-
Griechenland) nach Italien gekommen, hatte die römischen
Legionen zweimal geschlagen und sich mit Roms Feinden im
Süden der Halbinsel verbündet. Einen solchen Gegner hatten
die Römer noch nicht erlebt. Pyrrhos war einer der besten
Militärs seiner Zeit, und sein Heer war kaum schwächer als das
Heer, mit dem Alexander fünfzig Jahre vorher das ganze Perser-
reich erobert hatte. Erstmals begegneten die römischen Legionen der überlegenen hellenistischen Kriegskunst und mußten
den Panzern des Altertums, den Elefanten, standhalten. Sie
hatten zwar tapfer gekämpft und Pyrrhos nur »Pyrrhos-Siege«
gestattet mit schweren Verlusten, aber sie waren die Besiegten
und mußten weitere Niederlagen fürchten. Doch dann eröffnete sich eine überraschende Möglichkeit: Der König bot Frieden und Freundschaft an, er sah sich genötigt, nach Sizilien zu
gehen, um den Griechen dort gegen die Karthager zu helfen.
Es war eine Wendung, die niemand in Rom erwartet hatte,
man konnte einen unüberwindbaren Gegner auf leichte Weise

loswerden. Der römische Gesandte schloß einen Vertrag mit Pyrrhos, und der König schickte seinen Minister Kineas nach Rom, um den Senat zur Ratifizierung des Abkommens zu überreden. Kineas war ein welterfahrener Mann und geschickter Diplomat, seine Worte sollen mehr Städte gewonnen haben als die Waffen des Königs. Auch in Rom arbeitete er nicht ohne Erfolg, im Senat wuchs die Neigung, den Vertrag zu bestätigen. Doch dann schlug die Stimmung um. Aus Karthago kam ein Angebot, den Kampf gegen Pyrrhos gemeinsam zu führen, und aus der Stadt kam eine Mahnung, die der Senat nicht ignorieren konnte.

Appius Claudius Caecus war eine Autorität; er entstammte ältestem Adel, hatte die höchsten Ämter bekleidet und innen- wie außenpolitisch große Weitsicht bewiesen. Er war zwar schon alt und hatte sich aus der Politik zurückgezogen, doch als er von der Friedensbereitschaft des Senats hörte, ließ er sich von seinen Söhnen und Schwiegersöhnen in die Sitzung führen. Er sei blind, begann Claudius, aber nun bedaure er, nicht auch taub zu sein, weil er höre, wie hier Roms Ruhm und Macht vertan werden solle. Um beides, den Ruhm und die Macht, ging es Claudius, als er gegen den Frieden mit Pyrrhos plädierte, zuerst mit praktischen Gründen. Der König sei keineswegs so stark, wie er tue; vor allem sei er ein Abenteurer, deshalb wäre es ein schwerer Irrtum anzunehmen, man werde ihn los, wenn man sich mit ihm vertrage oder gar verbünde. Dann wurde Claudius grundsätzlich. Wenn Rom nach zwei Siegen des Pyrrhos mit ihm Frieden schließe, müsse alle Welt das als Schwächebeweis nehmen. Die Tarentiner, die Pyrrhos nach Italien geholt hatten, und die Samniten, die zu Pyrrhos übergelaufen waren, würden lachen über Rom. Alle Feinde würden glauben: Wenn Rom mit Pyrrhos nicht fertig wird, kann es nicht schwer sein, mit Rom fertig zu werden. Deshalb gebe es nur eins: Pyrrhos müsse für seinen Überfall auf Italien bestraft werden.

Claudius appellierte an den römischen Sinn für Ruhm und Macht: Niemals Schwäche zeigen! Rom sollte stark sein gegen Pyrrhos, damit die Samniten, die man nach fünfzig Jahren Krieg fast bezwungen hatte, nicht wieder Mut faßten. Es sollte stark sein, damit die frechen Griechen in Tarent nie wieder auf den Gedanken kämen, sich aus Übersee Helfer zu holen. Ein Frieden mit Pyrrhos hätte verlangt, dessen Verbündete in Italien, Lukaner, Bruttier, Samniten und Griechen, in die Unabhängigkeit zu entlassen. Rom aber, mahnte der alte Mann, müsse Herr sein in Italien.

Der Senat verstand und verabschiedete den Botschafter des Königs mit der Weisung: Pyrrhos müsse Italien räumen, erst dann könne er mit Rom über Frieden und Freundschaft reden; solange er unter Waffen im Lande stehe, werde Rom gegen ihn kämpfen. So geschah es dann. Als der Senat auch nach Pyrrhos' drittem Sieg nicht nachgab, verließ der König, ermattet von soviel Standhaftigkeit, Italien.

Im Herbst des Jahres 1823 stand der amerikanische Präsident James Monroe vor einer Entscheidung, bei der es wenig Zweifel gab, wie sie ausfallen müsse. Der englische Außenminister George Canning schlug eine gemeinsame britisch-amerikanische Erklärung vor, die Frankreich vor einer militärischen Intervention in Amerika warnen sollte. Was konnte es für Washington Besseres geben? Die erste Seemacht der Welt erklärte sich bereit, die Vereinigten Staaten vor einem Angriff aus Europa zu schützen. Ein solcher Angriff erschien immerhin möglich. Im Frühjahr 1823 hatte der französische König Ludwig XVIII. eine Armee nach Spanien geschickt, um seinem bourbonischen Vetter Ferdinand wieder zu seiner königlichen Macht zu verhelfen; ein liberales Regime hatte Ferdinand zur bloßen Repräsentationsfigur degradiert, das war ein Zustand, den die gekrönten Häupter Europas, vereint in der Heiligen Allianz, nicht dulden mochten. Der französische Feldzug in Spanien kam gut voran. In London und in Washington fürchtete man: Wenn die Franzosen erst einmal in Schwung sind, marschieren sie gleich weiter und versuchen, Spanien bei der Wiedereroberung seiner Kolonien in Amerika zu helfen, die sich vor kurzem selbständig gemacht hatten. Wiederherstellung der spanischen Kolonialmacht hieße dann auch Wiederherstellung des spanischen Handelsmonopols in Lateinamerika, und das zu verhindern, waren Engländer und Amerikaner gleichermaßen interessiert.

In Washington lebte auch noch die Erinnerung an Napoleon. Es war erst zwei Jahrzehnte her, daß er von New Orleans aus die französische Kolonialmacht in Nordamerika hatte wiederherstellen wollen. Die Absicht war so ernst, daß sich Präsident Jefferson vom Kongreß ermächtigen ließ, 80 000 Milizsoldaten zu mobilisieren, doch gegen die kriegserfahrenen Franzosen hätten die ungeschulten Amerikaner wenig ausgerichtet. Napoleon gab seinen Plan auf, aber wer konnte wissen, ob Ludwig XVIII. ihn nicht wieder aufnehmen würde? Französische Diplomaten phantasierten bereits von befreundeten Bourbonen-Monarchien in der Neuen Welt – Bourbonen also in Paris, Madrid und Amerika. Eine europäische Großmacht, so schien es, könnte den Vereinigten Staaten bedrohlich auf den Leib rücken.

Eine zweite befand sich bereits auf dem amerikanischen Kontinent und ließ ihre Absicht erkennen, sich dort weiter auszudehnen. Rußland, das Alaska im Besitz hatte, strebte nach Süden, eine »Russisch-Amerikanische Gesellschaft« sollte im Auftrag des Zaren bis zum 51. Breitengrad vordringen, das war nur ein Stück nördlich von Vancouver. Außerdem beanspruchten die Russen Hoheitsgewässer von hundert Kilometern Tiefe, gesperrt für ausländische Schiffe. England und die Vereinigten Staaten protestierten unabhängig voneinander.

Um sich den Rückhalt Englands gegen europäische Invasionspläne zu sichern, empfahl es sich für Washington, Gemeinsamkeit mit London herzustellen. Nur die englische Flotte konnte Franzosen und Russen von einer Expansion in Nordamerika abhalten. Der amerikanische Gesandte in London war daher geneigt, Cannings Vorschlag zu einer gemeinsamen Erklärung anzunehmen, Präsident James Monroe war es ebenfalls, und seine beiden Vorgänger Thomas Jefferson und James Madison, die er zu Rate zog, stimmten zu. Nur einer widersprach, ein Mann von unbestrittener Autorität. Außenminister John Quincy Adams war der Sohn eines Präsidenten und wurde nach Monroe selbst Präsident. Er verfügte über Erfahrung in ganz Europa, hatte sein Land in Den Haag, Berlin, St. Petersburg und London vertreten und 1814 den Frieden mit England ausgehandelt. Er war ein strategischer Kopf, »die wertvollste öffentliche Figur, die wir draußen haben«, sagte schon 1797 Präsident Washington, und er wurde einer der bedeutendsten Außenminister Amerikas im 19. Jahrhundert, vielleicht der bedeutendste.

Adams argumentierte zunächst praktisch: Englands Hilfe sei zwar unentbehrlich, aber man bekomme sie auch umsonst, ohne gemeinsame Erklärung, denn die Briten würden aus eigenem Interesse dafür sorgen, daß Franzosen und Spanier nicht wieder in Amerika Fuß faßten. Adams kalkulierte im Blick auf die Engländer ebenso kühl wie später de Gaulle im Blick auf die Amerikaner: Wozu sich eng mit ihnen solidarisieren, schützen müssen sie uns ohnehin. Dann wurde der Außenminister grundsätzlich: Selbst eine lose Allianz mit einer europäischen Macht berge die Gefahr, in die end- und uferlosen Streitereien der Alten Welt hineingezogen zu werden – davor hatte schon George Washington in seiner Abschiedsbotschaft gewarnt. Adams riet Monroe, sich nicht von den Engländern abhängig zu machen und statt dessen eine eigene, amerikanische, Erklärung abzugeben. Der Präsident verstand und flocht im Dezember in seine Jahresbotschaft an den Kongreß einen längeren Passus ein, den Adams entworfen hatte. Als »Monroe-Doktrin« wurde er zum historischen Dokument amerikanischen Selbstbewußtseins.

Der Präsident bestätigte, was früher schon erklärt worden war: Die Vereinigten Staaten würden sich auch künftig von innereuropäischen Kriegen fernhalten und die europäischen Kolonien in Amerika nicht antasten. Doch der entscheidende Satz lautete dann: »Da die beiden amerikanischen Kontinente

ihre Unabhängigkeit errungen und behauptet haben, stehen
sie in Zukunft europäischen Mächten nicht zur Gründung
weiterer Kolonien zur Verfügung.« Sollten europäische
Mächte versuchen, die freien Republiken zu »unterdrücken
oder zu beherrschen«, so »werden wir das als unfreundliche
Handlung gegen uns betrachten«. In der Sprache der Diplomatie war das die Drohung mit dem Krieg.

Für die Situation des Jahres 1823 bedeutete das so gut wie
nichts. Die Franzosen hatten damals gar nicht die Absicht, sich
wieder in Amerika zu engagieren; und wenn sie etwas davon
abhielt, war es die stille Demarche des britischen Außenmini-
sters und nicht die öffentliche Erklärung des amerikanischen
Präsidenten. Die Bedeutung der Monroe-Doktrin lag im Jahr
1823 nicht in ihrer Wirkung, sondern in ihrem Anspruch. Hier
vereinigten sich nicht, wie Canning wünschte, die Angelsachsen gegen Frankreich und Spanien, hier sprach Amerika gegen
Europa, und das hieß auch gegen Großbritannien.

Canning nahm Monroes Botschaft höchst verärgert auf,
denn er erkannte, daß die Amerikaner das Gegenteil dessen
anstrebten, was ihm vorschwebte. Er wollte sie als politische
Hilfstruppe in Europa einsetzen, sie aber wollten sich nicht
in europäische Streitigkeiten hineinziehen lassen. Er wollte
Englands Stellung in Amerika bewahren und stärken, die
Vereinigten Staaten aber wollten sich von Europa emanzipieren und allmählich lösen.

Und das war noch nicht alles. Der Präsident in Washington
sprach nicht nur für seinen Staat, sondern trat als Anwalt
»beider amerikanischer Kontinente« auf. Sein Außenminister
hatte dem englischen Gesandten schon früher unverblümt erklärt, die Briten dürften Kanada behalten, »aber überlassen
Sie uns den Rest des Kontinents!« Die Welt, so notierte John
Quincy Adams 1819, müsse damit vertraut gemacht werden,
»daß wir den amerikanischen Kontinent für unseren Herr-
schaftsbereich halten«. Was vor wenigen Jahrzehnten noch
britische Kolonie war, beanspruchte nun, die gesamte Neue
Welt zu führen und gegen die Alte zu vertreten.

Appius Claudius und John Quincy Adams – 2100 Jahre lagen zwischen ihnen, aber politisch dachten sie bemerkenswert gleich. Sie sorgten sich um die Sicherheit ihres Staates und endeten in einem Machtanspruch: Italien allein den Römern, Amerika allein den Amerikanern! Beider Wort fand Gehör, weil es von Männern mit politischem Gewicht kam, doch die persönliche Autorität allein gab nicht den Ausschlag. Claudius fand im Senat und Adams beim Präsidenten Gehör, weil sie etwas sagten, das dem Selbstbewußtsein und dem Machtinstinkt der Römer und Amerikaner entsprach. Claudius und Adams hatten in einem wichtigen Augenblick zu Ende gedacht und klug begründet, was allgemeine Auffassung oder doch Empfindung war.

Ihre Empfehlungen wurden daher zu Grundsätzen der Außenpolitik ihrer Staaten. Claudius' Rede ging in die politische Tradition der Römer ein, Cicero, Tacitus und Seneca kannten sie noch. Aus Adams' Rat wurde die Monroe-Doktrin, es war die erste in einer langen Reihe von Doktrinen, mit denen Präsidenten der amerikanischen Politik eine Richtschnur gaben. Wenn Römer und Amerikaner in ähnliche Situationen kamen wie in den Jahren 279 vor und 1823 nach Christus, dann verhielten sie sich, als folgten sie den Ratgebern von damals.

2. Amerika und die Antike

Der Vergleich zwischen Rom und den Vereinigten Staaten ist so alt wie die Vereinigten Staaten. Schon Ende des 18. Jahrhunderts galt die antike Republik den Gründungsvätern der neuen Republik als Vorbild. Beide waren aus einem Befreiungskampf hervorgegangen, für beide blieb Freiheit von monarchischer Gewalt erstes Gebot der inneren Ordnung. Wie sich die Amerikaner gegen die koloniale Herrschaft des englischen Königs erhoben hatten, so die Römer gegen die Herrschaft des etruskischen Königs. Von Brutus, der den »über-

mütigen« Tarquinius verjagte, bis zu Brutus, der Caesar ermordete, gaben die Römer ein Beispiel unerschütterlicher
Treue zur republikanischen Freiheit. Cicero und der jüngere
Cato, beide Opfer tyrannischer Gewalt, wurden verehrt,
ebenso der halb sagenhafte Diktator Cincinnatus, der die Diktatur nach sechzehn Tagen niederlegte und an seinen Pflug
zurückkehrte, nachdem er seinen Auftrag erfüllt und die
Feinde geschlagen hatte. Eine prominente Gesellschaft mit
George Washington an der Spitze nannte sich »Cincinnati«,
wonach wiederum die Stadt in Ohio ihren Namen erhielt.

Politiker und politische Schriftsteller gaben ihren Auffassungen das Gewicht altrömischer Strenge, indem sie als »Publius« oder »Fabius« schrieben. Wohlhabende schmückten
ihre Häuser mit den Nachbildungen antiker Charakterköpfe
und ließen sich selbst als Römer porträtieren, George Washington gab man die Gestalt des Augustus, ein wenig kurios:
der Begründer der Republik in der Rolle des Begründers der
Monarchie, aber vielleicht war schon der Begründer des Imperiums gemeint? Bis heute sichtbar sind die Zeugen symbolischer Nachfolge, das Parlamentsgebäude heißt Capitol und
die höhere Kammer Senat, auf Münzen und Dollarnoten geht
die bundesstaatliche Verfassung in lateinischer Form täglich
durch die Hände jedes Amerikaners: E pluribus unum.

So wurde auch gebaut. Jenseits des Atlantik gibt es kaum
weniger Säulen als diesseits, Washington ist voll davon, sie
gerieten, wie fast alles in Amerika, zu gigantischen Dimensionen. Und je reicher die Amerikaner wurden, desto näher
wollten sie dem verehrten Vorbild kommen. Für das Capitol
nahmen sie heimischen Marmor, später wollten sie es ganz
echt haben und schafften sogar den weißen Stein aus dem
italienischen Carrara über den Atlantik herbei. Nach dem
Muster des Rom am Potomac entstanden in den Hauptstädten
der Bundesstaaten säulenreiche kleine Roms, ähnlich den antiken Bürgergemeinden in Italien, die ihr Forum, ihr Rathaus
und ihre Tempel nach dem Beispiel des großen Rom am Tiber
anlegten.

Vorbild für Amerika konnte Rom jedoch nur jenseits der geschichtlichen Wirklichkeit sein, als Legende, als Vorratskammer für fromme Heldengeschichten mit Opfermut und einfachem Leben, als Traditionsstifter und Namengeber oder überhaupt als eine Autorität, die keiner Begründung bedurfte. Sobald praktische Entscheidungen zu treffen waren, bestimmte die praktische Vernunft. Die Verfassung der Vereinigten Staaten folgte nicht römischen Einrichtungen, sondern gründete sich auf englische Traditionen, auf Montesquieu und auf den schöpferischen Verstand der Gründungsväter. Die Geschichte Roms war für die Amerikaner das gleiche wie für die Europäer bis ins 19. Jahrhundert, ein Schatzhaus von politischen Erfahrungen, aus denen man lernen konnte. Man lernte auch nicht nur von Rom, sondern von der ganzen Antike, und auf der Suche nach republikanischen Erfahrungen prüften die Amerikaner auch die Niederlande und die Schweiz. In den Federalist Papers, Diskussionsbeiträgen der besten Köpfe für die Verfassung von 1787, erscheint Griechenland siebzehnmal und Rom nur elfmal.

Wenn es um Verfassungsfragen ging, gaben die Alten kein Vorbild, sondern Beispiele, mit denen ein Autor seine Ansicht stützte. Als James Madison und Alexander Hamilton begründen wollten, weshalb die amerikanischen Staaten eine starke Bundesspitze brauchten, legten sie ausführlich dar, wie und woran Staatenbünde in Griechenland zerfallen und zugrunde gegangen waren. Für heutige Zeiten kaum mehr vorstellbar, aber damals eine überzeugende Argumentation: Der ganze Artikel enthält nichts als antike Geschichte, um zu beweisen, daß »föderative Körperschaften (federal bodies) eher zur Anarchie ihrer Mitglieder als zur Tyrannis ihrer Spitze neigen« (18. Artikel). Als Madison die Schaffung einer zweiten Kammer empfahl, erinnerte er: Antike Republiken, die Bestand hatten, Sparta, Rom und Karthago, hätten einen Senat gehabt, um die Freiheit mit Stabilität zu verbinden. Andererseits widersprächen jedoch Senatoren auf Lebenszeit, wie es sie in Sparta und Rom gab, dem Geist Amerikas.

Als Hamilton gegen die Meinung zu Felde zog, eine Republik dürfe keine starke Regierung haben, holte er die römischen Konsuln als abschreckendes Beispiel zu Hilfe: Zwei gleichberechtigte Träger der höchsten Amtsgewalt, das gab Streit und mußte ihn geben, erstaunlich erscheine nur, wie wenig dabei schief gegangen sei. Doch dann verließ Hamilton das »Dämmerlicht historischer Forschung« und unterwarf sich der Vernunft und dem gesunden Menschenverstand (reason und good sense). Geschichte also als wichtige Lektion und als nützliches Hilfsmittel für die Beweisführung, mehr aber auch nicht.

Zu den Lektionen gehörte, daß Republiken nur so lange bestehen, wie ihre Bürger genügsam bleiben, einfach, sparsam und fleißig. Die römische Republik bewies es, sie ging zugrunde, als Reichtum, Verschwendung und Bequemlichkeit einzogen. Als Vorbild galt daher nur die alte Zeit und als ernste Warnung das Jahrhundert der Bürgerkriege. Die Amerikaner folgten einer Tradition, die in der Antike ihren Ursprung hatte: Die Macht verfällt, wenn die guten Sitten verfallen.

All das war nicht allein amerikanisch, sondern lag in der Zeit, sichtbar vor allem in der Französischen Revolution, die sich bis zur Unkenntlichkeit Roms auf Rom berief. Wie die Europäer hörten die Amerikaner später auf, mit korinthischen Säulen zu bauen, sie ließen sich nicht mehr als Römer in Bronze gießen, beriefen sich nicht mehr auf den alten Cincinnatus und nutzten das Altertum nicht mehr als Arsenal politischer Lektionen, sondern nur noch als Quelle für Zitate und politische Anspielungen. Richard Nixon behauptete, er wandere nachts zuweilen zwischen den Säulen des Lincoln-Memorial und des Nationalarchivs, dabei denke er an Griechenland und Rom, von denen nur geblieben sei, was wir sehen: die Säulen. Vor dem trüben Bild rettete sich Nixon dann, wie viele vor ihm, in naiven Optimismus: Aber Amerika habe die Vitalität, Kraft und Gesundheit, um nicht der Dekadenz zu verfallen, an der die Alten zugrunde gingen. John F. Ken-

nedy gab dem berühmten »Ich bin ein Berliner« historischen
Hintergrund, indem er erinnerte, vor zweitausend Jahren sei
der stolzeste Satz gewesen: »Ich bin römischer Bürger.« Henry
Kissinger mahnte während der Ölkrise 1974 den Westen zur
Geschlossenheit, sonst werde es ihm wie den griechischen
Stadtstaaten ergehen, die sich zerstritten, statt einig zu sein
gegen Makedonien und Rom.

In jüngster Zeit wird in Amerikas Verhältnis zur Antike ein
dritter Abschnitt erkennbar. Rom bleibt nicht mehr nur hu-
manistisches Bildungsgut, sondern wächst wieder zu einem
Beispiel für die Vereinigten Staaten. Doch während früher die
römische Republik das Exempel gab, ist es nun das römische
Imperium. Früher war es als imperialistisch verdammt, erscheint aber in einem anderen Licht, seit Amerika nach dem
Ende der Sowjetunion zur einzigen, alles überragenden Weltmacht geworden ist. Wenn Politiker, Professoren und Publizisten die gewaltige Macht veranschaulichen wollen, über die
nun die Vereinigten Staaten verfügen, fällt ihnen fast immer
das Imperium Romanum ein. Um eine geeignete Parallele
zu finden, meinte der frühere Außenminister James Baker,
müßten die Historiker bis zum römischen Weltreich zurück-
gehen. Der englische Historiker Paul Kennedy, spezialisiert
auf große Reiche, hielt Amerikas Macht gegenüber anderen
Ländern für »ausgeprägter, als das jemals seit dem Römischen Reich« der Fall war. Der Senator Robert Byrd, Verfas-
ser einer Geschichte des amerikanischen Senats, sagte 1998 in
einer Rede: »Es gab in der Geschichte etliche Senate auf der
Welt, aber nur zwei wirklich große Senate, den römischen
und den amerikanischen.« Klaus Harpprecht gab dazu schon
1972 eine originelle Illustration. Er stellte vierzehn amerikanische Senatoren-Köpfe neben ähnliche römische Charakterköpfe und fragte: »Washington das neue Rom«?

Der neue Vergleich beißt sich allerdings mit dem alten.
James Baker empfand ein »gewisses Unbehagen«: »Die Vereinigten Staaten sind kein herkömmliches Imperium«, denn
ihre überragende Stellung gründe sich nicht auf »imperiali-

stisches Streben«, sondern auf »Konsultation und Konsens«
sowie auf eine »Wertegemeinschaft«. Ähnliche Schwierigkeiten haben Amerikaner mit dem Begriff Pax Americana. Er
ist der Pax Romana nachgebildet und erweckt den Eindruck,
Amerika erzwinge Frieden, wie Rom es tat. Präsident Kennedy lehnte den Ausdruck ab, James Baker, 35 Jahre später im
Bewußtsein der unerreichbaren Macht seines Landes, akzep-
tierte ihn mit Vorbehalt: Pax Americana spiegele »zwar Amerikas einmalige Vorrangstellung in der heutigen Welt«, lasse
aber »wenig von der Komplexität amerikanischer Stärke« erkennen. Das hieß: Wir sind so mächtig, wie Rom es war, aber
unsere Stärke ruht auf anderer, gemeint ist ethisch tragfähi-
ger Grundlage. Mit dem Beginn des neuen Jahrtausends geht
in manchen akademischen Kreisen die Argumentation umgekehrt: Wir sind ein attraktives Empire und sollten daher eine
Pax Americana schaffen. Man fühlt sich moralisch besser als
die Römer und darf sie sich sonst zum Vorbild nehmen. Man
ist nun einmal der Stärkste in der Welt und sollte sich dazu
bekennen. Amerika trägt die Pflichten eines Empire, darf daher besondere Rechte beanspruchen.

Im 19. Jahrhundert verglich sich noch Großbritannien
gern mit dem römischen Imperium und hatte auch ein globales Empire. Doch seitdem ist Rom für Europa nur noch ferne
Geschichte, die immer ferner rückt und aus den Lehrplänen
allmählich verschwindet. Kein europäischer Staat, auch nicht
die Europäische Union, hat die Statur, sich mit der antiken
Großmacht zu messen, nur die Vereinigten Staaten können es.

3. Unterschiede und Ähnlichkeiten

Als John Quincy Adams sich in einem Standbild als Römer
verewigen ließ, folgte er dem Geist und Geschmack seiner
Zeit. Als er seinem Präsidenten empfahl, Amerikas Anspruch
auf Amerika zu proklamieren, dachte er gewiß nicht an die
Römer, aber er verhielt sich wie ein Römer. Auf diesen Unter-

schied kommt es an. Zweifellos ist es interessant zu sehen, wann und warum sich Amerikaner auf Rom beziehen und welches Rom sie meinen, das republikanische oder das imperiale, aber diese Prüfung sagt nur etwas über amerikanisches Selbstverständnis. Ein Vergleich der Vereinigten Staaten mit Rom muß sich auf reale Ähnlichkeiten richten, Ähnlichkeiten im Denken, Handeln und Verhalten, auch in den geographischen und demographischen Voraussetzungen und schließlich in den Ergebnissen. Gibt es zwischen der antiken und der gegenwärtigen Weltmacht substantielle Ähnlichkeiten – sowohl zwischen ihren Wegen zur Weltmacht als auch in ihrem Verhalten als Weltmacht?

Unvermeidlich fallen als erstes große Unterschiede ins Auge. Hier ein Stadtstaat, der sich mit der Waffe alles erkämpfte, dort eine Föderation, die sich vor allem durch Siedlung, Kauf und wirtschaftliche Expansion ausdehnte. Hier eine Aristokratie, bei der alle Initiative lag, dort Farmer, Reeder, Händler, Ingenieure, Goldsucher und Abenteurer, von denen die meiste Bewegung ausging. Hier ein Beispiel, was ein Staat vermag, dort der Beweis, was ohne Staat möglich ist. Unterschiedlich auch die politische Gedankenwelt. Hier die Praktiker ohne Sinn für Ideologie, dort die Praktiker mit missionarischem Eifer für Republik, Demokratie und Menschenrechte. Anders auch die Wurzeln ihrer Kraft, hier politischer Instinkt, staatsbürgerliche Disziplin und militärische Stärke, dort unternehmerische Energie, dynamische Wirtschaft und fortschreitende Technik. Anders auch das Endergebnis: Hier ein monarchisch regiertes Imperium, dort ein demokratisch und ökonomisch geleitetes Informal Empire.

Dennoch lassen Römer und Amerikaner Ähnlichkeiten erkennen, die unabhängig sind von Zeit, Raum und Verfassung. Ihre stärkste Gemeinsamkeit ist, daß sie gleiche Fragen provozieren. Die erste ergibt sich aus der spektakulären Karriere, die sie gemacht haben. Wie eine wenig bedeutende Stadt am Tiber zur Herrin der damals erreichbaren Welt wurde, hat schon den Griechen Polybios im zweiten Jahrhundert vor

Christus zu einem großen Geschichtswerk inspiriert und
ist als die Frage nach den »Ursachen der Größe Roms« zu uns
gekommen. Die Vereinigten Staaten fanden ihren Polybios
in dem Franzosen Alexis de Tocqueville, und das Nachdenken
wird weitergehen, wie dreizehn europäische Kolonien ihr
Mutterland Europa in den Schatten stellen und als welt-
beherrschender Kontinent ablösen konnten. Sobald man die
Entstehung anderer Großreiche ins Auge faßt, zeigt sich eine
Gemeinsamkeit. Römer wie Amerikaner verdankten ihren
Aufstieg nicht stürmerischen Eroberern, keinem Alexander,
Dschingis-Khan oder Napoleon, sondern einem langen Pro-
zeß; beide wuchsen allmählich zu dem, was sie wurden. Ein
Vergleich kann zeigen, was dabei ähnlich und was ganz an-
ders war.

Auch das Amerika der Gegenwart provoziert den Rückblick auf Rom. Der Status der einzigen Weltmacht ist historisch nahezu beispiellos, nicht zufällig gehen fast alle, die
Amerikas einzigartige Stellung verständlich machen wollen,
zweitausend Jahre bis zum Imperium Romanum zurück. Dabei ergeben sich wieder gleiche Fragen. Wie ergeht es einem
Staat, der zwar nicht alles tun kann, dem aber kein anderer
etwas antun kann? Zu welchen Versuchungen führt seine
Beinahe-Allmacht, welche Verantwortung erlegt sie ihm
auf? Worauf muß er sich stützen, um seine Stellung zu wahren? Auf Soldaten oder Finanzen, auf Drohung oder klugen
Umgang mit Unterworfenen und Abhängigen, auf ökonomische Stärke oder kulturelle Vorbildlichkeit oder auf alles
zugleich? Das Stichwort Kultur legt eine weitere Frage nahe.
Wie steht es um das Verhältnis zu den geistigen Vätern, die
nun politische Vasallen wurden? Verhalten sich Amerikaner
und Europäer ähnlich zueinander wie seinerzeit Römer und
Griechen?

Zweitausend Jahre liegen zwischen damals und heute. Wir
leben in einer Welt der Atomkraft, Computer-Vernetzung
und Gen-Entschlüsselung, die unsere Gegenwart von aller
Vergangenheit trennt. Gleich geblieben ist aber die Politik.

Die Konstellationen und Situationen sind immer anders, die Probleme jedoch, die sich im Umgang der Menschen miteinander stellen, unterscheiden sich auch im Abstand von Jahrtausenden nicht.

II. INSULANER

*Seitdem die Fäden dieses so fein wie fest um ganz
Italien geschlungenen Netzes in den Händen der römischen
Gemeinde zusammenliefen, war diese eine Großmacht.*
THEODOR MOMMSEN

*Die USA sind im 20. Jahrhundert nicht wegen ihrer
Unternehmungen in der Außenpolitik zu einer Weltmacht
geworden, sondern weil sie das 19. Jahrhundert dazu genutzt
haben, den nordamerikanischen Kontinent zu entwickeln.*
WILLIAM FULBRIGHT

1. Insulare Sicherheit

Der griechische Historiker und Geograph Strabon fragte wie
sein Vorgänger Polybios nach den Ursachen der Größe Roms
und nannte als erstes: »Italien wird allseits von Meeren sicher
bewacht, abgesehen von wenigen Teilen, die von unwegsa-
men Bergen wie durch Mauern geschützt sind« (Geographia
6, 4, 1). Von den Alpen als den Mauern Italiens sprach schon
der ältere Cato Anfang des 2. Jahrhunderts vor Christus. Im
Jahr 1940 urteilte der Ausschuß des amerikanischen Senats
für Flottenfragen: «Vom militärischen Standpunkt aus müssen die Vereinigten Staaten als eine insulare Nation betrachtet werden. Von möglichen Feinden in Ost und West sind wir
durch breite und tiefe Ozeane getrennt, an unseren nördlichen und südlichen Grenzen leben Nationen, die bisher
freundlich gewesen sind.«

Im geographischen Sinn sind weder Italien noch die Vereinigten Staaten Inseln, im politischen und militärischen Sinn wurden sie jedoch als solche betrachtet. Italien ist immerhin eine Halbinsel, die Seegrenzen der Vereinigten Staaten sind kaum kürzer als ihre Landgrenzen (7065 zu 8465 Kilometer ohne Alaska), aber waren und blieben weit wichtiger. Denn den gewissen Schutz, den Italien durch die Alpen erhielt, genossen die Vereinigten Staaten in viel höherem Maße durch die jahrhundertelang bewährte Friedfertigkeit ihrer nördlichen und südlichen Nachbarn. Historisch und kulturell gehört Italien nicht zu Zentraleuropa, sondern zum Mittelmeer, und die Vereinigten Staaten entwickelten sich auf einem eigenen Kontinent, den Antlantik und Pazifik von allen anderen Kontinenten scheiden. Auf beide paßt, was Fernand Braudel »ziemlich streng isolierte Welten« nennt, sein deutscher Übersetzer prägte den Ausdruck »Fast-Inseln«. Gleich wie man es nennt, Halb-, Fast-, Quasi-Inseln oder nur Inseln, die Bewohner, Römer wie Amerikaner, blieben in ihrem Denken und Empfinden lange Insulaner, die Amerikaner haben sogar ein eigenes Wort dafür: Isolationismus.

Meere können verbinden und zur Welt öffnen, noch mehr aber trennen sie. Für das antike Italien war dies um so mehr der Fall, als nicht Seefahrer wie die Griechen oder Etrusker die ganze Halbinsel unterwarfen und einten, sondern das Bauernvolk der Römer, die nicht zur See, sondern zum Land sahen. Ihre Hauptsorge während der ersten Jahrhunderte galt dem Norden, wo Italien keine Insel ist und immer wieder Kelten über die Alpen kamen, oft Keltenstämme in der Poebene mitrissen und das Land südlich des Apennin mit Raubzügen terrorisierten. Im Juli 387 vor Christus eroberten sie Rom, plünderten und verbrannten die Stadt und demütigten die Besiegten mit dem Schwert, das der Heerführer auf die Goldwaage warf: Vae victis, wehe den Besiegten. Der Gallierschrecken schuf nicht nur Legenden wie die Rettung des Kapitols durch die wachsamen Gänse, sondern wurde zum Trauma der Römer, vergleichbar der Russenangst der Deut-

schen im 20. Jahrhundert. Der zweite, nie vergessene Schrek-
ken kam im Spätherbst 218, als Hannibal die Alpen überschritt und die Römer siebzehn Jahre lang im eigenen Land
bedrängte. Wo Italien keine Insel mehr ist, war es angreifbar.

Im übrigen aber war Italien »von den Meeren sicher bewacht«. Es blieb, soweit es römisch war, jahrhundertelang
von überseeischer Invasion verschont, erst Pyrrhos bedrohte
Rom, er kam nicht aus eigenem Antrieb, sondern auf Ein-
ladung von Tarent. Mit der Unterwerfung von Tarent, das
immer wieder griechische Abenteurer zu Hilfe rief, konnte
Rom Italien gegen überseeische Angriffe sichern. Mit der
Seemacht Karthago stand es bis zum Jahr 264 in korrekten,
vertraglich geregelten Beziehungen; gegen Pyrrhos war es
mit Karthago sogar verbündet. Zweihundert Jahre lang, seit
der Befreiung von den Etruskern, konnten sich die Römer,
ungestört von der außeritalischen Welt, ausschließlich Italien
widmen. Ihre Politik, und im wesentlichen auch ihr Gesichtskreis, beschränkten sich auf ihre Halbinsel.

Die Vereinigten Staaten genossen den Schutz der Meere
zunächst nur eingeschränkt. Anders als die Römer hatten sie
Gegner aus Übersee bereits auf ihrer Insel, die Spanier in Florida, die Engländer in Kanada, die Franzosen von New Orleans
hinauf bis nach Kanada, die Russen in Alaska. England blieb
durch das ganze 19. Jahrhundert das Hauptproblem der amerikanischen Außenpolitik. Wohin immer die Vereinigten Staaten sich ausdehnen wollten, nach Norden, Westen oder Süden,
überall stellten sich ihnen die Engländer entgegen.

Doch in London hatte man nicht nur den Wunsch, die Ausdehnung der früheren Kolonien in Amerika einzudämmen;
noch wichtiger erschien, die anderen Europäer von Amerika
fernzuhalten, darauf hatte John Quincy Adams, als er die Monroe-Doktrin anregte, zu Recht spekuliert. Dieses Interesse der
Briten hielt an und bewirkte, daß die Flotte der stärksten Seemacht des 19. Jahrhunderts Amerikas Küsten nicht mehr bedrohte, sondern sicherte. Im Schutz der englischen Flotte konnten die Vereinigten Staaten den Schutz der Ozeane genießen.

Ihre schwächste Stunde war der Bürgerkrieg von 1861 bis 1865, aber keine europäische Kolonialmacht, auch England nicht, wagte es, die Situation auszunutzen. Keine erkannte die Selbständigkeit der abgespaltenen Südstaaten an oder unterstützte die Sezessionisten politisch oder gar militärisch. Schwer auszudenken, wohin die Geschichte des 20. Jahrhunderts ohne ein starkes, weil ungeteiltes Amerika geraten wäre. Seit dem Bürgerkrieg, der die Einheit der Union wiederherstellte, waren die Vereinigten Staaten im Schutz der Ozeane sicher vor Bedrohung von außen, und sie fühlten sich auch sicher. Flotte, Armee und Küstenschutz vernachlässigten sie, bis sie Ende des Jahrhunderts Ansprüche in der Karibik und im Pazifik durchsetzen wollten, die Seemacht verlangten; der Bau einer starken Flotte seit 1890 entsprang nicht defensiven, sondern imperialistischen Absichten. Die Sicherheitsfrage reduzierte sich auf eine Pointe: »Im Norden ein schwaches Kanada, im Süden ein schwaches Mexiko, im Osten Fische und im Westen Fische.« Wie die Römer konnten sich die Amerikaner ungestört und unbesorgt ihrer Insel widmen.

2. Okkupation der Inseln

Zweihundert Jahre brauchten die Römer, um Italien zu unterwerfen, hundert Jahre dauerte es, bis die Amerikaner sich den Nordteil ihres Kontinents außer Kanada zu eigen gemacht hatten. Die Eroberung ihrer Insel war die prägende Zeit für beide. Da bildeten sich die Charaktere und die hervorstechenden Eigenschaften, es entstanden die besonderen Fähigkeiten und Schwächen, die Ängste und Hoffnungen, die Ideale und Grundsätze. Es war die Zeit der Mythen und Heldengeschichten, der Western-Romantik und der Träume von der Grenzenlosigkeit des Landes und der Möglichkeiten. Es war die Zeit der großen Männer, die sich für die res publica, die gemeinsame Sache, opferten und in der Neuen Welt eine neue Welt schufen. Es war die Zeit harter Kämpfe und schwerer

Entbehrungen, aber auch triumphaler Siege, riesiger Erwerbungen und wachsender Macht. Es war die Zeit des mos
maiorum, der prinzipienfesten Haltung und einfachen Le-
bensart der Vorfahren, die in Rom wie in Amerika den »dekadenten« Nachfahren als Vorbilder vorgehalten wurden. Diese
ersten Jahrhunderte, so scheint es, entschieden alles weitere,
sie waren die Zeit, in der die Römer die Römer wurden und
die Amerikaner die Amerikaner und in der beide den Grund
legten für den Aufstieg zur Weltmacht.

Eroberung Italiens

Kampf ums Leben

Im Jahr 272 war Rom unbeschränkter Herr über ganz Italien
vom nördlichen Apennin bis zu den Spitzen des Stiefels. Natürlich wird niemand zum Herrn, wenn er es nicht will. Auch
schafft wachsende Macht ein Machtbewußtsein, spätestens
zu Beginn des 3. Jahrhunderts kämpfte Rom nicht mehr mit
Gegnern, sondern mit Aufständischen, die es nicht besiegte,
sondern »befriedete«. Erfolgreiche Kriegführung brachte auch
Ruhm, und da die führenden Familien miteinander wetteifer-
ten, trieben Ehrgeiz und Familienstolz manches voran, das
nicht nur dem Wohl des Staates diente. Schließlich ist es
immer reizvoll, seinen Besitz zu erweitern. Den meisten Besiegten nahmen die Römer einen Teil ihres Landes, das diente
strategischen Zwecken, aber auch der Bereicherung des Adels
und der Versorgung jüngerer Bauernsöhne.

Außerdem brachte jeder Sieg Beute. Feldzüge waren, nicht
nur bei den Römern, meist auch Beutezüge, es war nicht ihr
Hauptzweck, aber doch ein höchst erwünschter Nebeneffekt.
Den Gewinn teilten sich Staat, Feldherr und Soldaten. Die
Zensoren beteten am Ende ihrer Amtszeit, Rom möge an
Reichtum und Ausdehnung zunehmen; und spätestens seit
dem 3. Jahrhundert wurden Priester bei einem Kriegsbeginn
gefragt, ob eine Erweiterung des römischen Territoriums zu
erwarten sei.

Doch weder Machtgier und Ruhmsucht noch Besitztrieb erklären ausreichend, daß und wie Rom zum Herrn Italiens wurde. Die Römer unterschieden sich von allen anderen Völkern der Halbinsel durch drei außergewöhnlich entwickelte Eigenschaften, durch extreme Wachsamkeit gegen äußere Gefahren, durch eiserne Entschlossenheit, die Gefahren mit Stumpf und Stiel auszurotten, und durch eine seltene Fähigkeit, die jeweils gewonnene Macht dauerhaft zu begründen.

Die Unterwerfung Italiens entsprang nicht einem Eroberungsdrang, sondern einem Sicherheitsbedürfnis, das aus den traumatischen Erfahrungen der Frühzeit kam, als es nicht um Sieg und Gewinn ging, sondern um die Existenz. Die römische Macht wuchs, weil die Notwendigkeiten wuchsen, denen die Stadt sich stellen mußte oder glaubte, es zu müssen. Wenn eine Not abgewendet und ein Schutzgürtel aus Festungen und Verbündeten gelegt war, ergab sich daraus – wie bei konzentrischen Kreisen – die nächste, größere Notwendigkeit. Rom wurde expansiv aus defensiver Absicht. Es hatte keinen Plan, Herr Italiens zu werden, und keinen Mann, der wie Kyros oder Alexander ein Reich schaffen wollte. Rom reagierte auf Ereignisse und Entwicklungen in seinem jeweiligen Gesichtskreis, seine Ausdehnung vollzog sich planlos nach allen Richtungen, aus denen eine Gefahr zu drohen schien. Die Herrschaft über Italien war im wesentlichen das Ergebnis seiner Politik und erst spät auch deren Ziel.

Daß die Römer schließlich mit allem, was sie bedrohte, fertig wurden, verdankten sie zunächst ihrer unverwüstlichen Zähigkeit. Sie hielten länger durch als ihre Gegner und blieben fest entschlossen, nicht aufzuhören, bis der Feind kein Feind mehr war. Bei den Samniten brauchten sie mindestens vier Kriege, um deren Widerstandskraft ganz zu brechen. Aber ihr eigentliches Erfolgsgeheimnis war, daß sie allen ihren Gegnern in Italien politisch überlegen waren. Militärisch waren sie das keineswegs, von den Samniten mußten sie sogar taktisch viel lernen. Auch ihre Bevölkerungsstärke hielt mit der Vitalität der Bergstämme kaum Schritt. Die Römer gewannen weniger durch große Schlachten als durch die politische Nutzung jedes Erfolgs. Ihnen wäre nie ein Fehler passiert wie den Samniten, die ein besiegtes römisches Heer unter das Caudinische Joch waffenlos durchmarschieren ließen, es also nur demütigten, statt Roms Kraft durch harte Bedingungen zu mindern. Die Römer schlachteten jeden militärischen Vorteil sogleich politisch aus, sie gaben nicht mehr her, was sie einmal hatten, besiegelten, befestigten, ummauerten es nach Möglichkeit. Rom war immer auf Endgültigkeit bedacht. Der Gegner sollte in einen Zustand gebracht werden, der ihn nie wieder zum Gegner werden ließ, aber nicht nur das: Er sollte zum Freund und Helfer werden, erst das versprach volle Sicherheit vor ihm und einen Zuwachs an Macht.

Organisation der Herrschaft

Zunächst kam es darauf an, besiegte Gegner unschädlich zu machen. Die schlimmsten Feinde wurden vertrieben, versklavt und ausgerottet, aber das war die Ausnahme. Alle anderen wurden geschwächt und unter dauernde Kontrolle gebracht. Den meisten nahm der Senat Teile ihres Landes, die er mit römischen Bauern besiedelte oder zur Anlage von Kolonien benutzte, dabei handelte es sich um eine der originellsten Einrichtungen Roms.

Kolonien gab es auch bei Griechen und Phöniziern, doch das waren selbständige Tochterstädte, die ihre Metropolen, die Mutterstädte, zuweilen an Bedeutung weit überragten. Die Anlage von Kolonien an strategischen Plätzen und mit strategischen Aufgaben war eine Erfindung der Römer. Ihre Kolonien dienten als Bastionen, die das eigene Gebiet sicherten, als Wachtposten, die das feindliche Gebiet kontrollierten, und als Zwingburgen, die unterworfene Völkerschaften niederhielten. Von Rimini bis Brindisi, von Etrurien bis Paestum überzog Rom in zweihundert Jahren bis 263 Italien mit einem Netz von etwa dreißig Kolonien, am dichtesten in der Mitte der Halbinsel. Die Samniten rang und hielt es mit einer Festungskette nieder, die den starken Feind allmählich von allen

Seiten einengte, einschloß und am Ende manövrierunfähig machte. Diese Kolonien waren von Römern und Latinern besiedelt und der Form nach selbständig, tatsächlich aber durch ein Bündnis und durch ihre exponierte Lage fest an Rom gebunden. Ihre Bewohner erhielten auch, wenn sie nach Rom zurückzogen, ihr Bürgerrecht dort wieder, allerdings nur dann, wenn sie in der Kolonie einen Sohn zurückließen.

Die Methoden, mit denen Rom die Unterworfenen an sich band, wechselten nach Zeit und Umständen. Was der römische Staat bewältigen konnte, gemeindete er ein, was zu fern, zu groß oder zu fremd war, nahm er in Abhängigkeit, aber ließ ihm begrenzte Freiheit. Die Latiner, Verwandte mit der gleichen Sprache, wurden als römische Bürger aufgenommen; andere wurden »Halbbürger«: Sie behielten viel von ihrer Autonomie, aber dienten wie Vollbrüder in den Legionen, sie hatten kein Stimmrecht in Rom, aber bekamen es meist im Laufe der Zeit. Staaten, die Rom räumlich oder kulturell fern standen, wurden Verbündete. Sie blieben Staaten, waren nicht zu Abgaben, wohl aber zur Heeresfolge verpflichtet. Ein »ewiges« Bündnis band sie an Rom, andere Bündnisse wie überhaupt jede eigene Außenpolitik wurden damit ausgeschlossen.

Auch die Organisation der römischen Herrschaft folgte keinem Plan, sondern entstand als die Summe situationsbedingter Entscheidungen. Da der Senat jedoch bewährte Verfahren immer wieder anwandte, ergab sich so etwas wie ein System. Es war föderalistisch, weil es Aufgaben, die der Stadtstaat Rom nicht wahrnehmen konnte, selbständigen und halbselbständigen Städten und Stämmen überließ; es war zentralistisch, weil es politisch und militärisch alles auf Rom bezog und nur dort über Außenpolitik und Aushebung von Truppen entschieden wurde.

Das System war nicht auf Knechtung, sondern auf Gefolgschaft gerichtet. Es ließ so viel Freiheit, daß die Unterworfenen nicht erstickten, es erzwang so viel Festigkeit, daß es große Notzeiten erstaunlich gut überstand. Pyrrhos und spä-

ter Hannibal verrechneten sich, als sie annahmen, sie brauchten in Italien nur eindrucksvoll zu siegen und würden dann
überall als Befreier begrüßt werden. Sie hatten die brüchi-
gen Hegemonialsysteme ihrer Welt, im hellenistischen Osten
und in Afrika, vor Augen und staunten, als sie die Stadttore
meist verschlossen und Roms Verbündete meist unwillig fanden, ihnen zu folgen. Beide scheiterten, weil sie nicht wußten
und wohl nicht wissen konnten, daß sie gegen einen Block anrannten, aus dem sich nur wenige Teile herausbrechen ließen.

Die Römer herrschten nicht nur, sie boten auch Vorteile.
Die Kelten waren eine Gefahr für ganz Italien, Rom schützte
davor. Römische Siege waren auch Siege der Verbündeten, die
ihren Teil von der Beute und einen Abglanz vom Ruhm bekamen. Die römischen Straßen durchzogen die ganze Halbinsel,
sie dienten zwar strategischen Zwecken, erleichterten aber
auch den Handel. Die Einigung ganz Italiens schuf die Voraussetzung für einen gemeinsamen Markt.

Vor allem tat die Zeit ihr Werk. Die Generationen, die gegen
Rom gekämpft und an Rom ihr Land verloren hatten, starben.
Die Ressentiments wichen allmählich der Bewunderung, die
Vormacht wurde auch zum Vorbild, ihr Staatsaufbau und
ihr politisches Leben, ihre Organisation, ihr Rechtswesen und
für die weniger entwickelten Völkerschaften auch ihre urbane
Zivilisation. Die Römer romanisierten Italien, weil sie nicht
nur in Rom regierten, sondern im ganzen Land in Erscheinung traten, als Siedler auf dem ager Romanus und vor allem
als Bewohner der latinischen Kolonien, die allmählich ihre
Rolle wechselten und von Wachtposten zu kulturellen Mittel-
punkten wurden. Sie wiederholten Rom im Kleinen – mit den
gleichen Beamten und einer ähnlichen Stadtanlage. Allmählich ahmten Verbündete das Beispiel nach und ließen sich von
Prätoren, Ädilen, Quästoren und Zensoren regieren und ver-
walten. Eine kulturelle Gemeinsamkeit entstand, die sich in
der Bezeichnung aller Italiker als togati äußerte: die Träger
der Toga, die sich von den Griechen, von den Hosen tragenden
Galliern und anderen Ausländern abgrenzten.

Schließlich tat die Armee für die Romanisierung, was Armeen auch sonst oft für die Vereinheitlichung in Vielvölkerstaaten bewirken. Bürger und Halbbürger dienten in den Legionen, die Verbündeten stellten ein gleich starkes Kontingent zu jeder Legion. Römer und Italiker kämpften und siegten, unterlagen und litten gemeinsam. Oft gab es Neid und Streit, aber auch Erlebnisse und Schicksale, die verbanden.

Die Bilanz der ersten zweihundert Jahre zeigt zwei außerordentliche politische Leistungen. Die sicherheitsbesessene Stadt hatte sich die Verfügung über die gesamte Wehrkraft Italiens verschafft, sie betrug im Jahr 225 vor Christus etwa 358 000 Römer und Bürger latinischer Kolonien, dazu 412 000 Verbündete, zusammen 770 000 Mann. Das war eine Zahl, die kein anderer Staat der Mittelmeerwelt auch nur entfernt aufbringen konnte.

Die zweite politische Leistung lag darin, daß es Rom gelang, was niemandem sonst im Altertum gelang: Es blieb ein Stadtstaat und schuf sich trotzdem die dauerhafte Herrschaft über ein großes Territorium. Mit der Herrschaft entwickelte es seine Begabung, die Gewohnheit und auch den Anspruch zu herrschen. Die Regionalmacht hatte das Zeug, Großmacht zu werden.

Besitznahme Nordamerikas

Wachsende Ansprüche

Die Freiheit, die sich die dreizehn amerikanischen Kolonien von England erkämpft hatten, sollte nicht zuletzt auch Bewegungsfreiheit sein. Ein elementarer Drang, sich auszudehnen, und die Überzeugung, daß Amerika den Amerikanern gehöre, finden sich bereits bei den Gründungsvätern. Wie die Europäer Imperien gründeten, so hatten sie ein Imperium Americanum vor Augen, das eines Tages sein »Gewicht auf der Waagschale der Imperien geltend machen werde«. So sagte es schon der erste Präsident George Washington. Sein Nachfolger John Adams prophezeite, die amerikanische Re-

publik werde den größten Teil des Kontinents an sich ziehen. Der dritte Präsident Thomas Jefferson meinte, der rapide
Bevölkerungszuwachs der Amerikaner werde den ganzen
nördlichen Kontinent erfassen, vielleicht auch den südlichen.
Ebenso wie Jefferson hielt es sein Nachfolger James Madison
für ein Naturgesetz, daß auch Kuba den Vereinigten Staaten
eines Tages wie ein reifer Apfel in den Schoß fallen werde.
Der fünfte Präsident proklamierte die Monroe-Doktrin, und
der sechste, John Quincy Adams, war der Hauptverfasser der
Doktrin.

Der Anspruch der Doktrin, Amerika müsse allein den Amerikanern gehören, verschärfte sich im Laufe des 19. Jahrhunderts. Aus der defensiven Forderung, Europäer dürften in
Amerika nicht weiter kolonisieren, wurde das offensive Ziel,
sie müßten aus Amerika verschwinden. Präsident Monroe
hatte 1823 nur verlangt, Europäer dürften keine neuen Kolonien in Amerika einrichten. Präsident James K. Polk forderte
1845: Keine bewaffnete Intervention einer europäischen
Macht in Nordamerika! Im Jahr 1870 stellte Präsident Ulysses
S. Grant die Doktrin sogar über das durch Verfassung gehei-
ligte Prinzip der Volkssouveränität: Keine Aneignung eines
Teils von Amerika, auch wenn dessen Einwohner es wünschen!
Spätestens Ende des Jahrhunderts war Konsens: Kein Verkauf
und keine Abtretung einer Kolonie an eine andere europäische
Macht! Den Schlußpunkt setzte Außenminister Olney 1895
in einer Note an das britische Außenamt, darin kehrte er
Amerikas Verhältnis zu Europa um: Früher verwahrte sich
Washington gegen europäische Intervention, jetzt beanspruchte es für sich das Recht auf Intervention, wenn es zu der
Ansicht komme, ein Staat in Amerika, und zwar in ganz Amerika, werde durch eine nicht-amerikanische Macht bedroht.
Die Begründung war von umwerfender Offenheit: »Heute
sind die Vereinigten Staaten praktisch der Souverän auf diesem Kontinent.« Ein Jahrzehnt später kam noch die Moral
dazu. Präsident Theodore Roosevelt beanspruchte 1904 nicht
nur das Recht, unter bestimmten Bedingungen als Ordnungs-

macht »in der westlichen Hemisphäre« aufzutreten, sondern erklärte es sogar zur moralischen Pflicht.

Anspruch und Moral waren nicht alles. Amerikaner des 19. Jahrhunderts glaubten, wie es scheint, an einen natürlichen, das hieß zwangsläufigen Verlauf der Geschichte. Ein »Naturgesetz« werde den Vereinigten Staaten Kuba bringen (Madison). »Gott und die Natur haben New Orleans und Florida dazu bestimmt, zu diesem großen und aufstrebenden Reich zu gehören« (Andrew Jackson). Der Anspruch auf Herrschaft über den amerikanischen Kontinent sei ebenso ein »Naturgesetz … wie die Tatsache, daß der Mississippi sich ins Meer ergießt« (John Quincy Adams). Naturgesetze sind unumstößlich, ihnen zu folgen ist natürlich und bedarf keiner Rechtfertigung.

Eroberung durch Siedlung

Die erfolgreichsten amerikanischen Eroberer waren die Siedler. In Familien oder Gruppen von Familien zogen sie nach Westen und suchten oder kauften sich Land. Wenn Raubbau den Boden auslaugte oder wenn besseres und mehr Land lockte, zogen viele weiter nach Westen, am seßhaftesten waren die Deutschen. Andere, genannt Squatter, siedelten nicht, sondern rodeten die Wälder und bereiteten den Boden, zogen dann weiter in die Wildnis, um wieder zu roden und den Boden zu bereiten. Ebenso Großunternehmer: Sie kauften riesige Flächen, die sie dann an Siedler verkauften oder verpachteten, ein Spekulant in Georgia ging mit einer Privatarmee sogar über die Grenze ins spanische Florida. Der Staat folgte. Er legte Forts an, schützte vor Indianern und vertrieb sie in Reservate, er förderte den Bau von Straßen und Eisenbahnen, bekämpfte die Gesetzlosigkeit in Grenzgebieten und versuchte, dem ganzen Vorgang eine Ordnung zu geben.

»Go West« wurde zum Mythos Amerikas. Die kräftigen Naturen, die den Kampf mit der Natur, mit Indianern und Gaunern auf sich nahmen, waren von purer Not oder maßloser Landgier, vom Wunsch nach einer neuen Heimat oder vom Drang nach schnellem Reichtum getrieben. »Die Leute von Kentucky sind voller Unternehmungslust«, schrieb ein Grenzer Anfang des 19. Jahrhunderts, »so raubgierig, wie es die alten Römer waren.« Die Siedler bildeten eine Kraft, der niemand gewachsen war. Spanier und Engländer fürchteten sie. Die Spanier erlaubten zeitweise legale Einwanderung, um die illegale zu stoppen – vergeblich. Die Engländer planten einen indianischen Pufferstaat, der das Vordringen im Nordwesten eindämmen sollte, gaben aber die Absicht auf. Die Bewegung war unaufhaltsam. Nie haben so viele Menschen in so kurzer Zeit so viel Land besetzt, besiedelt und bebaut.

Die Ausdehnung der Vereinigten Staaten über den Kontinent war weniger das Werk ihrer Staatsmänner als ihrer Farmer, Squatter, Pelzjäger, Kaufleute, Goldsucher und Abenteurer. Nur zwei riesige Erwerbungen verdankten sich allein der Politik, der glückliche Kauf von Louisiana (1803 von Frankreich) und die Annexion Neu-Mexikos und Kaliforniens (1848 nach dem Sieg über Mexiko). Alles andere kam durch Druck von unten zustande. Schon beim Friedensschluß mit England 1783 folgten die Verhandlungsführer den Farmern, die seit langem auf Bewegungsfreiheit drängten und das Land bis zum Mississippi forderten. In Florida und Texas, in Oregon und Kalifornien nahmen die Siedler selbst die Sache in die Hand. Durch ihre schlichte Existenz in begehrtem Gebiet gaben sie der Regierung in Washington die Vorwände, offiziell zu begehren und dann einzugemeinden. Schon 25 Jahre nach der Unabhängigkeitserklärung, im Jahr 1800, hatten sich die Amerikaner verdoppelt, von zweieinhalb auf fünf Millionen. Danach kam, was es bei den Römern nicht gab: Immer neue Wellen von Einwanderern strömten aus der Enge Europas in die Weite Amerikas und suchten Land – 1850 gab es schon 23 Millionen Amerikaner und 1890 knapp 63 Millionen.

Verdrängung der Kolonialisten

Die Stärke der Amerikaner gegenüber den Kolonialmächten lag nicht im Militärischen, erfahrenen europäischen Armeen waren sie bis zum Bürgerkrieg nicht gewachsen. Die Stärke der Amerikaner war, daß sie Amerikaner waren, sie hatten den Platzvorteil, weil sie auf diesem Kontinent lebten, sich unablässig vermehrten und auf Ausdehnung drängten, während die Europäer Europäer blieben, die Quellen ihrer Kraft, die Masse ihrer Völker befanden sich auf einem anderen Kontinent. Der Unterschied erklärt, weshalb Nordamerika den Vereinigten Staaten schließlich zufallen mußte, aber das englisch und französisch besiedelte und von der Weltmacht England gehaltene Kanada nicht. Der Unterschied macht auch eine historisch seltene Form der Aneignung verständlich. Die Kolonialmächte wachten zwar eifersüchtig über ihre Kolonien, aber Kolonien sind nur Besitz und nicht Heimat. Besitz kann man verkaufen, Heimat nicht. Die Amerikaner versuchten daher fast überall zu kaufen, was sie haben wollten: Louisiana, Florida, Texas, Kalifornien, Neu-Mexiko und 1853 das »Gadsden-Gebiet«, das sie im Süden für einen Eisenbahnbau benötigten. Erst wenn sie mit Dollars nicht zum Erfolg kamen, nahmen sie Kugeln.

Im Jahr 1863 schien es, als müßten sie sich noch einmal auf Verteidigung der westlichen Hemisphäre umstellen. Frankreich versuchte, in Mittelamerika wirtschaftlich, politisch und sogar militärisch Fuß zu fassen. Der abenteuernde Kaiser Napoleon III. vertrieb den mexikanischen Präsidenten Benito Juarez und ließ den Habsburgerprinzen Maximilian zum Kaiser von Mexiko ausrufen. Damit forderte er die Vereinigten Staaten vierfach heraus. Er besetzte ein Land, das als Nachbarland amerikanische Interessenzone war. Er tat es als europäische Macht, was einen Angriff auf die Monroe-Doktrin bedeutete, und er tat es als Feudalherr, was nochmals die Doktrin verletzte, die zur »Gefahr für den Frieden« erklärte, wenn versucht werde, das »europäische Regierungssystem« wieder »in dieser Hemisphäre« einzuführen.

Die vierte Herausforderung ergab sich aus dem Zeitpunkt. Napoleon besetzte Mexiko, als die Vereinigten Staaten im Bürgerkrieg lagen und der abgespaltene Süden auf ein Tauschgeschäft mit dem Franzosen hoffte: Anerkennung Maximilians als Kaiser von Mexiko gegen Anerkennung der Souveränität der Südstaaten. So war der Norden gegenüber der französischen Invasion in Mexiko doppelt behindert, militärisch konnte er wegen des Bürgerkriegs nichts unternehmen, und politisch mußte er bemüht bleiben, Napoleon von einer Anerkennung der Sezessionisten abzuhalten. Seine Lage erinnert an die Lage Roms im Jahr 280: Eine fremde Macht setzte sich auf der eigenen Insel fest und drohte, den aufständischen Süden in seinem Unabhängigkeitsdrang zu stützen. Aber Maximilian war kein Pyrrhos, sondern nur ein Geschöpf Napoleons, und dieser Napoleon war kein Napoleon.

Die amerikanischen Nordstaaten taten, was sie in ihrer Lage allein tun konnten. Sie hielten sich zurück, bis sich der Sieg im Bürgerkrieg abzeichnete; schon im April 1864 verabschiedete das Repräsentantenhaus eine Erklärung gegen das französische Satellitenregime. Als dann der Sieg errungen war, gab es kein Halten mehr. Die Helden des Bürgerkrieges, die Generäle Grant und Sherman boten an, gleich nach Süden weiterzumarschieren, Freiwillige stießen zu Juarez' Partisanen. Die Regierung versuchte es politisch. Sie berief sich nicht auf die Monroe-Doktrin, aber argumentierte danach: Französische Truppen auf dem amerikanischen Kontinent – das verstoße gegen die Grundsätze der amerikanischen Politik. Im Februar 1866 verlangte Außenminister Seward fast ultimativ zu erfahren, wann die Franzosen abziehen würden. In Europa und vor allem in Paris wurde klar, die jetzt militärisch erfahrenen und selbstbewußten Amerikaner würden handeln, wenn ihr Reden ohne Erfolg bliebe; im französischen Außenministerium rechnete man mit einer Kriegserklärung.

Napoleon knickte ein. Der Kaiser in Paris ließ seinen Kaiser in Mexiko sitzen, Ende Februar erklärte er sich zur Abberufung seiner Truppen bereit. Maximilians Frau unternahm

einen verzweifelten Rettungsversuch, sie reiste nach Paris und
versuchte, Napoleon umzustimmen, aber einen Krieg mit den
Vereinigten Staaten konnte und mochte der Franzose nicht
riskieren, im März 1867 verließen seine letzten Soldaten
Mexiko. Auch Maximilian wollte zunächst nicht bleiben,
doch dann entschied er sich anders, focht einen aussichtslosen
Kampf, fiel in Gefangenschaft und wurde am 19. Juni 1867
mit zwei Getreuen standrechtlich erschossen.

Europa nahm teil an diesem Schicksal: Der Bruder des Kai-
sers von Österreich, als Rebell hingerichtet von Partisanen
eines Indianers, der die Republik gegen die Monarchie verteidigte. Das war die Ankündigung eines neuen Zeitalters, in
dem es keine Legitimität mehr von Gottes Gnaden geben
sollte. Die Vereinigten Staaten traf keine Verantwortung für
Maximilians Tod, aber sie waren die Kraft, die der Alten Welt
zeigte, daß sie in der Neuen nichts mehr zu suchen hatte.

Am Ende des Jahrhunderts bekamen auch die Engländer
diese Kraft zu spüren. In einem belanglosen Streit zwischen
Venezuela und dem benachbarten Britisch-Guayana ergriffen
1895 die Vereinigten Staaten Partei für Venezuela, machten
ein nationales Problem daraus. Die Zeitungen bekriegten
England, Senatoren verlangten Taten, die Opposition stellte
sich hinter den Präsidenten, der neue Außenminister Richard
Olney erklärte die Monroe-Doktrin zu einem »geheiligten
Gesetz«. Die Engländer wunderten sich über soviel Erregung.
Sie hatten keine Neigung, wegen einer Bagatelle Krieg zu
führen, und fügten sich einem Schiedsgerichtsurteil. Der
Hauptbeteiligte Venezuela war bei der ganzen Angelegenheit
wenig gefragt worden, gesiegt hatten die Vereinigten Staaten, zumindest fühlten sie sich als Sieger und triumphierten:
Die Mündung des Orinoco, deren Besitz sie zur Prestigefrage
erhoben hatten, blieb den Briten entzogen. Amerika hatte
sich gegen die erste Weltmacht durchgesetzt.

Kurz danach bewies es seine gewachsene Kraft an einer
Stelle, die wirkliche Bedeutung hatte. Ein Kanal durch Mittelamerika war seit langem der Wunsch aller seefahrenden

Nationen, besonders der Amerikaner, zwölftausend Kilometer Umweg um Kap Horn sollte er ersparen. Aber gegen oder auch nur ohne England, die Herrin der Weltmeere, war ein Kanalbau nicht möglich. Außenminister Clayton konnte es 1850 schon als Erfolg verbuchen, daß die Engländer versprachen, die Sache nicht ohne Amerika zu beginnen. Ein halbes Jahrhundert später kehrte sich das Verhältnis um. Die Vereinigten Staaten waren so stark geworden, daß London Schritt für Schritt auf seine Ansprüche verzichtete und ihnen Kanalbau und -kontrolle überließ.

Bald danach, 1906, löste England seine karibische Flotte auf, mit der es jahrhundertelang die Region beherrscht hatte. Die Karibik wurde endgültig ein amerikanisches Meer, die Monroe-Doktrin war auch in ihrem offensiven Teil durchgesetzt: Die letzte europäische Kolonialmacht zog sich militärisch und im wesentlichen auch politisch aus Amerika zurück. Kanada hatte sie schon 1867 in die Dreiviertel-Selbständigkeit eines Dominions entlassen, ihre Truppenmacht dort beschränkte sich Ende des 19. Jahrhunderts auf 1494 Mann Infanterie und Ingenieure. Amerika gehörte nun fast nur noch Amerikanern, und die Vereinigten Staaten waren zur Vormacht der gesamten westlichen Hemisphäre geworden, eine Position, die kein Europäer mehr in Frage zu stellen wagte.

Zwei Leistungen

Als die Vereinigten Staaten ins 20. Jahrhundert eintraten, konnten sie auf zwei ungewöhnliche Leistungen zurückblikken. Wirtschaftlich hatten sie England und Deutschland in der Erzeugung von Eisen und Stahl, den damals wichtigsten Erfolgskriterien, überflügelt und in der Kohleförderung mit England gleichgezogen. Schon seit etwa 1870 war ihre passive Handelsbilanz aktiv geworden, am Ende des Jahrhunderts verkaufte Amerika mehr, als es kaufte. Früher hatte es mehr Rohstoffe, vor allem Weizen und Baumwolle, ausgeführt und Fertigwaren eingeführt, jetzt überwogen im Export die Industrieerzeugnisse. Hinter diesen Erfolgen standen die Weite eines Kontinents mit der Fülle natürlicher Ressourcen, vor allem aber technischer Verstand und kommerzielle Dynamik, die in eine beispiellose Massenproduktion mündeten. Die Vereinigten Staaten waren zum führenden Industriestaat der Welt geworden.

Die zweite Leistung war politischer Art. Schon bald nach der Befreiung wurde klar, daß die dreizehn ehemaligen Kolonien nicht als loser Staatenbund, sondern nur als Bundesstaat mit starker Spitze überleben konnten. Die Federalists, vor allen Madison, Hamilton und Jay, setzten in der Verfassung den Wandel durch, der im Laufe des 19. Jahrhunderts auch zur Verfassungswirklichkeit wurde. Es gelang, dem Volk der Siedler und Händler, dem aller Staat zuwider, zumindest tief verdächtig war, das Maß an Staatlichkeit zu verschaffen, das es brauchte, um nicht in Anarchie zu zerfallen. Und noch wichtiger: Es gelang, die außerordentlichen Energien »unten« nicht auseinanderlaufen zu lassen, sondern zur Stärkung des Ganzen zu bündeln. Die Freiheit des einzelnen, sein Verfassungsrecht auf Verfolgung seines Glücks, also sein fast unbegrenztes Streben nach Gewinn und Erfolg, zerstörte das Gemeinwesen nicht, sondern brachte auch ihm Gewinn und Erfolg.

Schließlich glückte es, der wilden Expansion der Siedler eine rechtliche Form zu geben, die eine Expansion auch des Staates ermöglichte. Das Modell stammte schon aus dem Jahr 1787, als erstmals ein großes Gebiet einzugemeinden war. Die dabei entwickelten Regeln bewährten sich und wurden (außer bei Texas) immer weiter angewandt: Die Vereinigten Staaten erweiterten sich durch Bildung und Aufnahme neuer Staaten. Ein neu erworbenes Gebiet mußte eine bestimmte Anzahl amerikanischer Einwohner haben und eine – stufenweise entwickelte – Selbstverwaltung, die es erlaubten, das Gebiet als Staat der Union einzugliedern. Golo Mann nannte das Verfahren die »erstaunlichste Leistung von Europas staatenbauendem Genius«; Amerikaner werden zu Recht sagen, es sei die Leistung ihres Genius.

Krieger und Siedler

Römer und Amerikaner machten sich ihre Insel zu eigen, doch das geschah unter ganz unterschiedlichen Voraussetzungen und daher auch mit unterschiedlichen Absichten sowie in unterschiedlichen Formen. Roms Macht wurde aus der Not geboren, Amerikas Macht entstand aus dem Überfluß und Überschwang. Für die Römer war Sicherheit erstes Gebot, die Herrschaft über Italien wurde erst allmählich ihr Ziel, der Machtanspruch wuchs erst mit dem Machtgewinn. Das Gefühl, etwas Besonderes zu sein, berufen zur Herrschaft über andere, entstand frühestens Ende des dritten Jahrhunderts nach den Prüfungen und Siegen der Punischen Kriege.

Bei den Amerikanern war es gerade umgekehrt. Sicherheit wurde für sie spätestens nach dem Bürgerkrieg zu einer Frage minderer Bedeutung und diente halb bewußt, halb unbewußt zur Rechtfertigung eigener Ausbreitung. Um so stärker trieb ein unzähmbarer Drang zur Expansion, der sich durch die Überzeugung rechtfertigte, die schon die Puritaner lange vor der Unabhängigkeit beseelte: Wir sind ein auserwähltes Volk, das der Welt den Weg zu gottgefälligem Leben und zum Glück zu weisen hat. Bei den Amerikanern stand der Sendungsglaube schon am Anfang und nicht erst am Ende wie bei den Römern. Thomas Jefferson, der Vater der Unabhängigkeitserklärung, sprach von einem Empire of Liberty, also Macht zur Ausbreitung der Freiheit und Freiheit als Ergebnis und Rechtfertigung der Macht. Seit den vierziger Jahren des 19. Jahrhunderts beriefen sich die Expansionisten auf ein »Offenbares Schicksal« (Manifest Destiny), das den Amerikanern zur gottgegebenen Pflicht machte, der Menschheit die republikanischen Errungenschaften zu bringen – sei es als Vorbild, sei es als politischer Missionar. Ein ideologischer Universalanspruch entstand, wie ihn sonst nur Religionen und später die leninistischen Kommunisten wagten.

Rom war ein Stadtstaat, für den alles zum Problem wurde, was über die Verfassung und Verwaltung einer großen Stadt hinausging. Die Vereinigten Staaten waren hingegen ein Bundesstaat, der sich fast problemlos durch die Bildung und Aufnahme neuer Staaten ausdehnen konnte. Römer und Amerikaner eroberten und kauften nicht nur, sondern durchdrangen ihr Neuland, doch das geschah unter anderen Bedingungen und in anderer Art. Die Römer hatten es größtenteils mit kulturell Ebenbürtigen zu tun, mit nahen Verwandten wie den Latinern und entfernten Verwandten wie den Samniten; die Romanisierung Italiens gelang ihnen durch ihre politische Überlegenheit. Rom herrschte, gab als Staat ein Vorbild und wuchs zur Haupt-Stadt, die Weltläufigkeit ausstrahlte. Zugleich breitete es seine Kolonien und Bauernsiedlungen wie Inseln über ganz Italien und gemeindete ein, was ihm nahestand oder naherückte.

Die Amerikaner hatten – jedenfalls aus ihrer Sicht – ein kulturelles Vakuum vor sich. Sie besetzten einen Kontinent, der viel leeren Raum bot und ihnen als gänzlich leer erschien. Die Besiedelung Amerikas, so glaubten sie, begann erst mit ihnen. Wohin sie kamen, außer wenigen Spaniern trafen sie nur auf Indianer, die sie als zivilisatorisch Unterlegene verdrängten oder ausrotteten. Anders als die Römer brauchten sie sich in neu erworbenem Gebiet mit niemandem, der ihnen gewachsen war, auseinanderzusetzen und konnten den Kontinent mit sich selbst füllen, mit ihren Menschen, Idealen und Institutionen.

Schließlich, und vor allem, unterschieden sich Römer und Amerikaner in der Rolle, die der Staat bei ihrer Expansion spielte. Rom wuchs von »oben«, Amerika wuchs von »unten«. Auch wenn die Ausdehnung der Tiberstadt nicht so wohlgeordnet verlief, wie es nach den spärlichen Quellen aussieht: In Rom gingen Initiative und Bewegung von der regierenden Aristokratie aus und in Amerika vom Volk. Die Unterwerfung Italiens war ein Wunderwerk der Politik, die Eroberung Amerikas war ein Naturereignis von elementarer Gewalt, dem die Politiker nachher eine Form geben mußten.

Andere Verhältnisse brachten andere Charaktere hervor. Es war ein Unterschied, ob man wie die Römer fast alles erkämpfen mußte oder wie die Amerikaner vieles kaufen konnte. Ob Krieg die Regel oder die Ausnahme war. Ob man mit Feinden oder vor allem mit der Natur zu kämpfen hatte. Ob man sich in besiedeltem Land ausbreitete oder in einem leeren, nur von einigen »Wilden« bewohnten Kontinent. Ob man Herrschaft politisch und militärisch organisieren mußte oder nur Indianeraufstände niederzuwerfen brauchte. Ob man sich zu behaupten hatte oder einer Mission folgen wollte. Ob man »verteidigungsfähige Grenzen« (Lord Curzon) suchte oder zu immer neuen Grenzen vorstieß. Ob Sicherheit oder Expansion das Lebensgesetz war.

Rom brauchte den Krieger und den Politiker, Amerika brauchte den Pionier und den Ingenieur, den Unternehmer und den Händler. In Rom zählte der Sohn beim Begräbnis des Vaters die Heldentaten aller Ahnen auf, in Amerika ehrt man den Gründer eines Wirtschaftsimperiums. Roms Vorbilder waren die Claudier, Fabier, Scipionen; Senatoren durften keine Handelsgeschäfte treiben. Amerikas Traumkarrieren tragen die Namen Rockefeller, Ford, Morgan, Vanderbild, Astor, siegreiche Generäle sind unter Präsidenten und Ministern die Ausnahme. In Rom lenkten aristokratische Feldherrn die Politik, in Amerika erfolgreiche Geschäftsleute und Anwälte. In Rom öffnete der Ruhm den Weg zu sozialer Geltung, in Amerika tat und tut es der Reichtum.

3. Insulare Selbstbeschränkung

Römer wie Amerikaner hielten politisch lange Abstand zu allem, was jenseits der Meere lag, die ihre Insel umgaben. Meere schützen nicht nur, sie trennen auch, weil sie das Gefühl geben, daß man sich um den Rest der Welt nicht viel zu kümmern braucht. Insulaner sind Isolationisten.

Landmacht Rom

Rom liegt nicht am Meer. Den Tiber aufwärts zu fahren bis
zur Stadt war schwierig, Vergil bemühte für seinen Helden
Aeneas sogar ein Wunder, damit es ihm gelang. Die Römer
waren Landleute. Sie mißtrauten der Launenhaftigkeit des
Meeres und hielten sich an die Zuverlässigkeit des Acker-
bodens, ihre Blicke richteten sich mehr nach innen auf Italien
als nach außen. Bis zum Beginn der Punischen Kriege 264 vor
Christus unterhielten sie wenige und wenig bedeutsame Beziehungen zu Staaten und Städten außerhalb Italiens. Das
Verhältnis zu Ägypten hatte keinen politischen Rang, die alte
Freundschaft mit dem griechischen Massilia (Marseille) bewährte sich erst später in den Punischen Kriegen. Mit Karthago, der herrschenden Macht im westlichen Mittelmeer,
schloß Rom in den Jahren 509 und 306 Verträge, die zwischen
der See- und der Landmacht die Interessen absteckten. Die
Karthager durften in Italien, soweit es Rom unterstand, nicht
rauben oder feste Plätze okkupieren, die Römer mußten die
engen Grenzen anerkennen, die Karthago römischen Kriegsschiffen und dem römischen Überseehandel setzte.

Die maritime Politik des Senats beschränkte sich im wesentlichen auf Küstenschutz. Sie belegte die wichtigsten
Plätze am Tyrrhenischen und Adriatischen Meer mit Kolonien, verpflichtete die Griechenstädte Süditaliens zur Gestel-
lung von Kriegsschiffen, weil es eine römische Flotte kaum
gab, und ernannte 267, nach der Unterwerfung ganz Italiens,
vier Flotten-Beamte, die an der West- und der Ostküste stationiert wurden. Auch als Herr seiner Insel begnügte sich Rom
mit der Sicherung der Insel. In der Welt von damals, die ihr
Zentrum im hellenistischen Osten hatte, machte es sich kaum
bemerkbar und wurde daher auch kaum bemerkt. Erst sein
gigantischer Kampf mit Karthago erweckte Aufmerksamkeit,
aber noch hundert Jahre später hielt es der griechische Historiker Polybios (1, 63, 4) für nötig, seinen Landsleuten die
Dimensionen dieses Kampfes zu erklären: Er war »unter allen

Kriegen, von denen wir aus der Geschichte wissen, der lang-
wierigste, ununterbrochenste und schwerste«. Wer einen
solchen Krieg siegreich besteht, war die Folgerung, ist eine
Macht, die von den Griechen endlich zur Kenntnis genommen
werden müsse.

George Washingtons Mahnung

New York und Boston liegen am Meer. Schon im 18. Jahrhundert waren die Amerikaner beides, Farmer, deren Blick sich
auf den eigenen Kontinent beschränkte, und Händler, die
enge Beziehungen zu Europa pflegten. Territoriale und maritime Interessen lagen von Beginn an im Kampf. Die große
Mehrheit strebte nach Land und sah Amerikas Bestimmung
allein in Amerika, die Minderheit der Kaufleute und Reeder
war reich und einflußreich, Thomas Paine, der große Publizist der Gründerzeit, verkündete, daß Amerikas »Bestimmung der Handel« sei. Ein halbes Jahrhundert später erreichten die Amerikaner die kalifornische Küste, und ein Traum
befiel sie, der sie nicht mehr losließ: der Handel mit Ostasien.
1844 öffneten sie sich Vertragshäfen in China, zehn Jahre
später brachen sie das verschlossene Japan für ihren Export
auf. Nicht um Politik ging es, sondern um Wirtschaft. Schon
Amerikas erster Präsident hatte beides scharf getrennt: Handel treiben mit jedermann, lautete seine Botschaft, aber politisch immer Abstand halten! Das galt besonders für Europa,
dessen Interessen und Streitigkeiten für Amerika ohne
Bedeutung seien. Daher sei es unklug, erklärte Washington,
»uns durch künstliche Bindungen in die Wechselfälle der
europäischen Politik zu verstricken«. Amerika liege weit entfernt von Europa, daher müsse und könne es eigene Wege gehen: »Warum sollten wir unseren eigenen Grund und Boden
verlassen, um uns auf fremde Erde zu begeben? Warum sollten wir, indem wir unser Schicksal mit dem Schicksal irgendeines Teils von Europa verknüpfen, unseren Frieden und
unser Glück in die Wirren europäischen Ehrgeizes verstrik-

ken, in seine Feindschaften, Interessen, Launen oder Mißverständnisse?«

Die feierliche Abschiedsbotschaft, mit der Washington aus dem Amt schied, wurde bis zum Ersten Weltkrieg zur festen Leitlinie der amerikanischen Außenpolitik: Niemals verstrickkende Bündnisse eingehen – no entangling alliances! In der zweiten Hälfte des 19. Jahrhunderts entwickelte sich sogar die Vorstellung, Amerikas Abstand von Europa sei nicht nur ein Gebot der Politik, sondern ein Werk der Natur. Präsident Ulysses S. Grant erklärte, was andere dann wiederholten: »Die Zeit ist nicht mehr weit entfernt, in der durch die natürliche Entwicklung der Dinge jede politische Verbindung mit Europa aufhören wird.«

Wo so gedacht wurde, mußte sich das Verhältnis zur außeramerikanischen Welt auf Außenhandel und höchstens Außenhandelspolitik beschränken. So war es auch. Mehr als hundert Jahre lang begnügten sich die Amerikaner mit ihrem Festland zwischen Atlantik und Pazifik. Ihr Isolationismus entsprang ihrer Insellage und wurde durch sie ermöglicht, zugleich speiste er sich aus sehr unterschiedlichen Quellen, pazifistischen wie realistischen, idealistischen wie rassistischen. Nicht die Hände schmutzig machen an schmutzigen Kriegen! Nicht amerikanisches Blut opfern, wo amerikanische Werte und Interessen nicht auf dem Spiel stehen! Nicht ein Gebiet annektieren, wenn es Unrecht ist! Nicht die Tore öffnen für fremde Rassen und Religionen! Im 19. Jahrhundert sollte zeitweise das protestantische Amerika vor katholischen Einwanderern bewahrt werden.

Außenpolitik war wenig wichtig, sie beschäftigte lediglich interessierte Minderheiten in der Wirtschaft, der Marine und in missionsbegierigen Kirchen. Tüchtige Gesandte schickte man nur nach England, sonst bürgerte sich die Unsitte ein, schöne Botschafterposten an verdiente, besonders an spendable Parteifreunde zu vergeben. Die außenpolitischen Erfahrungen der Europäer wurden ignoriert und verachtet. Amerika brauchte weder eine Politik des Gleichgewichts der Kräfte noch eine Absteckung von Interessensphären, denn aus den Kräftespielen in Europa und Asien konnte es sich heraushalten, und auf dem eigenen Kontinent gab es keine Feinde, die territoriale Forderungen stellten oder gar die Existenz bedrohten.

Lange bestand auch keinerlei Interesse, Gebiete außerhalb des nordamerikanischen Kontinents zu erwerben. Das galt sogar für Alaska. Als die Regierung es 1867 den Russen abkaufte, erhob sich in beiden Häusern des Kongresses heftiger Protest: Was sollen wir mit dem »Eisschrank«, zu dem nicht einmal eine Landverbindung besteht! Außenminister Seward vertröstete die Kritiker mit der alten, immer wieder neuen und nie erfüllten Hoffnung, demnächst werde man auch Kanada bekommen und damit den Zugang. Stärker überzeugte wahrscheinlich sein Hinweis, Alaska sei ein »Schlüssel zum Pazifik«. Damit traf der Minister ein elementares Interesse, das sich in den folgenden Jahrzehnten weiter verstärkte. Die Farmer und bald noch mehr die Industrie produzierten weit über den amerikanischen Bedarf, Absatzmärkte in Übersee erschienen lebensnotwendig für die Wirtschaft, den sozialen Frieden und, wie manche behaupteten, sogar für die Demokratie. Um über den Pazifik zu kommen, brauchte man damals Kohlestationen und Handelsstützpunkte, ferner Kanonenboote, um sie zu schützen und um widerspenstige Länder wie Japan für den amerikanischen Export zu öffnen, schließlich Kriegshäfen für die Kriegsflotte.

Wichtiger als Alaska war dafür Hawaii, die rhetorische Phantasie überschlug sich: »Sprungbrett nach Asien«, »Gibraltar« auf dem Weg dorthin, »Thermopylen des Stillen Ozeans«. Da die Engländer und Franzosen ein Auge auf die Inseln warfen, dehnte Präsident John Tyler 1842 die Monroe-Doktrin auf Hawaii aus. Und je mehr die Hoffnungen auf den großen Ostasien-Handel wuchsen und die Rivalität der Europäer schreckte, desto dringender erschien es, Hawaii fest in die Hand zu bekommen. Die Frage war nur, wie. Die Europäer pflanzten einfach ihre Flagge auf, annektierten und kolonialisierten, die

Amerikaner, selbst ehemalige Kolonie, konnten und wollten das nicht; ihre Versuche, Hawaii in Besitz zu nehmen, gaben ein Paradebeispiel für ihr Schwanken zwischen Anstand und Begehrlichkeit, aber auch zwischen insularer Selbstbeschränkung und ökonomischem Ausdehnungsdrang.

Der erste Versuch scheiterte 1854, weil der Vertragsentwurf die Aufnahme Hawaiis als Bundesstaat vorsah; zwar gab es dort eine dünne amerikanische Oberschicht, doch die Masse der »Eingeborenen« amerikanische Bürger werden zu lassen erschien unvertretbar. Wirtschaftliche Abhängigkeit sollte genügen. Ein Vertrag auf Gegenseitigkeit sah zollfreie Einfuhr des Insel-Zuckers und begünstigten Absatz amerikanischer Waren in Hawaii vor, doch da legten sich die Zuckerrohrpflanzer der Südstaaten quer. 1875 gelang dann ein gemäßigter Gegenseitigkeitsvertrag, und 1884 bekam die Marine den dringend erwünschten Hafen Pearl Harbor. Aber noch war Hawaii ein selbständiger Staat. Amerikanische Pflanzer dort wollten den Anschluß ans Mutterland und versuchten es mit dem altbewährten Verfahren. Sie inszenierten einen Aufstand, zwangen mit Hilfe amerikanischer Marineinfanterie die Königin zur Abdankung, proklamierten eine Republik Hawaii und baten in Washington um Annexion. Aber dort waren die Meinungen geteilt. Präsident Benjamin Harrison unterschrieb den Annexionsvertrag, sein Nachfolger Grover Cleveland zog ihn aus dem Senat zurück. Dessen Nachfolger William McKinley wollte wiederum die Annexion durchsetzen, bekam aber im Senat nicht die erforderliche Zweidrittelmehrheit. Faktisch war Hawaii längst ein Protektorat der Vereinigten Staaten, aber der Form nach immer noch ein eigener Staat.

Gleiche Hemmungen und Widerstände zeigten sich in der Karibik, wo die wirtschaftlichen Interessen noch größer und die Forderungen der Marine nach Stützpunkten noch stärker waren. Was auch immer annektiert werden sollte, der Kongreß lehnte ab. Nicht Außenbesitzungen brauchten die Vereinigten Staaten, hieß es unter anderem, sondern die Vollendung ihrer inneren Entwicklung.

Imperialismus

Das Jahr 1898 änderte dann alles, jedenfalls für einige Zeit. Mit dem schnellen und verlustarmen Sieg über Spanien fielen die Hemmungen zwar nicht, verhinderten aber nichts mehr. Jetzt wurde annektiert: Hawaii, ein Teil von Samoa, und die Kolonien der Spanier Puerto Rico, Guam und die Philippinen, von denen die meisten Amerikaner vor dem Krieg gar nicht gewußt hatten, wo sie lagen. Wenn sie nicht annektierten, dann intervenierten sie, »Interventionspolitik aus Prinzip« schrieb ein amerikanischer Historiker. Gewaltanwendung wurde zwischen 1900 und 1920 in Lateinamerika fast zur Selbstverständlichkeit. Von 1906 bis 1910 besetzten amerikanische Truppen Kuba, von 1912 bis 1933 blieben Marineinfanteristen in Nicaragua, im Ersten Weltkrieg gingen Truppen in die Dominikanische Republik und nach Haiti, das sie erst 1934 verließen, das benachbarte Mexiko wurde Opfer mehrerer Interventionen und eines erzwungenen Präsidentenwechsels.

Drei Fälle verdienen besondere Beachtung. Kuba zu besitzen wünschten sich schon die ersten Präsidenten Anfang des 19. Jahrhunderts, doch erst an dessen Ende bot der Krieg mit Spanien die Möglichkeit, den Wunsch zu erfüllen. Aber die Insel wurde nicht annektiert, weil ein Senator, der aus einem Zuckerrübenstaat stammte, den kubanischen Rohrzucker außerhalb der Zollgrenze lassen wollte; beim Kriegsbeschluß gegen Spanien setzte er im Senat die Zusicherung durch, Kubas Unabhängigkeit zu wahren. Sechzig Jahre lang blieb das kaum mehr als eine Formalität. Amerika hielt die Insel wirtschaftlich in fester Abhängigkeit, nahm sich den Stützpunkt Guantanamo, den es noch heute besitzt, sicherte sich sogar vertraglich ein Recht auf Intervention und machte bis 1917 mehrfach davon Gebrauch. Langfristig aber bedeutete die formale Unabhängigkeit viel, denn nur ein Land, das nicht amerikanisches Territorium war, konnte 1959 mit Fidel Castro tatsächlich unabhängig werden.

Eine Schiffsverbindung zwischen Atlantik und Pazifik zu bekommen war seit dem Erwerb Kaliforniens 1848 nicht nur ein Wunsch, sondern ein gebieterisches Erfordernis. Als am besten geeignetes Land für einen Kanalbau erwies sich Panama, das zu Kolumbien gehörte. Doch dessen Regierung weigerte sich, den Vereinigten Staaten für zehn Millionen Dollar eine Zone für Kanalbau und -betrieb zu überlassen; Präsident Theodore Roosevelt »nahm« daher, wie er sagte, »die Kanalzone«. Er ließ in Panama einen Aufstand inszenieren, schickte Kriegsschiffe zur Unterstützung des Aufstands, der mit der Proklamation des Staates Panama endete. Die Vereinigten Staaten hatten einen Satelliten, der ihnen alle Rechte abtrat, die sie wünschten.

Die Philippinen

Während des Krieges mit Spanien war Theodore Roosevelt Marineminister und plante die Besitznahme von Manila. Amerikas Traum vom großen Chinahandel sollte als Fortsetzung von Hawaii und Guam in Manila einen letzten Stützpunkt und Umschlagplatz, ein amerikanisches Hongkong, erhalten. Aber die Stadt war allein nicht zu bekommen oder zu behaupten, die Amerikaner mußten die siebentausend Inseln der Philippinen mit ihren sieben Millionen Einwohnern ebenfalls okkupieren. Hätten sie sich zurückgezogen, wäre ein Vakuum entstanden, das vielleicht die Deutschen gefüllt hätten. So folgten sie der klassischen Rechtfertigung aller Eroberer: Wir mußten es nehmen, sonst hätte ein anderer es genommen.

Es war ein Traditionsbruch, zunächst politisch: Amerika engagierte sich weit außerhalb seines Kontinents in einer großen, durchaus fremden Region, die nicht Staat der Vereinigten Staaten werden konnte. Traditionsbruch militärisch: Amerika band sich an ein Gebiet, das es nicht verteidigen konnte. Traditionsbruch moralisch: Die ehemalige Kolonie wurde zur Kolonialmacht. Die Abweichung bestrafte sich in einem Kolonialkrieg, der mehr Zeit, Geld und Blut kostete als der Krieg gegen Spanien. Die Filipinos hatten sich gegen die Herrschaft der Spanier aufgelehnt, nun lehnten sie sich gegen die Herrschaft der Amerikaner auf.

Es war ein Dschungelkrieg gegen Guerrilleros, eine Vorwegnahme dessen, was die Vereinigten Staaten sechzig Jahre später in Vietnam erlebten. Einerseits brutalisierten die Kampfmethoden der Partisanen auch die Kampfweise der Amerikaner, die nun manches taten, was sie sonst den Spaniern in Kuba und den Engländern im Burenkrieg vorwarfen. Andererseits stieg mit wachsender Grausamkeit des Krieges auch die Opposition dagegen. Schon der Friedensvertrag mit Spanien war bei den »Anti-Imperialisten« auf scharfe Kritik gestoßen, nur mit einem parlamentarischen Trick und mit einer Stimme Mehrheit brachte die Regierung ihn durch den Kongreß. Der Kolonialkrieg auf den Philippinen bestätigte dann Tag für Tag, wie recht die Kritiker gehabt hatten, als sie die Annexion der fernen Inseln für Unrecht erklärten. Die in Opposition stehenden Demokraten verlangten, die Philippinen zu räumen und ihren Einwohnern zu überlassen. Die Heftigkeit der Kriegsgegner ermutigte wiederum die Filipinos in ihrem Widerstand, zumindest behaupteten es die Kriegsbefürworter, damit geriet der Streit ganz und gar ins Moralische: Verrat an den freiheitlichen Grundsätzen der Nation sagten die einen, Verrat an der Nation in der Stunde eines schweren Kampfes, entgegneten die anderen – alles wie später beim Vietnamkrieg. Schon nach zwei Jahren, im Wahljahr 1900, hatten die meisten Amerikaner die Sache gründlich satt, doch eine Nation, die selbstbewußt wurde, verlangte erst den Sieg, bevor sie über Rückzug ernstlich nachdachte, und als dann der Sieg erkämpft war, wurden die Gründe für den Rückzug immer schwächer, bis er unterblieb.

Die erste imperialistische Phase der Vereinigten Staaten hatte vor allem ökonomische Gründe, doch das war nicht alles. Die Wirtschaft brauchte Absatzmärkte außerhalb der eigenen Grenzen, aber auch die Phantasie brauchte neue Grenzen, nachdem der Mythos »Go West« am Pazifik an sein Ende gelangt war. Der politische Ehrgeiz, gewachsen aus politischer Stärke, verlangte in der Hochzeit des Kolonialismus ein Stück vom großen Kuchen, den sich die Europäer schon fast gänzlich aufgeteilt hatten. Die Politik schließlich zeugte einen Theodore Roosevelt, Amerikas Beitrag zum Imperialismus der Zeit. Der Admiral Alfred Thayer Mahan lieferte die Theorie, er beschrieb 1890, weshalb Amerika Seemacht werden müsse und was dafür nötig sei: nicht nur, wie bisher, Schiffe für den Küstenschutz, sondern eine weltweit verwendbare Flotte, um den weltweiten Handel zu schützen und zu unterstützen. Ferner Flottenbasen im Pazifik und einen Kanal durch Mittelamerika. Mahans Vorbild war die britische Seemacht, ihm ging es nicht nur um Handel, sondern auch um Macht.

Regionale Großmacht

Mit dem Anfang des 20. Jahrhunderts begann ein neuer Abschnitt der amerikanischen Außenpolitik, das Bild der Vereinigten Staaten wurde widersprüchlich. Einerseits waren sie über ihre Festlandsgrenzen hinausgegangen und hatten fremde Gebiete annektiert, andererseits war ihnen mit dem Kolonialkrieg auf den Philippinen die Lust am Kolonisieren vergangen, nach 1900 kauften sie noch den Dänen ihre Karibik-Inseln ab, aber nahmen sonst kein Land mehr in Besitz. Sie verzichteten keineswegs auf Expansion, aber sie waren zu der Einsicht gelangt, daß indirekte Herrschaft durchaus genüge: Sie brachte die wirtschaftlichen Vorteile, auf die es vor allem ankam, erlaubte Zollmauern gegen unerwünschte Konkurrenz und ersparte Regierungslasten und -verantwortung. Und wenn für die Entwicklung, Erziehung und Gesundheit des Protektorats etwas getan wurde, waren das nicht Amtspflichten, sondern gute Taten.

Ebenso zwiespältig wirkte Amerikas Rolle in der Weltpolitik. Einerseits rückten die Vereinigten Staaten in den Kreis der großen Mächte Großbritannien, Frankreich, Deutschland, Rußland und das aufstrebende Japan; Theodore Roosevelt vermittelte 1905 den Friedensschluß zwischen Rußland und Japan und erhielt dafür den Friedensnobelpreis. Auch sonst beteiligte sich Washington zunehmend an internationalen Konferenzen auch über Fragen, die Amerika fern lagen wie der Kongo, Marokko oder Spitzbergen. Andererseits galt George Washingtons Mahnung weiter: Handel mit aller Welt, aber politisch keinerlei »verstrickende« Verpflichtungen in Europa und Asien. Nicht nur die »Anti-Imperialisten« wahrten die Tradition, die »Imperialisten«, auch Theodore Roosevelt, hielten sich ebenso daran. In Lateinamerika galt Intervention weiter als normale Fortsetzung der Politik, im Fall China jedoch warnte Roosevelt seinen Nachfolger, sich in militärische Auseinandersetzungen hineinziehen zu lassen. In ihrer eigenen Hemisphäre wollten die Vereinigten Staaten Märkte und Macht, jenseits des Atlantik und Pazifik wollten sie nur Märkte. Im Zeitalter des Imperialismus waren auch die Amerikaner Imperialisten geworden, aber seit 1900 beschränkte sich ihr Machtanspruch politisch auf ein Informal Empire und geographisch auf den eigenen Kontinent und die großen Routen über den Pazifik.

4. Insulare Machtentfaltung

Gewalt und Offenheit

Die Methoden, mit denen Römer und Amerikaner sich ihrer Insel bemächtigten, unterschieden sich, aber waren allesamt mehr oder weniger gewaltsam. Rom expandierte durch Krieg und Kriegsdrohung und sicherte seine Herrschaft durch Militärkolonien. Die Amerikaner expandierten, indem sie die Indianer ausrotteten oder in Reservate sperrten und anderen Staaten durch Okkupation und Krieg nahmen, was man ihnen nicht verkaufte. Mexiko mußte sein halbes Territorium abtreten, mehrere Eroberungsversuche Kanadas scheiterten lediglich am militärischen Widerstand der Engländer und Kanadier. Der Colt gehörte zum Amerikaner wie das Schwert

zum Römer, bis heute gelang es noch keiner Regierung in
Washington, den gemeingefährlichen Waffenbesitz unter
Kontrolle zu bringen. Bei der Besitznahme ihrer Inseln bewiesen Römer und Amerikaner eine kaum beschränkte Ge-
waltbereitschaft.

Eine weitere Parallele zeigt sich in einer Fähigkeit, die
expandierende Nationen selten haben: Sie sorgten für die Ver-
größerung ihres Staates und die Vermehrung ihrer Staatsbürger, ohne den Charakter des Staates zu ändern und die Staats-
treue der Bürgerschaft zu beeinträchtigen. Beide hielten fern,
was nicht zu ihnen paßte, aber sie öffneten sich für alles, was
zu ihnen paßte. Rom verlieh sein Bürgerrecht ebenso vorsichtig wie großzügig. Nahe Verwandte nahm es ganz auf und ent-
fernte Verwandte zunächst nur halb, bis sie reif erschienen,
»ganze« Römer zu werden.

Das Geschlecht der Claudier, dem Rom starke, eigenwillige
Persönlichkeiten verdankte, bot das Vorzeigebeispiel. Es war,
sagt die Überlieferung, zu Beginn der Republik aus der Sabi-
nerstadt Regillum nach Rom eingewandert und sogleich in
den Kreis der Patrizier aufgenommen worden. Ein später
Nachfahre, der Kaiser Claudius, stellte sich noch fünfhundert
Jahre später in die Familientradition. Reiche Gallier, die längst
römische Bürger waren, wünschten sich Sitze im römischen
Senat, aber die italischen Senatoren wehrten schroff ab: Nicht
noch mehr Ausländer in unseren Hallen! Claudius hielt
mit einem historischen Vergleich dagegen (Tacitus, Annalen
11,24): »Warum scheiterten die Spartaner und Athener trotz
ihrer militärischen Überlegenheit? Weil sie ihre Staaten gegen
Besiegte, da fremdstämmig, verschlossen!« Rom hingegen
habe sich und seine Ämter für neue Bürger geöffnet: »Pleben-
jische Beamte folgten auf die patrizischen, latinische auf die
plebejischen und Beamte aus den übrigen Stämmen Italiens
auf die latinischen.« Aber Claudius nannte auch die Voraussetzung: Die Gallier, die in den Senat strebten, seien mit den
Römern schon »durch Sitten, Bildung und Verschwägerung
vermischt«.

Die Amerikaner erweiterten ihren Staat durch Aufnahme
neuer Staaten, die amerikanisch besiedelt und selbstverwaltet
waren, so kam immer nur annähernd Gleiches hinzu. Sie vermehrten ihr Volk durch Einwanderer aus Europa, öffneten
und sperrten die Tore zu verschiedenen Zeiten aus verschiedenen Gründen, religiösen, rassischen, politischen und ökonomischen, blieben aber immer ein Einwanderungsland. Die
neuen Immigrantenströme waren Amerika zunächst fremd,
manche paßten sich schnell an, vor allem Deutsche, andere
bewahrten lange Zeit viel von ihrer nationalen Kultur, aber
allmählich wurden fast alle Amerikaner und blieben nur in
zweiter Existenz noch Italiener, Polen, Juden oder Russen.
Schwerer integrierten sich erst im 20. Jahrhundert Ostasiaten
und Lateinamerikaner.

Weltgeschichtliche Folgen

Die wichtigste Parallele liegt in der ungeheuren Macht, die
Römer und Amerikaner auf ihren Inseln entwickelten, jeweils mit weltgeschichtlichen Folgen. Italien und Amerika
befanden sich lange am westlichen Rand der politischen und
kulturellen Zentren ihrer Zeit. Die großen Reiche des Altertums lagen im Osten, Ägypter, Babylonier, Assyrer, Hethiter,
Perser und schließlich Makedonen im Verein mit Griechen
schufen sie und dazu das Licht, das aus dem Osten kam. Die
großen Mächte der Neuzeit lagen zwischen Madrid und Moskau, bis zum Ersten Weltkrieg konzentrierte sich die moderne
Welt politisch und zivilisatorisch in Europa. Jenseits des Atlantik gab es nur ehemalige Kolonien. Einige Zeit erschien es
nicht einmal ganz sicher, ob das Kolonialland im Westen, das
antike wie das neuzeitliche, seine Selbständigkeit werde bewahren können.

Wenn die Griechen später ihre römischen Herren ärgern
wollten, behaupteten sie, Rom verdanke seine Weltherrschaft
allein dem Fieber, das den großen Alexander schon mit 33 Jahren dahinraffte. Hätte er länger gelebt, hätte er nach dem

Osten bis nach Indien hin auch den Westen unterworfen. Was daran wahr ist, wissen wir nicht, im Altertum wurde die Frage lebhaft diskutiert, noch zu Augustus' Zeit um Christi Geburt hielt es der römische Historiker Livius für nötig, ausführlich darzulegen, daß auch ein Alexander mit der Zahl und Tapferkeit der Legionen nicht fertiggeworden wäre. Sicher ist, daß Pyrrhos es nicht mehr schaffte; sein Heer hatte fast die Stärke des Alexander-Heeres, doch er kam zu spät und konnte nur noch Schlachten gewinnen, aber nicht mehr den Krieg. Rom war schon zu stark geworden und zu machtbewußt.

So blieb der Hellenismus, Alexanders Erbschaft, politisch auf den Ostteil der antiken Welt beschränkt. Er übte starken kulturellen Einfluß auf Italien aus, aber Rom blieb römisch, Italien sprach lateinisch, und die Länder um das westliche Mittelmeer wurden nicht hellenisiert, sondern romanisiert. Eine Kulturgrenze befestigte sich, die später West- und Ost-Rom teilte, dann die römisch-katholische und die griechisch-orthodoxe Kirche trennte und in Europa heute noch Völker in Kriege stürzt, die einander nahe sind wie Kroaten und Serben.

Wie Italien sich politisch gegen die hellenistische Welt behauptete, so behauptete sich ganz Amerika gegen eine zweite Kolonisierung durch die europäischen Großmächte. Die Vereinigten Staaten waren der Vorreiter bei der Selbstbefreiung, sie fühlten sich als Vorbild für Lateinamerika und traten, je kräftiger sie wurden, als dessen Anwalt gegen europäische Ansprüche und Absichten auf. Sie entwickelten dabei selbst imperiale Züge und erschienen manchem Land im Süden kaum weniger gefährlich als Spanier, Franzosen oder Engländer. Dennoch waren es die Vereinigten Staaten und ihre Macht, die allen Europäern jeden Gedanken daran austrieb, in Amerika wieder Fuß zu fassen. So blieb allein dieser Kontinent von der wilden Kolonisation des 19. Jahrhunderts verschont, nur die Amerikaner (bis nach Kap Hoorn) bekamen die Möglichkeit zu einer eigenen politischen Entwicklung, die Asiaten und Afrikaner erst anderthalb Jahrhunderte später erhielten.

Römer und Amerikaner widerstanden nicht nur hellenistischer und europäischer Überwältigung, sie sammelten Kräfte, die das Gegenteil möglich werden ließen, die Überwältigung der hellenistischen Welt durch die Römer und Europas durch die Amerikaner. Als die Herren Italiens verfügten die Römer über dessen gesamte Wehrkraft und wuchsen damit zur ersten Militärmacht des gesamten Mittelmeerraums. Die Karthager und die hellenistischen Könige, Roms spätere Gegner, kämpften großen- oder größtenteils mit Söldnern, als Berufssoldaten waren sie den italischen Wehrpflichtigen überlegen, aber sehr teuer und nur begrenzt zuverlässig. Die Geschichten von aufsässigen Söldnern und randalierender Soldateska gingen durch die Zeit, Karthago hat seinen »Söldnerkrieg« (240–237) nur knapp überlebt. Die römische und italische Miliz hingegen war billig, diszipliniert und, von wenigen Ausnahmen abgesehen, treu. Mit jedem weiteren Kampf gegen moderne Armeen und mit immer längerer Kriegsdauer reiften auch die Legionäre zu Berufssoldaten.

Um die immense Wehrkraft Roms zu illustrieren, sprach Pyrrhos' Minister Kineas von einer Hydra, jenem Ungeheuer, dem drei Köpfe nachwuchsen, wenn man ihm einen abschlug. Um die immense Produktionskraft Amerikas anschaulich zu machen, schrieb der englische Historiker Paul Kennedy über den Zweiten Weltkrieg: »Für jedes von deutschen U-Booten versenkte Handelsschiff baute Amerika drei neue, und jedes über Europa oder dem Pazifik abgeschossene alliierte Flugzeug ersetzte es durch fünf.« Schon beim Eintritt in den Ersten Weltkrieg waren die Vereinigten Staaten die erste Wirtschaftsmacht der Welt, ihre Industrie produzierte so viel wie England, Frankreich und Deutschland zusammen. Beide Weltkriege, noch mehr der zweite, entwickelten sich zu riesigen Materialschlachten, Truppenzahl, Kampferfahrung und Moral waren nicht mehr alles; die Wirtschaftskraft Amerikas wurde zu einer Größe, die europäische Kriege zu entscheiden vermochte.

Während Alexanders Nachfolger und Europas Kaiser und Könige sich fast ohne Unterlaß bekriegten, saßen Römer und

Amerikaner buchstäblich weit vom Schuß, die einen über zweihundert Jahre lang, die anderen über hundert. In der relativen Ungestörtheit ihrer Insellage entwickelten sie ihren Charakter und schufen sich eine Machtgrundlage, die sie befähigte, in die Weltpolitik einzugreifen und auf Länder jenseits der Meere überzugreifen. Aber in den Jahren 270 vor Christus und 1900 nach Christus war es höchst fraglich, ob sie das überhaupt wollten.

III. WELTEROBERER

Indem es die Verbündeten schützte,
bemächtigte sich unser Volk der gesamten Welt.
Marcus Tullius Cicero

Große Nationen können sich nicht isolieren.
Wendell L. Willkie, Republikanischer
Präsidentschaftskandidat 1940

Rom und Amerika brauchten jeweils 74 Jahre, drei Viertel eines Jahrhunderts, um von einer Regionalmacht zur einzigen Weltmacht ihrer Zeit aufzusteigen. Rom geriet 264 vor Christus in den ersten Krieg mit Karthago, 201 hatte es Karthago zum zweitenmal besiegt und war zum Herrn des ganzen westlichen Mittelmeergebiets geworden. Elf Jahre später hatte es die Könige von Makedonien und Syrien geschlagen, danach gab es im Ostteil der Alten Welt keine Großmacht mehr, sondern nur noch Mittelmächte und Kleinstaaten, die nicht die geringste Chance hatten, sich mit Rom zu messen. Die Vereinigten Staaten gerieten 1917 in den Ersten Weltkrieg und entschieden ihn. Mit dem Sieg im Zweiten Weltkrieg wurden sie 1945 zum stärksten Staat des Globus, und mit dem Zusammenbruch ihres Rivalen Sowjetunion avancierten sie 1991 von der ersten zur einzigen Weltmacht.

Warum verließen die Insulaner ihre Inseln, wo es für sie noch viel zu tun gab? Warum führten sie jenseits der Meere, die sie schützten, Krieg oder ließen sich in Kriege hineinziehen? Warum setzten sie sich, direkt oder indirekt, in fernen, fremden Ländern und Kontinenten dauerhaft fest?

1. Der erste Schritt übers Meer

Der Erste Punische Krieg

Als sich für die Römer erstmals die Frage stellte, ob sie sich außerhalb Italiens ständig engagieren sollten, bemerkten sie die Frage gar nicht. Im Jahr 264 vor Christus erreichte den Senat ein höchst fragwürdiger Hilferuf aus Sizilien. Ein Söldnerhaufen, der »arbeitslos« geworden war, hatte sich der Griechenstadt Messana (Messina) als Freund und Helfer angeboten, doch als sich die Tore öffneten, bemächtigte er sich der Stadt. Die Männer ermordeten oder vertrieben sie, berichtete Polybios (1,7), »die Frauen und Kinder nahmen sie, wie der Zufall sie jedem in die Hände spielte. Die Güter und das Land teilten sie unter sich auf«.

Sie nannten sich Mamertiner, Marsmänner, Söhne des Kriegsgottes, und so benahmen sie sich auch weiter. Sie überfielen, verheerten und plünderten, wo sie konnten; mit dem griechischen Syrakus standen sie im Dauerkrieg. Als dort Hieron, ein guter Militär und noch besserer Politiker, zur Macht gelangte, gerieten sie in Bedrängnis. Sie wurden geschlagen und fürchteten, Hieron, nunmehr König in Syrakus, werde versuchen, sie aus Messana zu vertreiben.

Wie es dann weiterging, bleibt eine der ewigen Streitfragen der Alten Geschichte. Sicher ist, daß die Mamertiner sowohl Rom als auch Karthago um Hilfe baten, die Karthager legten eine Besatzung in die Stadt, die jedoch die Mamertiner bald wieder hinauskomplimentierten. Sicher ist ferner, daß der Senat nichts von der karthagischen Intervention in Messana wußte, als er darüber beriet, ob er das Hilfegesuch der Mamertiner annehmen solle. Die Entscheidung fiel schwer, weil man kurz zuvor mit einem ähnlichen Fall zu tun gehabt hatte. Das griechische Rhegion (Reggio di Calabria) hatte Rom um Schutz gebeten und viertausend Kampaner als Schutztruppe erhalten, die ihren Dienst zunächst getreulich versahen. Doch auf der anderen Seite der Meerenge lag Messana, das

Beispiel der Mamertiner lockte, die Kampaner ahmten es nach und nahmen Rhegion auf die gleiche brutale Weise in Besitz. Aber die Römer duldeten es nicht. Sobald sie die Hände frei hatten, eroberten sie Rhegion, schlugen die meisten Kampaner tot, richteten die letzten dreihundert auf dem Marktplatz in Rom öffentlich hin und gaben die Stadt den überlebenden griechischen Bewohnern zurück. Moralisch betrachtet war nur eine Entscheidung möglich: Das Hilfegesuch der Mamertiner mußte abgewiesen werden. Wenn zwei das gleiche Verbrechen begehen, darf man nicht den einen bestrafen und mit dem anderen paktieren; ein Hegemon, der auf seine Glaubwürdigkeit zu achten hat, darf es schon gar nicht.

Aber politisch betrachtet unterschieden sich die beiden Fälle. Rhegion war eine verbündete Stadt, und die Gewalttäter gehörten zur römischen Armee, der Senat mußte also die Meuterei bestrafen und bei den Verbündeten das Vertrauen zur Schutzmacht Rom wiederherstellen. Den Griechen von Messana hingegen war Rom nicht verpflichtet, und die Mamertiner hatten sich Rom gegenüber nichts zuschulden kommen lassen; sie waren Italiker und beriefen sich auf ihre Stammesverwandtschaft mit den Römern.

Sehr viel wichtiger war die strategische Lage Messanas, das den Übergang von Sizilien nach Italien kontrollierte. Roms Herrschaft über die Griechen in Süditalien war erst wenige Jahre alt und noch keineswegs gesichert. Tarent, die reichste Stadt, hatte immer wieder Helfer aus Übersee geholt, zuletzt Pyrrhos und wenige Jahre davor Agathokles, den König von Syrakus. Nun war wieder ein König von Syrakus, wie es schien, auf dem Weg zur Macht in Sizilien. Wer wußte, ob nicht auch ihn der gleiche Ehrgeiz trieb wie Agathokles und Pyrrhos, alle Griechen Italiens und Siziliens zu einem Reich zu vereinen? Erschien es nicht geraten, die Moral beiseite zu lassen und die Mamertiner zu schützen, damit der Übergang nach Italien nicht in Hierons Hände fiele?

Der Senat kam zu keiner Entscheidung. Die an einem Feld-

zug interessierte Gruppe im Senat brachte die Sache vor
die Volksversammlung und setzte sich dort durch. Das Volk
stimmte für den Krieg, als es hörte, er werde nur kurz sein,
aber reiche Beute bringen. Die Römer hatten unter den dau-
ernden Kämpfen der Jahre davor sehr gelitten und hofften
nun auf einen leichten Feldzug, der sie entschädigen würde;
Syrakus war eine reiche Stadt.

Als der Konsul Appius Claudius Caudex im Sommer 264
nach Messana übersetzen wollte, fand er jedoch alles anders
als erwartet. Nicht nur die Syrakusaner, auch die Karthager
belagerten die Stadt, sie hatten sich schon im Besitz von Messana gewähnt, aber ihr General dort hatte sich von den Ma-
mertinern hinausdrängen lassen, sie schlugen ihn ans Kreuz
und versuchten, die Stadt an der Meerenge wiederzubekom-
men, an der sie als Seemacht besonderes Interesse hatten. Der
Konsul ließ sich nicht abschrecken, setzte sein Heer bei Nacht
nach Messana über, nahm Verhandlungen mit Hieron und
den Karthagern auf und erklärte beiden den Krieg, als sie sich
weigerten, die Belagerung abzubrechen.

Gegen die Syrakusaner fochten die Römer mit Erfolg, Hieron schloß im nächsten Jahr Frieden und wurde zu einem
treuen Verbündeten. Das Verhältnis zu den Karthagern blieb
zunächst in der Schwebe. Zwar war der Krieg erklärt, aber die
Karthager führten ihn kaum, gaben den Römern sogar einige
Schiffe zurück, die Claudius bei seiner Überfahrt verloren
hatte. Sie wollten keinen Krieg mit Rom, und auch Rom hatte
sein Ziel erreicht: Messana war gesichert und Syrakus in
seine Schranken gewiesen. Aber der Krieg machte sich selbständig. Nach dem Friedensschluß mit Hieron halbierte Rom
zwar seine Streitkräfte auf Sizilien, doch allein seine Anwe-
senheit auf der Insel veränderte die Machtverhältnisse dort.
Das Beispiel der Mamertiner machte Schule. Städte, die sich
der karthagischen Herrschaft entziehen wollten, begaben sich
unter den Schutz der Römer. Die Karthager sahen ihre Stellung in Sizilien gefährdet, warben Söldner, schickten ein starkes Heer dorthin und begannen, den Krieg energisch zu füh-

ren. Die Römer fühlten sich herausgefordert und verstärkten nun ebenfalls ihre Kräfte auf der Insel.

Karthago wiederum nutzte seine Überlegenheit zur See und verheerte die Küsten Italiens, nicht allein um zu plündern, sondern auch zu strategischem Zweck: Indem es die Römer im eigenen Land angriff, versuchte es, sie von Sizilien abzuziehen oder dort wenigstens zu schwächen. Das mißlang zwar, dennoch war die Wirkung beträchtlich. Die Opfer der karthagischen Überfälle wurden unruhig, und die Autorität der Römer litt, weil sie nicht imstande waren, ihre Verbündeten gegen Angriffe zur See zu schützen. Die Karthager standen zwar nicht wie Pyrrhos mit Heeresmacht im Lande, aber Rom sah sich ebenso genötigt, Stärke zu zeigen und zu beweisen, daß der Herr Italiens durchaus in der Lage war, für die Unversehrtheit seiner Untertanen zu sorgen.

Es war ein Wendepunkt der römischen Geschichte. Die Legionen konnten die Insel nicht mehr sichern, die Schiffe der maritimen Verbündeten, vor allem der süditalischen Griechen, genügten nicht mehr, Rom brauchte eine eigene Flotte. Die Landmacht mußte auch zur Seemacht werden. So kämpften Römer und Karthager dreiundzwanzig Jahre lang zu Lande und zu Wasser, Sieg und Niederlage wechselten, als ob ein Schlachtengott sie gerecht verteilen wollte. Die Karthager konnten ihre Stellung in Sizilien nicht räumen, jahrhundertelang hatten sie schon mit den Griechen um die Insel im Streit gelegen. Die Seemacht verteidigte die Häfen und Basen, auf denen ihre Herrschaft über das westliche Mittelmeer zu großen Teilen beruhte. Die Römer andererseits mußten siegen, weil sie nicht verlieren durften, eine Niederlage hätte ihre Macht über Italien erschüttert. Aber nicht nur das, sie kämpften, weil sie nicht aufgeben konnten, sie gewannen am Ende, weil sie länger durchhielten.

Es war der längste Krieg, den sie je ohne Unterbrechung geführt haben, und je länger er dauerte, desto weiter, so scheint es, löste er sich von den politischen Notwendigkeiten, ein Wahnsinnskrieg. Schon im Altertum verglich man ihn mit

der Blindwütigkeit eines Kampfes edler Raubvögel, nur mit
Vernunftgründen schien er nicht mehr erklärlich zu sein:
»Noch wenn die Kräfte geschwunden sind, kämpfen sie erbit-
tert weiter. Wenn sie vor Erschöpfung die Flügel nicht mehr
heben können, halten sie ungebrochenen Mutes aus und versetzen einander weiter Schlag um Schlag, bis beide schwer
getroffen sind und einer zu Boden stürzt« (Polybios 1,58).

Der Erste Weltkrieg

Als in Europa am 1. August 1914 der Krieg ausbrach, erklärten die Vereinigten Staaten sogleich ihre Neutralität. Präsident, Kongreß und Nation waren sich einig, Amerika müsse
seiner hundert Jahre bewährten Tradition treu bleiben: Handel treiben mit allen, sich politisch aber strikt heraushalten.
Präsident Woodrow Wilson ermahnte seine Landsleute sogar, nicht nur im Handeln, sondern auch im Denken neutral
zu bleiben. Denn der wahre Geist der Neutralität sei der
»Geist der Unparteilichkeit und der Fairness und Freund-
schaftlichkeit (friendliness) gegenüber allen Beteiligten«.
Neutralität war für Wilson nicht nur Sache der Regierung,
sie werde auch weitgehend davon bestimmt, »was der einzelne und die Gesellschaft und die Teilnehmer öffentlicher
Versammlungen tun und erklären, was die Zeitungen und
Magazine schreiben, was die Pastoren von der Kanzel pre-
digen und was die Leute auf der Straße als ihre Meinung
sagen«.

Hinter dieser Mahnung stand die Furcht, die Amerikaner
könnten, je nach ihrer Herkunft, für die englisch-französi-
sche oder die deutsche Seite Partei ergreifen und die Nation
spalten. Aber nicht nur die Sorge um den inneren Frieden
trieb den Präsidenten, sondern auch Idealismus. Amerika
habe die Pflicht, sich um den Frieden in der Welt zu bemühen,
denn es sei »die einzige große Nation des Friedens, das einzige Volk, das sich bereit hält, unparteiisch zu vermitteln und
zu Frieden und Konfliktlösung zu raten, nicht als Partei, son-

dern als Freund«. Doch beides, Zurückhaltung in den Gefühlen und in der Politik, war leichter gesagt als getan.

Die Amerikaner deutscher und irischer Herkunft standen
bei Deutschland, die einen aus Anhänglichkeit an die alte Heimat, die anderen aus Feindschaft gegen England. Die Sympathien der Mehrheit hingegen lagen bei den Engländern. Die
alten Streitfragen existierten nicht mehr, die Briten erkannten die Monroe-Doktrin, den Anspruch der Amerikaner auf
Amerika, an. Schon vor Ausbruch des Krieges war das Gefühl
für die angelsächsischen Gemeinsamkeiten gewachsen, für
Sprache, Kultur, demokratische Überzeugung, auch für ähnliche Institutionen. Das früher freundschaftliche Verhältnis
zu Deutschland hatte sich hingegen stark getrübt. Der Kaiser
mit seinen anmaßenden Reden, seinem Militärkult und ehr-
geizigen Flottenprogramm verkörperte, was Amerikanern zuwider war: autoritäres Regiment und Militarismus.

Die politische Neutralität der Vereinigten Staaten war daher von Anfang an problematisch, die Gefühle, die der Präsident im Zaum zu halten mahnte, kamen aus zu tiefen Quellen,
auch bei Wilson selbst, um politischem Kalkül untergeordnet zu werden. Der Krieg trieb dann die Antipathien gegen
Deutschland auf die Spitze. Im Mai 1915 versenkte ein deutsches U-Boot das englische Passagierschiff Lusitania, 1198
Menschen ertranken, darunter 128 Amerikaner. Die Empörung in Amerika riß alles mit sich fort: die Deutsch-Ame-
rikaner, die nicht mehr wagten, für Deutschland Partei zu
nehmen, die Börse, die in Panik geriet, die Presse, die den
deutschen Botschafter verfolgte (»mit Mühe gelang es mir,
unter dem Wutgeheul der Reporter den Zug zu erreichen«),
und schließlich sogar den Präsidenten. Zunächst hatte er versucht, die Erregung zu dämpfen: Amerika müsse ein Beispiel
des Friedens geben, »und zwar nicht nur, weil es nicht kämpfen will, sondern weil Friede, nicht Kampf, das heilende und
erhebende Element der Welt ist. Es gibt einen Stolz, der zu
groß ist, um zu kämpfen«. Der letzte Satz, »too proud to
fight«, steigerte die Empörung, und die Forderung, die diplo-

matischen Beziehungen zu Deutschland abzubrechen, wurde übermächtig. Nur mit Mühe gelang es Wilson, mit einer scharfen Protestnote Zeit zu gewinnen und die letzte Konsequenz, die Kriegserklärung, zu vermeiden.

Amerika befand sich in der gleichen Lage wie hundert Jahre zuvor, als sein Handel mit Europa in den Strudel des Krieges dort geriet: Napoleon riegelte das europäische Festland wirtschaftlich gegen England ab, England antwortete mit der Blokkade des Festlands. Die Amerikaner beharrten damals auf ihrem Recht, als neutraler Staat überall ungehindert Handel zu treiben, und erklärten 1812 England den Krieg, allerdings nicht nur aus diesem Grund. Auch 1914 blockierte England seinen kontinentalen Gegner, und Deutschland versuchte mit seinen U-Booten, England von überseeischer Zufuhr abzuschneiden. Beide verletzten das Recht des neutralen Händlers, und bei beiden protestierte Washington.

Aber es gab Unterschiede. Die englische Blockade verursachte vielerlei Ärger und wirtschaftliche Verluste, der deutsche U-Boot-Krieg aber brachte Amerikaner ums Leben; »Mörder sind schlimmer als Diebe«, schrieb ein amerikanischer Historiker. Der zweite Unterschied traf die Wirtschaft der Vereinigten Staaten. Die englische Blockade wirkte stärker als die deutsche, schon 1915 kam Amerikas Handel mit Deutschland und dessen Verbündeten zum Erliegen, um so mehr wuchs der Bedarf Englands und Frankreichs an amerikanischen Lieferungen. Landwirtschaft und Industrie produzierten, die beginnende Rezession wurde überwunden und fast Vollbeschäftigung erreicht; und als London und Paris nicht mehr zahlen konnten, gewährten ihnen amerikanische Banken Kredite, bis zum April 1917 2,3 Milliarden, Deutschland hingegen nur 27 Millionen. Bald konnten Engländer und Franzosen den Krieg nicht mehr ohne amerikanische Lieferungen führen, die Amerikaner wiederum mußten liefern, weil sie ihre Agrar- und Industrieerzeugnisse, dann auch Waffen und Munition, nur bei den Alliierten absetzen konnten; sie mußten ihnen helfen, um ihre Kredite zu sichern. So

verstrickte sich Amerika allmählich mit Deutschlands Gegnern in wechselseitige Abhängigkeit.

Die große Mehrheit der Amerikaner wünschte, daß England und Frankreich siegten, Wirtschaft und Finanzen waren
darauf angewiesen, daß sie den Krieg nicht verloren, aber
selbst in den Krieg eintreten wollten die Vereinigten Staaten
nicht. Im Gegenteil, Militärdienst war nach wie vor unpopu-
lär, Europa mit seinen Kämpfen lag fern, für den Farmer im
mittleren Westen noch viel ferner als für die Bewohner der
Ostküste, und das Recht auf freie Seefahrt erschien im Krieg
mehr gefährdet als im Frieden. Die Grundstimmung der großen Mehrheit blieb isolationistisch, Präsident Wilson gewann seine Wiederwahl 1916, weil er Amerika herausgehal-
ten hatte aus dem Krieg: He kept us out of the war.

Auch Wirtschaft und Banken brauchten keinen Krieg, jedenfalls so lange nicht, wie eine Niederlage der Alliierten
drohte. Soweit es machtpolitische Überlegungen gab, war
Amerika mit Wilsons Formel »Frieden ohne Sieg« am besten
gedient: Weder England noch Deutschland als Gewinner und
beide geschwächt durch die schweren Verluste des Krieges –
als stärkste Macht der Welt blieben die Vereinigten Staaten
übrig. Schließlich der Ehrgeiz des Präsidenten: Um als der
große Friedensstifter in die Weltgeschichte einzugehen,
durfte Amerika nicht Partei sein, sondern mußte über den
Parteien stehen.

Die Interessen der Vereinigten Staaten geboten keinen
Krieg, und der Präsident wollte keinen Krieg. Auch Deutschland wollte keinen Krieg mit Amerika. Kaiser, Reichsregie-
rung und Oberste Heeresleitung wußten, es bedeute Krieg
mit Amerika, wenn die U-Boote ohne Rücksicht torpedierten
und amerikanisches Leben gefährdeten. Zweimal warnte Washington drohend, und zweimal gelang es Politikern in Berlin, die Militärs zu bremsen und die U-Boot-Kommandanten
gewissen Beschränkungen zu unterwerfen. Doch Anfang
1917 setzte die Oberste Heeresleitung den »unbeschränkten«
U-Boot-Krieg durch: Ohne Vorwarnung wird alles versenkt,

was in die Kriegszone um die Britischen Inseln kommt, neutrale wie feindliche Schiffe, Frachter wie Passagierdampfer.

Es war eine verzweiflungsvolle Fehlrechnung: Im Feld ist der Krieg nicht mehr zu gewinnen, aber die U-Boote können ihn gewinnen. In spätestens sechs Monaten zwingen sie England in die Knie, Amerika braucht ein Jahr, bis es größere Truppentransporte nach Europa schicken kann, Deutschland hat gesiegt, bevor sie kommen. Und damit sie nicht früher kommen, haben wir unsere U-Boote. So dachte General Ludendorff, dem Kaiser, Kanzler und die Parteien sich fügten. »Wehe dem Volk«, schrieb Golo Mann, »das sein Schicksal einem anvertraut, der nichts versteht als Krieg.«

Als Präsident Wilson am 31. Januar 1917 die Ankündigung eines unbeschränkten U-Boot-Krieges erhielt, wollte er sie nicht glauben. Sechs Wochen vorher erst hatte er Noten an alle Kriegsführenden gesandt, um einen Verhandlungsfrieden zu erreichen; neun Tage vorher hatte er dem Senat in feierlicher Form seine Vorstellungen von einem Frieden dargelegt. Er steckte mitten in Bemühungen um eine Beendigung des Krieges, auch das Verhältnis zum Deutschen Reich hatte sich spürbar entspannt. Der Schlag traf ihn unerwartet, er mußte reagieren und konnte es nur in der Form tun, auf die er sich in seiner letzten Note zur U-Boot-Frage festgelegt hatte. Darin hieß es: »Sofern die Kaiserliche Regierung jetzt nicht unverzüglich ein Aufgeben ihrer gegenwärtigen Methoden des Unterseebootkrieges gegen Passagiere und Frachtschiffe erklären und bewirken sollte, kann die Regierung der Vereinigten Staaten keine andere Wahl haben, als die diplomatischen Beziehungen zur deutschen Regierung ganz zu lösen.« Der Präsident bezog sich auf diese Note vom 18. April 1916 und ließ dem deutschen Botschafter die Pässe zustellen.

Aber den Krieg erklärte er nicht – noch nicht. »Ich weigere mich zu glauben«, sagte er vor beiden Häusern des Kongresses, »daß es die Absicht der Verantwortlichen in Deutschland ist, wirklich zu tun, was sie, wie sie sagen, sich frei fühlen zu

tun.« Vier Wochen später, am 1. März 1917, veröffentlichten
die Zeitungen ein Telegramm, das der deutsche Außenminister Alfred Zimmermann nach Mexiko geschickt hatte. Darin
schlug er den Mexikanern für den Kriegsfall ein Bündnis vor
und lockte sie mit der Aussicht, die Gebiete wiederzubekom-
men, die sie 1848 an die Vereinigten Staaten hatten abtreten
müssen. Auch Japan könne sich dieser Allianz anschließen.
Die Schlagzeilen schlugen ein: Mexikaner in Texas und Ari-
zona, Japaner in Kalifornien, dazu die Furcht, die preußischen
Pickelhauben würden nach einem Sieg in Europa sogleich
über den Atlantik kommen. Kein politisch denkender Amerikaner glaubte den Unsinn, aber beim Mann auf der Straße
wirkte er und wurde von alliierten Propagandisten sorgfältig
gepflegt.

Falls der Präsident noch hoffte, hoffte er vergeblich. Zwei
Wochen später, Mitte März, versenkten deutsche U-Boote
vier amerikanische Frachter, 36 Amerikaner kamen ums
Leben. Am 2. April empfahl Wilson dem Kongreß die Kriegserklärung, vier Tage später beschlossen beide Häuser den
Krieg, den »die Kaiserliche Regierung den Vereinigten Staaten aufgenötigt« habe.

Schon ein Jahr vorher hatte Wilson das »Bereitsein« (pre-
paredness) Amerikas für den Krieg proklamiert, aber vorbereitet war das Land darauf nicht. Die Umstellung der
Wirtschaft auf Kriegsbedarf verursachte zunächst ein Chaos,
die Unterstellung der Wirtschaft unter staatliche Regie erzeugte einen Schock; Eisenbahn, Telefon und Telegrafie und
sogar Preise unter Staatsverwaltung, das erschütterte Grund-
vorstellungen. Ähnlich beim Militär. Die Flotte war stark,
die Armee mit 120000 Mann unbeachtlich; erst die allgemeine Wehrpflicht erbrachte schließlich knapp drei Millionen. Zeit war nötig, die Truppen aufzustellen, auszurüsten
und vor allem auszubilden. Erst im Sommer 1918 wurden die
Vereinigten Staaten zum handlungsfähigen Kriegsteilnehmer und ihre Wirtschaft zu einer effizienten Kriegsmaschine,
in Frankreich standen dann anderthalb Millionen amerikani-

sche Soldaten, aber von den siebenundzwanzig Divisionen
dort waren erst neunzehn frontfertig ausgebildet. Dennoch
entschieden die Amerikaner den Ersten Weltkrieg, durch ihre
frischen Truppen, durch die Menge ihrer Waffen, Munition
und sonstigen Kriegsgeräts, nicht zuletzt durch die Ermutigung, die ihr Erscheinen in Europa den erschöpften Alliierten
gab.

Für die amerikanische Nation war es die tiefste Zäsur in ihrem Verhältnis zur Außenwelt. Hier ging es nicht um die Unterwerfung minderentwickelter Inselbewohner in der Karibik
und im Pazifik, Amerika focht in einem modernen Krieg auf
einem fremden Erdteil. Es tat, was es über hundert Jahre lang
nicht nur aus politischer Klugheit, sondern auch aus halb religiöser Überzeugung vermieden hatte, es verstrickte sich in
die Kämpfe, Rivalitäten und Zänkereien des dekadenten, ver-
kommenen, sündigen Europa. Der wirkliche Grund, die Sicherung des lebenswichtigen Außenhandels, genügte nicht
zur Rechtfertigung. Der zur Ideologie gewordene Isolationismus konnte nur durch ideologische Zielsetzung überwunden werden. Nicht ein Feldzug, ein Kreuzzug mußte es sein:
Wenn schon Krieg, dann der letzte aller Kriege: »The war to
end all wars«. Wenn schon Amerikaner ihr Leben einsetzten,
dann zur Rettung der Demokratie auf der ganzen Welt: »The
world must be made safe for democracy«. Wenn schon Verstrickung in die europäischen Wirren, dann zur Heilung Europas von seinen Gebrechen: »Amerika sagte bei seiner Geburt zur Menschheit: ›Wir sind gekommen, um die Welt zu
erlösen, um ihr Freiheit und Gerechtigkeit zu geben‹. Jetzt
sind wir vor das Tribunal der Menschheit gerufen, um dieses
unsterbliche Versprechen einzulösen« (Wilson am 6. 9. 1919).

Zwei Kriege wider Willen

Der Erste Punische Krieg und der Erste Weltkrieg haben nichts
miteinander gemein außer der Tatsache, daß sie Römer und
Amerikaner nötigten, erstmals außerhalb ihrer Insel einen

großen Krieg zu führen. In beiden Fällen handelte es sich um einen Krieg, der nicht beabsichtigt war; ohne es zu wollen, kamen die Römer in den Kampf mit Karthago und die Amerikaner in den Kampf mit Deutschland.

Der Erste Punische Krieg bot ein seminarreifes Beispiel für einen Prozeß, den moderne Strategen Eskalation nennen. Eine Aktion provoziert die Gegenaktion, die wiederum eine Antwort verlangt, ein Streit um Einzelheiten steigert sich schließlich zum Kampf ums Ganze. Ruhmsucht und Beutegier, wahrscheinlich auch Vorsorge gegen Syrakus als möglichen Unruhestifter im griechischen Süditalien, trieben die Römer zu einer Expedition, die sie in einen Konflikt mit Karthago brachte und dann schrittweise in einen fast endlosen Krieg zwang. Nachdem die Mamertiner in die römische Bundesgenossenschaft aufgenommen worden waren, mußten sie geschützt werden, und da nicht nur die Syrakusaner, sondern auch die Karthager Messana belagerten, auch vor diesen. Als sich andere Städte in Sizilien Rom anschlossen, nahm es auch sie in seine Obhut, was wiederum die Karthager nicht dulden konnten. Sie begannen den Krieg in großem Stil zu führen, was Rom zwang, den großen Kampf aufzunehmen. Als dann die karthagische Flotte Italien angriff, mußte Rom sich als Schutzmacht seiner italischen Verbündeten bewähren, es ging nicht mehr um die Behauptung bestimmter Plätze auf einer anderen Insel, jetzt mußte eine Gefahr für die eigene Insel abgewendet werden.

Auch Amerikas Eintritt in den Ersten Weltkrieg vollzog sich wie in einer Eskalation. In vielen kleinen Schritten näherten sich die Vereinigten Staaten einem Krieg, den sie unbedingt vermeiden wollten. Nur der Handel mit England und Frankreich ermöglichte eine Überwindung der Rezession und schuf beinahe Vollbeschäftigung, jede weitere Lieferung und jeder neue Kredit brachten sie in eine Interessengemeinschaft mit den Feinden Deutschlands, das sie schließlich wie einen Feind behandelte und in den Krieg zwang.

Ob eine andere Politik möglich gewesen wäre, blieb auch in

Amerika umstritten. Wilsons Außenminister William J. Bryan war ein überzeugter Pazifist und bereit, den deutschen Standpunkt in der U-Boot-Frage weitgehend zu akzeptieren. Er trat zurück, weil der Präsident anderer Meinung war. Zwanzig Jahre später, in der Furcht, in einen neuen Weltkrieg zu geraten, neigten amerikanische Historiker und eine Mehrheit der Politiker zu der Auffassung, Amerika hätte sich damals heraushalten können, wenn nicht Geschäfts- und Bank-Interessen die Vereinigten Staaten an England gebunden hätten. Aber hätte sich Amerika den Verzicht auf fast den gesamten Handel mit Europa leisten können?

Ganz gleich, wie die Antwort ausfällt – der Präsident, die meisten Politiker und Geschäftsleute glaubten, beides haben zu können: den profitablen Handel und die Neutralität, aber es war nicht möglich, den Kuchen zu essen und zu behalten. Die Vereinigten Staaten schlossen zwar kein verstrickendes Bündnis, sogar dann nicht, als sie in den Krieg eintraten, aber sie verstrickten sich allmählich so fest in den europäischen Konflikt, daß sie hineingezogen wurden. Schon der Eifer des Präsidenten, zwischen den Kämpfenden zu vermitteln, durchbrach die traditionelle Distanz zu Europa, Vermittlung kann unversehens in Verpflichtung umschlagen. Die immer enger werdende wirtschaftliche und finanzielle Verflechtung mit England und Frankreich schuf Interessen in Europa, die als lebenswichtig empfunden wurden.

Amerika war nicht mehr neutral, weil es nicht mehr neutral sein konnte: Es hatte sich »mit goldenen Ketten an Deutschlands Kriegsgegner« gebunden (Detlef Junker). Nach der ultimativen Drohung vom April 1916, die Beziehungen zu Berlin abzubrechen, wenn die U-Boote ohne Rücksicht torpedierten, war der Präsident nicht mehr Herr seiner Entschlüsse; er hatte die Entscheidung, ob Amerika Krieg führen müsse oder nicht, Ludendorff und dem Kaiser überlassen.

In ihren ersten großen Krieg mit einer überseeischen Macht sind Römer und Amerikaner weniger hineingegangen als hineingeraten. Um so interessanter ist, wie sie sich danach verhielten: Blieben sie politisch oder militärisch dort, wohin sie mit ihrem ungewollten Krieg gekommen waren? Oder zogen sie sich auf ihre Inseln zurück, die sie ungewollt verlassen hatten? Oder wieweit taten sie teils das eine und teils das andere?

2. Der Rückzug auf die Insel

Rom zwischen Karthagern, Kelten und Piraten

Die Römer hatten nie zuvor einen Gegner gehabt wie Karthago, die Karthager nie zuvor einen Gegner wie Rom. Beides konnte nicht ohne Folgen bleiben. Die Römer glaubten, sich vor ihrem neuen gefährlichen Feind sichern zu müssen, die Karthager sahen sich genötigt, für die schweren territorialen und finanziellen Verluste Ersatz zu schaffen.

Römische Sicherheit

Die Erfahrung, die Rom aus dem Kriege ziehen mußte, war: Die Meere schützen Italien nicht mehr, die insulare Sicherheit, die jahrhundertelang selbstverständlich gewesen war, hatte ein Ende. Rom mußte mit einem Gegner rechnen, der es zur See angreifen konnte. Schon während des Krieges hatte der Senat zwei Konsequenzen gezogen: Er ließ Flotten bauen, um der Seemacht auf ihrem Element begegnen zu können, und er versuchte, die Operationsbasen der feindlichen Flotten zu erobern: Sizilien, Sardinien, Korsika, die Liparischen Inseln zwischen Sizilien und Süditalien, schließlich Malta. Aber alle Versuche scheiterten, sogar auf Sizilien behaupteten die Karthager bis zum Ende des Krieges einen festen Punkt und Hafen, von dem sie die italische Küste bis zum Golf von Neapel heimsuchten. Was im Krieg nicht gelang, sollte der Frieden bringen. Schon 255 verlangte der siegesgewisse Konsul Regulus die Abtretung von Sizilien und Sardinien. Vierzehn Jahre später war Rom fast ebenso erschöpft wie Karthago, der Konsul Lutatius begnügte sich mit Sizilien, aber sein Vertrag wurde in Rom nicht gebilligt, sondern erst ratifiziert, als Karthago auch auf »alle Inseln zwischen Italien und Sizilien«, also auch auf die Liparischen Inseln, verzichtete, die Kalabrien gefährlich nahe lagen.

Wenig später schon bot sich eine Gelegenheit, auch Sardinien und Korsika in Besitz zu nehmen. Die Karthager konnten den Sold für ihre Mietsoldaten, die gegen Rom gekämpft hatten, nicht aufbringen, daraus entstand ein Aufruhr, dann ein Aufstand und schließlich ein Krieg, der an Grausamkeit im ganzen Altertum kaum Vergleich hatte und Karthago fast um seine Existenz brachte. Auch die Söldner auf Sardinien meuterten, schlugen alle Karthager, deren sie habhaft wurden, tot und boten die Insel den Römern an. Vielleicht hatten sie das Beispiel der Mamertiner vor Augen, jedenfalls stand der Senat vor einer ähnlichen Frage wie damals. Doch diesmal sagten die Väter nein. Bald darauf wurden die Söldner von den Sarden, den Bewohnern der Insel, verjagt und fanden Zuflucht in Italien. Sardinien war ohne fremden Herrn, Rom hätte zugreifen können, tat es aber wiederum nicht.

Als Karthago jedoch nach Beendigung des Söldnerkrieges Anstalten traf, das verlorene Sardinien wieder in Besitz zu nehmen, beschloß der Senat seinerseits, die Insel zu besetzen. Und als die Karthager auf ihrem alten Anrecht auf Sardinien beharrten, erklärte er ihnen den Krieg in der sicheren Gewißheit, daß sie außerstande waren, ihn zu führen. Nach 36 Jahren ununterbrochenem Kampf fehlte Karthago die Kraft, sich zu wehren, es mußte auf Sardinien verzichten und für einen Krieg, der nicht stattgefunden hatte, eine hohe Entschädigung zahlen. Die Schamlosigkeit dieser Erpressung hat vom Altertum bis heute keinen Verteidiger gefunden; um so aufschlußreicher ist der Vorgang für die römische Politik: Ihr lag nichts daran, Sardinien zu besitzen, aber viel daran, daß Karthago es nicht besaß.

Karthagischer Machtgewinn

Die Seemacht hatte die Grundlagen ihrer Herrschaft über das westliche Mittelmeer verloren, sie brauchte neue Geldquellen, und machtbewußte Politiker suchten nach einer neuen Machtbasis. Spanien bot beides, reiche Silberbergwerke und ein großes Land außerhalb der römischen Interessensphäre. Hamilkar Barkas, der unbesiegte General des Krieges mit Rom und Bezwinger des Söldneraufstandes, eröffnete 237 einen neuen Abschnitt der karthagischen Politik. Die Seemacht wurde auch zur Landmacht, sie okkupierte nicht mehr Küsten, sondern ein Territorium. Ihr Ziel war nicht mehr Handel, sondern Eroberung, und getragen wurde sie nicht von der Aristokratie der großen Kaufleute, sondern von Militärs und Demagogen. Hamilkar hatte das Kommando, sein Schwiegersohn Hasdrubal, Führer der unteren Volksschichten, sorgte für die innenpolitische Absicherung.

Beide ergänzten sich auch bei der Expansion in Spanien. Hamilkar eroberte, Hasdrubal erweiterte die Macht politisch. Nach Hamilkars Tod heiratete er eine iberische Fürstentochter und gewann eine Stellung, die ihm einen König-ähnlichen Titel gab. Mit Neukarthago (Cartagena) schuf er sich eine Hauptstadt, die er nach dem Vorbild der Mutterstadt, des afrikanischen Karthago, anlegte. Es entstand eine Hausmacht der Barkiden, der Familie des Hamilkar Barkas, ein juristisch kaum definierbares Gebilde. Es war ein Staat im Staat und neben dem Staat, wie die Barkiden zugleich die Militärbefehlshaber Karthagos waren und Regenten in einem eigenen Reich. Ihre Nachfolge regelte sich dynastisch, auf Hamilkar folgte sein Schwiegersohn Hasdrubal, darauf Hamilkars Sohn Hannibal, der seinen Bruder Hasdrubal einsetzte, als er nach Italien aufbrach.

Der Rat in Karthago gab jeweils im nachhinein seinen Segen. Er verlor allmählich die Macht über Spanien, sah sich aber einigermaßen entschädigt, weil ihm aus den Silberbergwerken und den Eroberungen dort beträchtliche Mittel zuflossen. Die Barkiden setzten ihren spanischen Gewinn auch politisch

ein. Wenn eine Unternehmung dem Rat mißfiel, schickten sie
einen guten Teil der Beute nach Karthago, um ihre Anhänger
zu stützen und die Gegner zum Schweigen zu bringen. Sie erwarben eine nicht nur militärische, sondern auch politische
Eigenständigkeit, die zunächst in einen Konflikt und dann in
den Krieg mit Rom führte.

Vorboten des Krieges

Die Römer nahmen, was in Spanien geschah, ein Jahrzehnt
lang gar nicht zur Kenntnis. Sie »schliefen«, schreibt Polybios, und wachten erst auf, als ihre alten Freunde in Massilia
(Marseille) sie alarmierten und darauf aufmerksam machten,
daß die Karthager an der spanischen Mittelmeerküste eine
Stadt gegründet hatten, die auf böse Absichten schließen ließ.
Sie hatte den besten Hafen bis hinauf nach Nordspanien, war
nach dem Vorbild der Mutterstadt Karthago angelegt und
hieß Neukarthago. Tatsachen und Name wirkten wie ein Programm: Die Seemacht meldet sich zurück. Massilia und seine
Tochterstädte an der katalanischen Küste fühlten sich be-
unruhigt. Die Karthager waren ihre alten Feinde, die nun in
Spanien wieder am Mittelmeer erschienen und nach Norden
vordrangen, es war abzusehen, wann sie die Griechenstädte
in Nordspanien bedrohen würden. Und das, erklärten die
Massilioten den Römern, werde zur Gefahr auch für sie: Von
Emporiae (Ampurias) am Ostrand der Pyrenäen war es nicht
mehr weit nach Italien.

Der Senat tat zweierlei. Er änderte die Verfassung, schuf
zwei neue Stellen für Prätoren, Wahlbeamte mit voller militärischer Befehlsgewalt, gab dem einen Sizilien und dem anderen
Sardinien zur »Provinz«, das hieß als militärischen Amtsbezirk. Die Inseln, die Italien schützten, sollten zu schneller
und eigener Verteidigung gegen karthagische Angriffe fähig
werden. Als zweites schickte der Senat eine Gesandtschaft
nach Spanien, um sich einen eigenen Eindruck zu schaffen,
was dort vorging. Die Gesandten nötigten Hasdrubal zu der
vertraglichen Zusage, den Ebro nicht mit Heeresmacht zu

überschreiten; die Griechenstädte, die nördlich des Flusses lagen, sollten nicht zu Operationsbasen für die karthagische Flotte werden.

Der Ebrovertrag verpflichtete lediglich Hasdrubal, Rom hatte sich nicht gebunden und fühlte sich nicht gehindert, ein Gesuch der Stadt Sagunt, die weit südlich des Flusses lag, anzunehmen. Die Saguntiner trieb die gleiche Sorge wie die Griechen: Was tun, wenn die Karthager kommen? Die eine Partei plädierte für ein rechtzeitiges Arrangement mit der bedrohlichen Großmacht, die andere wollte die Unabhängigkeit wahren und rief die Römer, die gerade als Schutzmacht der Griechen aufgetreten waren, auch zu ihrem Schutz auf. Natürlich entschied Rom, zum Schiedsrichter im Parteienstreit gebeten, für die Unabhängigkeitspartei, bei den folgenden Auseinandersetzungen kamen einige Karthagerfreunde ums Leben.

Ein Wechsel im karthagischen Oberkommando verschärfte die Situation. Auf den Politiker Hasdrubal folgte der Krieger Hannibal. Als er 221 das Kommando übernahm, war er 26 Jahre jung und ganz der Sohn seines Vaters. Seit dem neunten Lebensjahr wuchs er im Feldlager auf, das Heer war sein Leben. Seine römischen Feinde verleumdeten ihn als grausam, treulos und gottlos, aber sie lobten den Soldaten: »Er zeigte die größte Kühnheit, Gefahren zu bestehen, und die größte Besonnenheit in der Gefahr. Keine Anstrengung konnte seinen Leib ermüden oder seinen Geist bezwingen. Hitze und Kälte ertrug er gleichermaßen. Er aß und trank, weil die Natur es gebot, nicht die Lust bestimmte das Maß. Nicht Tag und Nacht entschieden, wann er schlief und wachte, er ruhte, wenn die Geschäfte ihm Zeit dafür ließen. Er brauchte weder Stille noch ein weiches Bett; viele haben ihn im gewöhnlichen Soldatenrock auf der Erde liegend gesehen. Als erster ging er in die Schlacht, und als letzter verließ er sie. So diente er drei Jahre unter Hasdrubal, und nichts entging ihm, was ein künftiger Heerführer sehen und tun muß« (Livius 21,4).

Viel Rhetorik steckt in diesen Sätzen, aber sie erklären, daß Hannibal zur Eroberungspolitik seines Vaters zurückkehrte. Nur zwei Jahre brauchte er, um in weit ausholenden schnellen Feldzügen alle Völkerschaften bis zum Ebro das Fürchten zu lehren, niemand wagte mehr, gegen die barkidische Macht aufzustehen. Zurückhaltung wahrte er nur dort, wo er auf römische Interessen stieß, am Ebro und gegenüber Sagunt. Seine stürmischen Feldzüge machten jedoch den Saguntinern wieder Angst. Sie berichteten Rom über die gewaltsame neue Form der barkidischen Expansion und deren große Erfolge. Aber der Senat hörte nicht hin, und erst als die Alarmnachrichten sich häuften, schickte er Gesandte nach Spanien, »um an Ort und Stelle die Richtigkeit zu prüfen« (Polybios 3,15).

Das Gespräch mit Hannibal verlief unerfreulich, zumindest unergiebig. Die Gesandten mahnten den jungen Feldherrn, die Hände von Sagunt zu lassen und die Ebrogrenze zu achten, aber Hannibal antwortete mit Gegenvorwürfen: Die Römer hätten einige Saguntiner ums Leben gebracht; Karthago dulde nicht, daß Karthagerfreunden Unrecht geschehe. Die Gesandten zogen weiter nach Karthago, aber Hannibal war schneller und sorgte dafür, daß sie auch beim Rat in der Hauptstadt nichts erreichten.

Hannibal fühlte sich von Rom herausgefordert und griff im nächsten Jahr 219 Sagunt an. Er betrachtete Spanien als karthagisches Interessengebiet, in dem Rom nichts zu suchen habe. Sein Ziel war, das Werk Hamilkars und Hasdrubals zu vollenden und die ganze Pyrenäenhalbinsel zu unterwerfen, aber Rom hinderte. Es intervenierte schon zum drittenmal und wollte ihm Grenzen setzen. Dabei ging es aus Hannibals Sicht nicht nur um dieses oder jenes Gebiet in Spanien, ihn erregte die Arroganz der Römer, die sich anmaßten, Befehle zu erteilen, und offenkundig die Absicht hatten, Karthago im Zustand der Zweitrangigkeit zu halten. Hasdrubal hatten sie die Ebrogrenze aufgenötigt, jetzt wollten sie ihn von Sagunt zurückhalten. Wenn er hier nachgäbe, müßte er wahrscheinlich bald mit der nächsten Senatoren-Delegation rechnen, die ihm vorschreiben würde, was er sonst noch zu unterlassen habe. Für einen entschlossenen Mann, der in seinem Leben noch etwas zustande bringen wollte, gab es hier nur eins: Die Forderungen Roms ignorieren, um die Einmischung Roms ein für alle Mal zu beenden.

Rom reagierte nicht. Acht Monate lang belagerte Hannibal Sagunt, das immer wieder flehentlich um Hilfe bat, aber nichts geschah. Als die Stadt gefallen war, debattierte der Senat lange, aber dabei blieb es. Krieg wegen Sagunt? Es war »weit weg« und hatte kein Bündnis, weder rechtlich noch politisch war Rom verpflichtet. Die Stadt lag südlich des Ebro, Hannibal hatte weder einen Vertrag noch vitale römische Interessen verletzt.

Italische Pflichten

Während die Karthager Sagunt belagerte, ging Rom daran, die staatlich organisierte Seeräuberei in der Adria stillzulegen. Zehn Jahre vorher hatte es schon einmal dort eingegriffen. Die Illyrer plünderten, raubten und mordeten damals zu Wasser und zu Lande, sie machten den Handelsverkehr auf der Adria unsicher und überfielen griechische Städte von Dalmatien bis zur Peloponnes. Rom nahm davon wenig Kenntnis, obwohl auch die italische Schiffahrt litt; erst als sich die Klagen häuften, weil viele italische Kaufleute ausgeplündert, umgebracht und in die Sklaverei verkauft worden waren, entschloß sich der Senat schließlich, die Angelegenheit zu prüfen, und schickte zwei Gesandte zu Teuta, der Witwe des illyrischen Königs. Doch dort war nichts auszurichten. Von Staats wegen erklärte die Königin, werde sie versuchen, die Römer vor Schaden zu bewahren, aber private Unternehmungen seien Privatsache, auf die sie keinen Einfluß habe. Der jüngere Gesandte wurde wütend: Rom werde die Königin zwingen, und zwar schnell und wirksam, die Gesetze in Illyrien zu verbessern. Die kaum versteckte Drohung versetzte wiederum Teuta »in solchen Zorn, daß sie, des Völkerrechts nicht achtend, den zurückfahrenden Gesandten

Leute nachschickte, um den freimütigen Sprecher zu töten. Als die Kunde hiervon nach Rom kam, war die Empörung über den Frevel des Weibes so groß, daß man sogleich zum Krieg rüstete, Legionen aushob und eine Flotte zusammenbrachte« (Polybios 2,8).

Zwei konsularische Heere sorgten bald für Sicherheit und Ordnung. Belagerte und bedrohte Griechenstädte stellten sich unter römischen Schutz, die meisten illyrischen Stämme kapitulierten, Teuta floh, bat um Frieden, verlor aber fast ihr ganzes Land, das die Konsuln Demetrios von Pharos gaben, der sich rechtzeitig auf ihre Seite geschlagen hatte. Aber der neue Mann war nicht besser als Teuta. Auch er begann bald mit der Seeräuberei, plünderte griechische Inseln und hielt sich nicht an die römischen Vorschriften. So mußte im Jahr 219, als Sagunt belagert wurde, auch dieses Piratennest ausgehoben werden. Demetrios floh nach Makedonien zu König Philipp V. und betrieb an dessen Hof die Rückkehr in seine dalmatinische Herrschaft. Von diesem Mann sollte Rom noch hören.

Die illyrischen Feldzüge waren kaum mehr als Pflichtübungen, zu denen sich Rom als Schutzherr Italiens erst durchringen mußte. In der Hauptsache blieb es mit der eigenen Halbinsel beschäftigt und dort vor allem mit dem Norden, wo die Legionen zunächst mit den Ligurern kämpften, einem Bergvolk an der Riviera, zähen Männern und Frauen, über deren Härte und Bedürfnislosigkeit phantastische Geschichten umgingen. Wenige Jahre später kam es zum Entscheidungskampf mit dem alten Feind, den Kelten. Raubgierige Stämme überschritten die Alpen, rissen ihre Landsleute in der Poebene mit und versetzten die Römer in solchen Schrecken, daß sie die gesamte Wehrkraft Italiens zu mobilisieren gedachten. Doch dann gelang es, die mit Beute schwerbeladenen Eindringlinge zu schlagen. In den folgenden drei Jahren (224–222) konzentrierte Rom alle Kraft darauf, die Keltenstämme diesseits der Alpen zu unterwerfen. Als sie um Frieden baten und versprachen, sich zu fügen, setzten die

Konsuln durch, daß der Friede nicht bewilligt wurde. Ehrgeiz und Einsicht verbanden sich hier wohl, die Lust auf Sieg und Triumph sowie die Überzeugung, das ewig unruhige Volk müsse zur bedingungslosen Kapitulation gezwungen werden, diesseits der Alpen sollte es keinen Feind mehr geben.

Die römische Außenpolitik nach dem Punischen Krieg war Sicherheitspolitik, nicht mehr und nicht weniger. Sie schützte Italien durch die vorgelagerte Inselkette von Sizilien bis Korsika, behielt die Karthager im Auge, als sie sich in Spanien ausbreiteten, suchte, sich gegen Invasion von Norden zu wappnen. Vielleicht hatten auch die Illyrerkriege eine sicherheitspolitische Seite; wenn die Räubertruppen feste griechische Städte eroberten, mußten auch die Anwohner der italischen Küste auf Überfälle gefaßt sein. Wache Aufmerksamkeit auf mögliche Gefahren und rigorose Schutzmaßnahmen erklärten großenteils schon Roms Ausbreitung über Italien. Das Hinausgreifen über die Insel folgte der gleichen Politik, es hatte allein strategische Gründe und Ziele.

Aber dieses Hinausgreifen verlangte Formen, wie mit Staaten, Städten und Gebieten in Übersee umzugehen sei, so entstanden zwei Neuerungen, die »Provinz« und die »Freundschaft«, amicitia. Provinz wurde zur Bezeichnung außeritalischer Länder, die Rom annektiert hatte. Das Wort beschrieb den Amtsbezirk eines Wahlbeamten mit imperium, also voller militärischer Befehlsgewalt. Die wirtschaftliche Nutzung der Provinzen kam später, sie war nicht Zweck der Besitzergreifung, sondern Folge des Besitzes. Verwaltung und organisierte Besteuerung sind in Sizilien erst nach dem Zweiten Punischen Krieg zu erkennen, danach wurde die Insel zur Kornkammer Roms. Mit Sardinien hatte Rom mehr Mühe als Gewinn; sechzig Jahre dauerte es, bis es die Sarden endgültig unterworfen hatte, noch zu Augustus' Zeit waren Räuber dort eine Plage.

Amicitia bezeichnete die Form, in der Rom ein gutes Verhältnis zu Staaten außerhalb Italiens begründete. Das Wichtigste daran war, was es nicht war, »Freundschaft« bedeutete

nicht Bündnis. Sie regelte praktische Erfordernisse, garantierte
die Freiheit und das Eigentum der Bürger beider Seiten und
versprach unbegrenzten Frieden und Verzicht auf Hilfe für
die Feinde des Freundes, aber sie verpflichtete im Ernstfall zu
nichts. Amicitia verband Rom mit Massilia in Südfrankreich,
mit Sagunt in Spanien und vor allem mit mehreren griechischen Städten an der Westküste der Balkanhalbinsel, die aus
Furcht vor den Illyrern »Freunde« Roms geworden waren.

Der Krieg mit Karthago und die Suche nach Sicherheit
haben Roms politischen Horizont erweitert und es erstmals
außerhalb Italiens politisch und militärisch engagiert. Die
Aufmerksamkeit des Senats konzentrierte sich immer noch
auf Italien, aber sie beschränkte sich nicht mehr darauf. Die
Römer blieben eine Landmacht, doch sie konnten nun Krieg
auch auf dem Meer und über die Meere führen. Sie blieben
Insulaner, aber zur Zeit vor dem Punischen Krieg konnten sie
nicht zurückkehren – zu weit waren sie mit der Welt außerhalb ihrer Insel in Berührung gekommen.

Isolationismus und Welthandel

Die große Enttäuschung

Die Vereinigten Staaten haben im Ersten Weltkrieg gewonnen, aber den Frieden verloren. Präsident Wilson proklamierte Grundsätze für den Frieden, der anders sein sollte als
Friedensschlüsse sonst: Nicht auf einem Gleichgewicht der
Kräfte sollte er beruhen, denn das könne sich bald ändern,
sondern auf Gerechtigkeit, nicht auf dem Siegerrecht des
Stärkeren, das den Besiegten erniedrige und zur Revanche
verleite, sondern auf dem gleichen Recht für alle Beteiligten.
»Nur ein Frieden unter Gleichen kann dauern«, sagte der Präsident schon im Januar 1917. In seinen berühmten Vierzehn
Punkten heißt es ein Jahr später: »Die Tage der Eroberungen
und Gebietserweiterungen sind vorüber.« Das Selbstbestimmungsrecht der Völker, war seine Botschaft an Europa, müsse
den Frieden begründen, und eine überstaatliche Organisa-

tion, ein Völkerbund, müsse ihn garantieren. »Kein Men-
schenalter« werde der Frieden halten, wenn er »nicht von der
geeinigten Kraft der gesitteten Welt verbürgt wird«.

Dieser Satz war prophetisch. Wilson hat wenig von seinen Grundsätzen durchsetzen können. Es gab keinen Frieden
unter Gleichen, keinen Verzicht der Sieger auf Gebietserweiterungen, keine unparteiische Befolgung des Selbstbestim-
mungsrechts. Der Präsident erkannte die zahlreichen Schwächen der Friedensverträge, aber er fand sich damit ab in der
Erwartung, der Völkerbund werde später für ausgleichende
Gerechtigkeit sorgen. Aber das tat er nicht, schon deshalb,
weil ihm die wichtigsten Völker fehlten, nicht nur Deutschland und die Sowjetunion, die man ausschloß, sondern auch
Amerika, das sich selbst ausschloß. Sein eigenes Land versagte Woodrow Wilson die Gefolgschaft, dem Verkünder einer neuen Weltordnung fielen die eigenen Leute in den Rük-
ken – der Schlag richtete ihn seelisch und körperlich bald
zugrunde.

Was der Präsident versucht hatte, war die Abkehr von einer
hundertjährigen Tradition. Es war eine Revolution, als er im
März 1917 erklärte: »Wir sind nicht länger Bewohner einer
Provinz.« Die letzten dreißig Monate, also der Weltkrieg,
»haben uns zu Bürgern der Welt gemacht. Ein Zurück kann es
nicht geben … ganz gleich ob wir das wollen oder nicht«. Der
Präsident hatte erkannt, daß sich Amerika aus der Weltpolitik
nicht mehr lösen konnte, aber die Amerikaner wollten auf ihrer Insel bleiben. Der Politiker Wilson hatte vergessen, was
der Politologe Wilson aus der Geschichte wußte: »Die eifrig-
sten Reformer haben lernen müssen, daß sie sich selbst jeglicher Macht beraubten, wenn sie den schwerfälligen Massen
zu weit vorauseilten.« Die Massen und die Mehrzahl der Kongreßmitglieder waren ihrem Präsidenten nur halbherzig in
die Weltpolitik gefolgt, sie kehrten nach dem Krieg nicht zum
Isolationismus zurück, sie waren Isolationisten geblieben.

Der Kongreß ließ fast alles scheitern, was der Präsident außerhalb der westlichen Hemisphäre plante: den Völkerbund,

den Vertrag von Versailles mit Deutschland, ein Bündnis mit den vor Deutschland Schutz suchenden Franzosen, die Teilnahme an einem internationalen Gerichtshof, ein Mandat über Armenien. Die Parlamentsmehrheit hätte am liebsten auch sogleich nach Kriegsende alle amerikanischen Soldaten nach Hause geholt – Friedenssicherung in Europa war nicht ihr Problem. Die Vereinigten Staaten zogen sich auf sich selbst zurück. Ihre Sicherheitsinteressen begrenzten sie auf beide Amerikas und im Pazifik auf eine Linie von Alaska nach Hawaii; die Philippinen, immerhin amerikanischer Besitz, lagen nach herrschender Meinung schon außerhalb dessen, was verteidigt werden könne und müsse. So war es auch nur konsequent, daß der Kongreß das Militärbudget erheblich senkte und die Flotte nicht, wie Wilson wollte, so verstärkte, daß sie keiner anderen unterlegen wäre. Second to none – das leuchtete damals den allermeisten Amerikanern nicht ein.

Die politische Rückkehr auf die Insel hatte viele Gründe. Dem Demokraten Wilson stand seit 1918 ein Kongreß mit republikanischen Mehrheiten gegenüber, hinzu kamen persönliche Animositäten und taktisches Ungeschick des Präsidenten, der in der Außenpolitik aufging und das Gefühl für die Stimmung im Lande einbüßte. Die Amerikaner waren nicht gern in den Krieg gegangen; um sie dafür zu begeistern, hatte es einer riesigen rücksichtslosen Propagandamaschine bedurft, die Patriotismus predigte, höchste Menschheitsziele beschwor und vor allem Haß auf die »Hunnen« schürte. 75 000 Redner hielten vor 300 Millionen Zuhörern Vier-Minuten-Reden, hinzu kamen Presse, Film und Hunderte von Millionen Broschüren, die deutsche Kriegsgreuel ausmalten.

Zwei Millionen Amerikaner erfuhren dann im Jahr 1918, was Krieg ist. Das »Nie wieder!« erfaßte auch die Vereinigten Staaten, auch dort gab es unter Schriftstellern eine »verlorene Generation«; und die Frage, wofür hunderttausend Amerikaner in den Tod gingen, stellte sich für jeden, der sah, wie der Kreuzzug für den ewigen Frieden neuen Unfrieden in Europa nach sich zog, Haß, Streit, sogar bewaffnete Ausein-

andersetzungen, das Gegenteil dessen, was der Präsident versprochen hatte. Amerika hatte die Alte Welt nicht erlöst, sie
blieb so verkommen wie vorher, deshalb schien es vernünftig,
daß Amerika sich von Europa abwandte und auf sich selbst
besann.

Mit der Forderung »Zurück zur Normalität« gewann der
Republikaner Warren G. Harding 1920 die Präsidentenwahl,
politisches und militärisches Engagement auf anderen Erdteilen erschienen nicht als normal. Für den Frieden trat Amerika nur ein, wenn sich keine konkrete Verpflichtung damit
verband. Als 1923 ein ernster deutsch-französischer Konflikt
drohte, weil Frankreich das Ruhrgebiet besetzte, zogen die
Vereinigten Staaten ihre letzten Besatzungstruppen aus
Deutschland zurück. Als 1925 Deutschland und dessen ehemalige Feindmächte in Locarno zu einem politischen Aus-
gleich kamen, begrüßten sie das, aber sie verweigerten eine
Teilnahme, weil sie europäische Grenzen nicht garantieren
wollten. Als es 1928 nur darum ging, dem Krieg »als Werkzeug nationaler Politik« abzuschwören, waren sie dabei, und
ihr Außenminister Kellogg gab dem Pakt den Namen.

Grenzen der Selbstbegrenzung

Amerika kultivierte seinen Isolationismus wie nie zuvor. Bis
zum Weltkrieg hatte es genügt, Verlockungen und Herausforderungen aus anderen Kontinenten zu widerstehen, jetzt aber
mußte es doppelt vorsichtig sein, weil es einmal nicht widerstanden hatte. Doch ganz konnte es zur früheren Enthalt-
samkeit nicht zurückkehren. Durch den Krieg waren die Vereinigten Staaten zum größten Gläubiger geworden, mit
12,5 Milliarden Dollar hatte sich die Welt an sie verschuldet,
9,6 Milliarden davon waren Kriegsanleihen. Damit das Geld
zurückkam, mußte Washington bei der Gesundung der europäischen Wirtschaft helfen. Frankreich konnte seine Schul-
den an Amerika nur zahlen, wenn Deutschland seine Reparationen an Frankreich zahlte, mit dem Dawes-Plan erhielt
Deutschland eine Dollar-Anleihe und zugleich Sicherheit vor

politischen Störungen Frankreichs, die seine wirtschaftliche Erholung gefährden konnten. Fünf Jahre später entlastete der Young-Plan Deutschland weiter. Dawes und Young waren nicht Staatsbeamte, sondern Bankiers, aber sie handelten im Auftrag des Staates, der sich politisch nicht verstricken wollte, aber politisch wirksam werden mußte.

Die ruinierte Wirtschaft Europas brauchte auch amerikanische Investitionen, so kamen zu den Staatsschulden noch Privatschulden, beide zusammen betrugen 1929 fast zwanzig Milliarden Dollar. Allein die Zahlen zeigen, wie die Vereinigten Staaten von zwei gegenläufigen Tendenzen getrieben wurden, dem elementaren Drang, sich außerhalb Amerikas politisch nicht zu binden, und dem ebenso elementaren Interesse, sich außerhalb Amerikas wirtschaftlich zu behaupten, die Märkte offen zu halten und womöglich zu beherrschen.

Die Weltwirtschaftskrise von 1929 schwächte alle Auslandsbeziehungen der Vereinigten Staaten, dennoch wurde das folgende Jahrzehnt zum Jahrzehnt der Entscheidung. Jenseits der Ozeane, in Europa und Ostasien, traten hemmungslose Imperialisten auf den Plan. Hitler, Mussolini und die japanischen Militärs proklamierten in Wort und Tat »Neue Ordnungen« und stellten fast alles in Frage, was Amerika als die wahre Ordnung der Welt betrachtete, von der Demokratie bis zum freien Welthandel. Was sollten die Vereinigten Staaten tun? Sich noch weiter aus einer Welt zurückziehen, die ihnen in jeder Hinsicht zuwider war? Oder ihr Gewicht nutzen, um die Gefahren einzudämmen? Den Isolationisten stellten sich nun Internationalisten entgegen, an ihrer Spitze der Präsident.

Im Oktober 1937 hielt Franklin D. Roosevelt eine Rede, die weltweit aufhorchen ließ, weil sie die Rückführung Amerikas in die Weltpolitik anzukündigen schien. Ein Weltkonflikt sei ausgebrochen, meinte der Präsident, zwischen Recht und Unrecht, zwischen »friedliebenden Nationen« und Kriegstreibern. Zwanzigmal erschien das Wort »Welt« in seiner Rede. Der Konflikt erstrecke sich auf die Welt-Wirtschaft, Welt-Si-

cherheit und Welt-Humanität. Der Frieden, die Freiheit und
die Sicherheit von neunzig Prozent der Welt-Bevölkerung
werde von den übrigen zehn Prozent herausgefordert, die
einen Zusammenbruch aller internationalen Ordnung und
Gesetzlichkeit androhten. Das moralische Gewissen der Welt
sei aufgerufen, denn die Epidemie der Welt-Gesetzlosigkeit
breite sich aus.

Roosevelt ließ keinen Zweifel, worauf er hinauswollte:
»Wenn solche Dinge in anderen Teilen der Welt geschehen,
soll niemand sich einbilden, Amerika könne entkommen,
Amerika habe die Gnade zu erwarten, daß diese westliche
Hemisphäre nicht angegriffen werde.« Bei einem solchen
»Zustand internationaler Anarchie und Instabilität« gebe es
kein »Entkommen durch bloße Isolierung oder Neutralität«.

Der Präsident sprach von der Welt, weil die Isolationisten
nur auf Amerika sahen. Seine Rede war eine Kampfansage,
nachdem ein halbes Jahr vorher ein drittes Neutralitätsgesetz
vom Kongreß verabschiedet worden war. Es verbot alles, was
Amerika in den Ersten Weltkrieg gebracht hatte: An kriegführende Staaten keine Anleihen und kein Export von Waffen und Munition! Auf Schiffen kriegführender Staaten keine
Reisen amerikanischer Bürger! Für kriegführende Staaten
keine Transporte auf amerikanischen Schiffen! Keine Bewaffnung amerikanischer Handelsschiffe! Eine konsequente Zurückhaltung nach solchen Regeln sollte jede Möglichkeit aus-
schließen, daß die Vereinigten Staaten noch einmal in einen
Krieg auf fremden Kontinenten gerieten. 70 Prozent aller befragten Amerikaner meinten 1937, der Eintritt in den Ersten
Weltkrieg sei ein Fehler gewesen, 73 Prozent waren für eine
Verfassungsänderung, nach der, außer bei feindlicher Invasion, eine Kriegserklärung nur nach einer Volksabstimmung
möglich geworden wäre. Roosevelt hatte große Mühe, den Antrag zu Fall zu bringen, aber auch er mußte gegen seine Überzeugung den Neutralitätsgesetzen zustimmen. Senator Gerald P. Nye trieb den Isolationismus zur letzten Konsequenz:
Nicht nur außenpolitisch, auch außenwirtschaftlich müßten

sich die Vereinigten Staaten aus verstrickenden Allianzen heraushalten.

Die Überzeugungen klafften unüberbrückbar weit auseinander, doch in einem stimmten Isolationisten und Internationalisten überein: George Washingtons Vermächtnis konnte nicht mehr bewahrt werden, Außenpolitik und Außenhandel waren nicht mehr zu trennen, bei der nächsten Herausforderung würde Amerika sich entscheiden müssen. Aber zunächst herrschte die Tradition weiter: Fernhalten von fernen Konflikten! Als der Zweite Weltkrieg ausbrach und gefragt wurde, ob Amerika seine Armee und Flotte gegen Deutschland kämpfen lassen solle, antworteten 84 Prozent der Befragten mit Nein.

Unreife Weltmächte

In ihren ersten großen Krieg jenseits der Meere gerieten Römer und Amerikaner gegen ihren Willen und ohne bestimmte Ziele, so überrascht es nicht, daß sie danach auf ihre Inseln zurückkehrten. Aber das war nicht alles. Sie blieben dort auch, obwohl sich ihre alten Feinde wieder rührten. Die Römer mußten von anderen angestoßen werden, um sich für die karthagische Ausbreitung in Spanien zu interessieren, aber auch dann reagierten sie langsam und manchmal gar nicht. Die lange Belagerung und Eroberung einer befreundeten Stadt ließen sie geschehen in dem Gefühl, es gehe sie nichts an. Zur Piratenjagd in der Adria mußten sie fast getragen werden, zur Tat schritten sie erst, als ihr Gesandter ermordet wurde und ihr Schützling Demetrios eine Grenze überschritt, die der Senat ihm gesetzt hatte.

Die Amerikaner erkannten schon 1933, daß mit Hitler eine besorgniserregende Entwicklung in Deutschland begann. Das Verhältnis zu Berlin verschlechterte sich, das Mißtrauen wuchs zu der Überzeugung nicht nur des Präsidenten, daß dort eine Macht entstand, mit der kein vernünftiges Arrangement möglich sei. Einen ähnlichen Eindruck erweckte der ja-

panische Imperialismus. Roosevelt faßte die europäischen und
asiatischen Vorgänge zum Gesamtbild einer ernsten Weltge-
fahr zusammen. Er stand mit diesem Urteil nicht allein, aber
sein Land und das Parlament taten das Gegenteil dessen, was
er für notwendig hielt: Je ernster ihm die Gefahr erschien, desto weiter zogen sie sich davor zurück; je mehr er Antwort auf
die neue Herausforderung verlangte, desto höhere Schranken
errichteten sie, um eine Antwort zu verhindern.

Römer wie Amerikaner scheuten, sich außerhalb ihrer
Inseln politisch oder gar militärisch zu engagieren. Aber
beide hatten sich schon einmal engagiert und kamen davon
nicht mehr ganz los. Beiden waren durch ihre überseeischen
Kriege überseeische Interessen zugewachsen, den Römern
strategische, den Amerikanern ökonomische. Rom mußte den
Schutzgürtel von Sizilien bis Korsika militärisch sichern und
Spanien wenigstens im Auge behalten, Amerika konnte sich
nur begrenzt den politischen Konsequenzen seiner wirtschaftlichen Stärke entziehen.

Die Vereinigten Staaten waren durch ihre globalen wirtschaftlichen Verflechtungen mehr und enger mit der Außenwelt verbunden als die Militärmacht Rom. Ein weiterer
Unterschied lag darin, daß Amerika sich im Zentrum der
Welt, in Europa, engagiert hatte, die Römer aber außerhalb
des Zentrums ihrer Zeit, des hellenistischen Ostens, geblieben waren. Rom spielte, wenn man von seiner verdienstvol-
len Polizeiaktion in der Adria absieht, in Griechenland keine
Rolle, Amerika hingegen hatte Mühe, in Europa keine oder
nur eine kleine Rolle zu spielen.

Römer und Amerikaner blieben Insulaner, aber nicht ganz,
sie hatten Macht gewonnen und Erfahrung. Die Römer waren
nicht mehr die italischen Bauernkrieger, die lernen mußten,
wie sie den Elefanten des Pyrrhos zu begegnen hatten. Hinter
ihnen lagen Seeschlachten eines Ausmaßes, das die Kämpfe
der hellenistischen Könige übertraf. Der Umgang mit Karthagern und Griechen hatte ihnen einige Weltläufigkeit gebracht, und mit alledem war ihr Selbstbewußtsein gewachsen.

Amerika wurde mit dem Ersten Weltkrieg zur ersten Wirtschaftsmacht des Globus, es erzeugte fast die Hälfte (46 %) aller industriellen Güter, sein Nationaleinkommen war so hoch wie das der folgenden 23 Staaten zusammen, aus einem Schuldner hatte es sich in einen Gläubiger verwandelt, und nicht zuletzt durch seine Enttäuschungen konnte es weltpolitische Erfahrungen sammeln. In der Folge lebte die Debatte wieder auf, ob Amerika Regional- oder Globalmacht sein solle, doch jetzt hatte die Frage ein anderes Gewicht: Weltpolitik war kein Gedankenspiel mehr, sondern eine Erfahrung. Und nachdem es mit Wilson einen Weltpolitiker zum Präsidenten gehabt hatte, gab es Wilsonianer, die wie er überzeugt waren, Amerika könne und dürfe sich nicht mehr mit Amerika begnügen.

Von einer vergleichbaren Debatte in Rom wissen wir nichts, wahrscheinlich gab es sie nicht. Rom blieb nach dem Kampf mit Karthago auf diesen Feind fixiert, Weltpolitik, also Teilnahme an den Wechselspielen der hellenistischen Großmächte, lag damals außerhalb seiner Vorstellungen. Ähnlichkeit mit Amerika zeigt sich aber in der vorsichtigen Form des Umgangs mit der Außenwelt. Die römische Vertragsform der amicitia könnte von Amerikanern erfunden sein, sie erfüllte in idealer Weise, was beide wünschten und scheuten. Sie wollten ein gutes Verhältnis zu Staaten jenseits der Meere haben und nutzen, aber Verpflichtung und Verstrickung vermeiden.

Römer und Amerikaner waren nach ihrem ersten Ausflug in die Welt noch nicht reif für die Weltpolitik, aber sie hatten die Kraft dafür und waren durch Befürchtungen und Interessen mit Geschehnissen jenseits ihrer Meere verbunden, vielleicht sogar so stark, daß es nicht mehr allein von ihnen abhing, ob sie einem neuen Konflikt würden ausweichen können.

3. Der zweite Schritt übers Meer

Roms Kriegserklärung an Karthago

Der Zweite Punische Krieg war ein Kind des ersten. Er entstand nicht zwangsläufig, aber folgerichtig, sowohl in den Gefühlen wie in der Politik. Titus Livius, der Autor der klassisch gewordenen Geschichte Roms, schrieb (21, 1, 3): Fast noch mehr als mit ihren Kräften hätten Römer und Karthager mit ihrem Haß gekämpft, »die Römer unwillig, daß die Besiegten (des ersten Krieges) wagten, den Sieger anzugreifen, die Karthager in dem Glauben, als Besiegte anmaßend und habgierig behandelt worden zu sein«. Die Römer waren überzeugt, die Karthager in den zweiten Rang versetzt zu haben, und nun erstaunt und empört, daß sie gegen Rom aufbegehrten. Die Karthager hatten nicht vergessen, wie Rom ihre Schwäche schamlos ausgenutzt hatte und ihnen Sardinien raubte.

Aber weder römische Arroganz noch karthagisches Ressentiment verursachten den Krieg; dessen Schlüsselbegriffe lauteten Macht und Sicherheit. Hannibal suchte die Macht und Rom die Sicherheit. Die römische Tatenlosigkeit während der Belagerung Sagunts hatte den Karthager ermutigt, sie schien zu beweisen, daß er richtig gerechnet und gehandelt hatte: Man durfte sich von römischen Forderungen nicht einschüchtern lassen. So ließ er alle Rücksicht fallen und ging im nächsten Jahr 218 daran, die Eroberung Spaniens zu Ende zu führen. Mit einem Heer von hunderttausend Mann überschritt er den Ebro und begann, die Völkerschaften dort zu unterwerfen.

Als die Nachricht davon in Rom eintraf, vermutlich wieder von Massilia übermittelt, schlug die Stimmung im Senat um. Die nordspanischen Häfen in karthagischer Hand – damit kehrte die maritime Gefahr für Italien zurück. Sie tat es um so mehr, als Rom erkennen mußte, daß dieser Karthager, anders als sein Vorgänger Hasdrubal, nicht bereit war, römische

Interessen zu respektieren. Über die Eroberung Sagunts hatte man noch hinweggesehen, jetzt verletzte er den Ebrovertrag; mit Hannibal, so schien es, war kein Auskommen. Er war der Sohn des Hamilkar, des karthagischen Feldherrn, der wie kein anderer die Römer im Ersten Punischen Krieg zur Verzweiflung getrieben hatte. Fast drei Jahre lang saß er auf einem Berg an der Nordküste Siziliens und war dort auf keine Weise zu vertreiben: »Keine Kriegslist, die die Geschichte kennt, kein Anschlag, den Zeit und Umstände an die Hand gaben, keine Tat der Kühnheit und Gewalt blieb unversucht« (Polybios 1,57). Hamilkar verkörperte für Rom die karthagische Gefahr. Er war zu Lande unbesiegbar geblieben und hatte über das Meer Italien bedroht. Von seinem Stützpunkt im Norden Sizilien aus verheerte er die Küste bis nach Kampanien; nach dem Krieg rettete er seine Heimatstadt vor den wilden, aufständischen Söldnern und begründete dann in Spanien eine expansive Militärmacht. Vom Sohn dieses Mannes war nichts Gutes zu erwarten.

Schließlich, das war nicht das Geringste, hatte Hannibal nach römischer Auffassung einen Vertrag gebrochen und damit ein Unrecht gegen Rom begangen – das war ein Kriegsgrund. Der Senat schickte daher eine Gesandtschaft nach Karthago, die Wiedergutmachung fordern und, falls sie verweigert würde, den Krieg erklären sollte. Wiedergutmachung (rerum repetitio) hieß Auslieferung der Schuldigen, Hannibals und seiner Berater. Die Forderung entsprach den Formalitäten römischer Kriegserklärung, hatte aber auch einen politischen Zweck. Wie wir von dem zeitgenössischen römischen Historiker Fabius Pictor wissen, war man im Senat überzeugt, daß die Barkiden eine völlig selbständige Politik trieben. Hasdrubal, so berichtet Fabius, habe sich mit einem Staatsstreich zum Herrn Karthagos zu machen versucht, sei aber am Widerstand der »ersten Männer des Staates« gescheitert und habe Spanien dann ohne Rücksicht auf den Rat in Karthago beherrscht. Die Eroberung Sagunts war vom Rat nicht gebilligt worden, so erschien der Versuch nicht ganz aussichtslos, zwischen Hannibal und den Rat einen Keil zu treiben. Aber auch wenn die an Handel statt Krieg interessierten Kaufleute ihren ungestümen General hätten loswerden wollen, sie hatten nicht die Macht dazu.

So gerieten die römischen Gesandten mit dem karthagischen Rat in offene Konfrontation. Die Römer beklagten sich über die Vergewaltigung ihres Verbündeten Sagunt, die Karthager entgegneten, Sagunt sei unter den Verbündeten Roms im Friedensvertrag von 241 nicht genannt. Die Römer beschwerten sich über die Verletzung des Ebrovertrages, die Karthager erklärten, der Vertrag sei gar nicht gültig, weil nur mit Hasdrubal vereinbart und nicht in Karthago ratifiziert. Die Römer beendeten die Debatte und weigerten sich, noch über Rechtsfragen zu streiten, der Leiter der Gesandtschaft wurde auf dramatische Weise ultimativ. »Er zeigte den Mitgliedern des Rats den Bausch seiner Toga und sagte, er habe für sie darin den Krieg und den Frieden; er werde ausschütten und dalassen, was sie haben wollten. Der Sufet (der höchste Beamte) entgegnete, sie sollten ausschütten, was sie selbst für richtig hielten. Der Römer erklärte, er schütte den Krieg aus, mehrere Mitglieder des Rats riefen, sie nähmen ihn an« (Polybios 3,33).

Amerikas Eintritt in den Zweiten Weltkrieg

Der gewollte Kampf mit Deutschland
Amerikas Weg in den Zweiten Weltkrieg hat manche Ähnlichkeit mit seinem Weg in den ersten, noch größer aber waren die Unterschiede. Wie 1914 nahm 1939 die erdrückende Mehrheit der Amerikaner gegen Deutschland und für England Partei, wollte aber unter keinen Umständen in den Krieg eintreten. Wie Wilson erklärte auch Präsident Roosevelt sogleich nach Kriegsausbruch Amerikas Neutralität, aber er unterstützte England nach Kräften, beide Male ging es nicht zuletzt darum, durch steigenden Export die Konjunktur zu beleben und die Arbeitslosigkeit zu senken. Wie Wilson

mußte Roosevelt Wege finden, um den Engländern auch dann noch zu helfen, als sie nicht mehr zahlen konnten. Beide Präsidenten hatten das Problem, ihre Lieferungen vor deutschen U-Booten zu schützen.

Der pure Zufall fügte, daß die Vereinigten Staaten 1914 und 1939 von starken Persönlichkeiten geführt wurden, die aus der Innenpolitik kamen, aber zu bedeutenden, zielbewußten Außenpolitikern wurden. Amerikas alles überragende Kraft hätte sich unvermeidlich in der Weltpolitik durchgesetzt, aber wie, wieweit und wie schnell sie es tat, war zu einem großen Teil das Werk Wilsons und Roosevelts. Beide wußten, daß Amerika keine Insel mehr war und es nicht wieder werden konnte, beide wollten, daß es seine Macht in der ganzen Welt zur Geltung bringt. Beide hatten für die Zeit nach den Kriegen eine Weltordnung vor Augen, die von amerikanischen Interessen und Idealen bestimmt sein sollte, von offenen Märkten rund um den Globus bis zum Selbstbestimmungsrecht der Völker und einer überstaatlichen Organisation, die Frieden durch Recht und nicht durch Macht garantiert.

Was bei Wilson erst angelegt war, kam bei Roosevelt zur vollen Entfaltung, Amerika nahm früher, stärker und entschiedener Partei. Gegen den Kaiser und den deutschen Militarismus hatte es heftige Abneigung empfunden, gegen Hitler und den Nationalsozialismus aber entwickelte es schon 1933, nach dessen ersten Gewalttaten, tiefen Abscheu. Wilson forderte 1914 von seinen Landsleuten Neutralität auch im Denken, Roosevelt erklärte 1939 das Gegenteil: »Ich kann nicht verlangen, daß jeder Amerikaner auch im Denken neutral bleibt.« Wilson versuchte, wenigstens den Schein zu wahren, daß er gleichen Abstand von England und Deutschland halte, Roosevelt und seine Anhänger gaben sich kaum Mühe zu verschleiern, daß sie England gegen Deutschland stützten. Wilson hielt es für nötig und möglich, Amerika aus dem europäischen Krieg herauszuhalten, und wurde deshalb 1916 wiedergewählt; auch Roosevelt half es für seine Wiederwahl 1940, daß er versicherte, keine amerikanische Mutter müsse befürchten, daß ihr Sohn in einen Krieg jenseits der Ozeane geschickt werde, aber er war überzeugt, daß eben dies notwendig sei. Wilson proklamierte schon 1915 die Bereitschaft für einen Krieg, stand aber unvorbereitet da, als er ihn führen mußte. Roosevelt hatte, als Hitler im Dezember 1941 den Krieg erklärte, ökonomisch, politisch und strategisch so gut vorgesorgt, wie Verfassung und Opposition es zuließen.

Um auf beiden Ozeanen, im Atlantik und Pazifik, gerüstet zu sein, trieb Roosevelt seit 1933 den Ausbau der Flotte und seit 1938 der Luftstreitkräfte voran; kein anderes Land tat so viel für seine Marine; schon vor 1940, vor Amerikas Kriegseintritt, verlangte der Präsident eine Jahresproduktion von fünfzigtausend Flugzeugen. Die Armee wuchs von 1939 bis Mitte 1941 von drei auf 35 Divisionen. Amerika müsse sich verteidigen können, erklärte die Regierung und gewann auch die Zustimmung vieler Isolationisten, aber Roosevelt und seine Minister wußten, daß sie weit mehr taten, als der Schutz der westlichen Hemisphäre erforderte.

Amerikas Weg in den Zweiten Weltkrieg begann einen Tag nach dessen Beginn. Am 2. September 1939 proklamierte Roosevelt den begrenzten nationalen Notstand, zwei Monate später lockerte er die Fesseln der Neutralitätsgesetze, Waffen und Munition durften nun auch an Kriegführende geliefert werden, sofern sie bar bezahlten und die Fracht auf eigenen Schiffen transportierten (cash and carry). Den zweiten, entscheidenden Schritt ging der Präsident im Sommer 1940. Der unerwartete und überraschend schnelle Fall Frankreichs zeigte, daß dieser Krieg anders verlaufen würde als der erste Weltkrieg. Diesmal gab es nicht ein annäherndes Gleichgewicht zwischen Deutschland und seinen westeuropäischen Gegnern, das Amerika mit relativ geringem Aufwand in ein Übergewicht der Westmächte verwandeln konnte. Nach Hitlers Einzug in Paris hatte Deutschland ein Übergewicht, England befand sich in höchster Gefahr, nur Amerika konnte verhindern, daß Europa unter deutsche Herrschaft fiel. Roosevelt begann, den Eintritt in den Krieg vorzubereiten.

Zunächst war schnelle Hilfe für England nötig. Dessen Truppen konnten sich zwar von Dünkirchen noch gerade auf ihre Insel retten, verloren aber fast ihr gesamtes Gerät. Viele Monate hätte es gedauert, um die Verluste auszugleichen, aber schon am 1. Juni ließ Roosevelt prüfen, was Amerika an Waffen entbehren konnte, elf Tage später verluden englische Frachter die ersten Gewehre und Kanonen. Anfang September überließen die Vereinigten Staaten England fünfzig Zerstörer für den Geleitschutz über den Atlantik. Als Gegenleistung räumte England den Amerikanern Luft- und Flottenbasen ein, von Neufundland über Jamaica bis Britisch-Guayana löste die amerikanische Flagge die britische ab. Es war ein Geschäft mit symbolischer Bedeutung: Amerika näherte sich dem europäischen Krieg, und England gab seine letzten strategischen Positionen in Amerika auf.

Die Vereinigten Staaten waren zum Rettungsanker des demokratischen Europa geworden. Auch wenn die Deutschen England eroberten, versicherte Churchill Roosevelt, werde die englische Flotte nicht kapitulieren, sondern von Amerika aus weiterkämpfen. Weit mehr als im ersten Krieg ruhte alle Hoffnung auf der Großmacht jenseits des Atlantik. Und Winston Churchill, den die Engländer im Mai 1940, in der Stunde höchster Bedrängnis, zum Premierminister und Herrn ihrer Kriegsführung gemacht hatten, tat alles, »von der glühendsten Werbung bis zur kältesten Erpressung« (Sebastian Haffner), um Amerika zu immer größerer Hilfeleistung zu zwingen und es, sein letztes Ziel, in den Krieg zu nötigen. »Meine Beziehungen zu dem Präsidenten wurden nach und nach so eng, daß die wichtigsten, unsere beiden Länder betreffenden Fragen im wesentlichen durch diesen persönlichen Meinungsaustausch zwischen ihm und mir geregelt wurden ... Insgesamt sandte ich ihm 950 Botschaften und empfing etwa 800 Antworten.«

Churchill und Roosevelt respektierten einander, Roosevelt bewunderte den Krieger Churchill, Churchill achtete und schätzte den geschickten Politiker und weitsichtigen Staatsmann Roosevelt. Beide teilten die Überzeugung, daß ihre Länder aufeinander angewiesen seien, England konnte ohne den Rückhalt Amerikas den Krieg nicht bestehen, Amerika konnte England nicht fallen lassen, ohne selbst Schaden zu nehmen. »Wenn wir untergehen«, schrieb Churchill dem Präsidenten im Juni 1940, »lauft Ihr Gefahr, Euch einem unter Naziherrschaft vereinten Europa gegenüberzusehen, das weit menschenreicher, weit stärker, weit besser gerüstet wäre als die Neue Welt.«

Roosevelt erklärte Amerika zum »großen Arsenal der Demokratie« und meinte damit eine Aufgabe, so ernst, dringend und patriotisch, als stünden die Vereinigten Staaten selbst im Krieg. Die Verteidigung Amerikas gebot für Roosevelt die Verteidigung Großbritanniens und des gesamten britischen Empire, das war die fast weltweite Ausdehnung der amerikanischen Sicherheitsgrenzen bis Australien, Südafrika und Indien. Im Februar und März 1941 begannen Stabsbesprechungen amerikanischer und englischer Militärs. Am 27. Mai erklärte der Präsident den unbegrenzten nationalen Notstand, was weitere militärische Vorbereitungen erlaubte. Nach der deutschen Besetzung Dänemarks stationierte er amerikanische Einheiten auf dem (dänischen) Island und Grönland.

Amerika näherte sich Europa, nicht nur zu Lande, auch zur See. Es schob die Grenze der »westlichen Hemisphäre« weit nach Osten bis zu den Azoren vor, übernahm mit seiner Kriegsmarine die Sicherung britischer Frachter und befahl, das Feuer auf deutsche U-Boote zu eröffnen, die sich einem Konvoi mehr als hundert Seemeilen näherten. Die Vereinigten Staaten beanspruchten drei Viertel des Nordatlantik als ihre Interessenzone und bekämpften jedes deutsche Schiff, das in sie eindrang.

Der ungewollte Kampf mit Japan
Roosevelt hielt den Krieg mit Deutschland für notwendig im genauen Wortsinn, aber zunächst kam der Krieg aus Japan. Fast gleichzeitig mit Hitlers Deutschland war Japan für Ame-

rika zum Problem geworden; die Interessen stießen sich in China, das Japan zu erobern begann. Zuerst, 1931/32, verwandelte es die eroberte chinesische Provinz Mandschurei in einen japanischen Satellitenstaat, 1937 vertrieb es die chinesische Regierung unter Tschiang Kai-schek aus Nanking, ermordete dort 300 000 Chinesen, verdrängte den nationalen wie den kommunistischen Widerstand in den äußersten Westen, errichtete auch in China ein Satellitenregime und proklamierte 1940 eine »neue Ordnung für Großostasien«.

»Neue Ordnung« hieß in amerikanischen Augen verschlossene Türen. Amerikas Chinahandel kam in Gefahr, ganz versperrt zu werden. In Ostasien entstand das gleiche wie in Europa: Die ohnehin schwache Demokratie wich einem »Militärfaschismus«, der alles in Frage stellte, was Amerika heilig war, den freien Handel und den freien Staat, den Frieden und das Selbstbestimmungsrecht der Völker. Aber wie in Europa wollte die große Mehrheit der Amerikaner keinen Krieg mit Japan, die Regierung beschränkte sich auf Diplomatie und Ökonomie. Sie protestierte gegen Gewaltakte und weigerte sich, japanische Eroberungen, Staatsgründungen und Ansprüche anzuerkennen; sie half China mit Gütern und Waffen in seinem Verteidigungskampf und kündigte 1939 den Handelsvertrag mit Tokio.

Seit dem Sommer 1941 weitete sich der Konflikt aus. Japan begann, in Südostasien die Früchte der deutschen Siege in Europa zu ernten, zunächst besetzte es den Süden von Französisch-Indochina, wo es eine ideale Ausgangsbasis für die Eroberung von Holländisch-Indien (Indonesien) sowie des britischen Malaya und Singapur erhielt. Washington, London und die holländische Exilregierung antworteten mit der Einfrierung aller japanischen Guthaben, sie schnitten damit das rohstoffarme Inselreich von lebens- und kriegsnotwendigen Rohstoffen und vor allem vom Öl ab. Die Ostasien-Kenner in den Außenministerien und die amerikanischen Stabschefs warnten, das Embargo werde bewirken, was es verhindern solle, weil es Japan zwinge, sich mit Gewalt zu holen, was ihm vorenthalten werde.

So geschah es. Tokio suchte einen Kompromiß mit Washington, aber bereitete sich zugleich auf einen Krieg vor. Die Zeit drängte, die Ölvorräte reichten noch anderthalb Jahre, Japan mußte Klarheit haben: Wenn Amerika das Embargo nicht aufheben wollte, blieb nur der Zugriff auf die Öl- und Rohstoff-Quellen in den holländischen und britischen Kolonien. Tokio erklärte sich bereit, auf die Expansion in Südostasien zu verzichten, wenn Washington das Embargo beende und Japan freie Hand in China lasse. Damit waren die Gespräche wieder am Kern des japanisch-amerikanischen Interessenkonflikts angelangt. Roosevelt wie sein Außenminister Cordell Hull sahen sich außerstande, China den Japanern zu überlassen.

Die Entwicklung trieb auf den Krieg zu, aber Washington verkannte lange Zeit den Ernst der Lage. Ministerpräsident Konoye schlug ein Treffen mit Roosevelt vor, bei dem alles Trennende überwunden werden sollte. Aber der Präsident wollte erst verhandeln, wenn das Trennende vorher, jedenfalls im Grundsatz, aufgehoben würde. Noten gingen hin und her, die Kriegsvorbereitungen in Japan schritten voran, man dürfe nicht warten, bis man durch wirtschaftliche Sanktionen erdrosselt sei, meinte ein Vertreter der Marine. Der Kriegsminister Tojo erklärte, die Zeit zum Losschlagen sei gekommen, der Premierminister konnte ihn nicht umstimmen und trat zurück, Tojo wurde sein Nachfolger. Auch er schickte noch einen Sonderbeauftragten nach Washington; da er nichts Neues im Gepäck hatte, erhielt er von Außenminister Cordell Hull die alte Antwort: Die Sanktionen bleiben, bis Japan verbindlich zusagt, China und Indochina zu räumen. Tokio beschloß den Krieg.

Aus dem japanischen Funkverkehr erfuhr Roosevelt, daß Japan losschlagen werde. Es war der 28. November 1941; der Präsident und seine Berater spekulierten, wohin der Schlag gehen werde, auf Holländisch-Indien, Thailand oder ein anderes Ziel der Region. In Tokio wußte man, die Vereinigten

Staaten würden nicht dulden, daß sich Japan der europäischen Kolonien in Südostasien bemächtige; da sich ein Krieg mit Amerika nicht vermeiden ließ, wollte man Amerika schwächen, bevor er losging. Während Roosevelt noch über die Angriffsziele im Südchinesischen Meer rätselte, waren japanische Flugzeugträger schon auf dem Marsch mit Kurs auf Hawaii. Und während eine persönliche Botschaft des Präsidenten, die zur Räumung Indochinas mahnte, aber keine Konzession enthielt, den Kaiser erst um drei Uhr nachts am 7. Dezember erreichte, befanden sich die ersten 350 Bomber bereits im Anflug auf Pearl Harbor, den Hafen der amerikanischen Pazifikflotte.

Fünf der acht Schlachtschiffe wurden außer Gefecht gesetzt, drei stark beschädigt, mehr als die Hälfte der 300 Flugzeuge am Boden zerstört. 2231 Soldaten und 57 Zivilisten kamen ums Leben. Die Überlegenheit der amerikanischen Seemacht über die japanische war dahin, ebenso die Planung für den Kriegsfall, die eine offensive Verteidigung durch die Pazifikflotte vorsah.

Die Überraschung war schrecklich, die Zerstörung furchtbar, politisch aber empfanden der Präsident und viele Mitarbeiter Erleichterung. Krieg mit Deutschland wollte Roosevelt, Krieg mit Japan wollte er nicht, aber hielt ihn schließlich für unvermeidlich. Den Kampf selbst eröffnen mochte und konnte er nicht, Kongreß und öffentliche Meinung waren dagegen. So blieb nur, wie das Tagebuch des Kriegsministers verrät, die Überlegung, wie man die Japaner »in die Lage bringen konnte, den ersten Schuß abzugeben, ohne uns selbst zu großem Schaden auszusetzen«.

Der Schaden war groß, aber der innenpolitische Gewinn für Roosevelt war es auch. Japan hatte den ersten Schuß abgegeben, ganz Amerika fühlte sich von dem infamen Überfall getroffen und stellte sich hinter seinen Präsidenten. Vier Tage später gab auch Hitler den ersten Schuß ab, zu dem Roosevelt ihn bis dahin vergeblich zu provozieren versucht hatte. Was Hitler jetzt, im Dezember 1941, zur Kriegserklärung an die Vereinigten Staaten brachte, hatte er schon im April 1941 dem japanischen Außenminister Matsuoka gesagt: Es sei »gleichgültig, mit wem die Vereinigten Staaten zuerst in Konflikt gerieten, ob mit Deutschland oder mit Japan. Sie würden stets darauf aus sein, zunächst ein Land zu erledigen, nicht etwa, um sich anschließend mit dem anderen zu verständigen, sondern um dieses danach ebenfalls zu erledigen. Daher würde Deutschland ... unverzüglich in einem Konfliktfall Japan-Amerika eingreifen, denn die Stärke der drei Paktmächte sei ihr gemeinsames Vorgehen.« Der Krieg mit Amerika, so scheint Hitler gerechnet zu haben, ist zwar »unerwünscht«, aber unvermeidlich, deshalb sei es besser, ihn nicht einzeln, sondern im Verband zu führen.

Die große Debatte

Nach dem Überfall auf Pearl Harbor notierte der republikanische Senator Arthur H. Vandenberg in sein Tagebuch: »An diesem Tage endete der Isolationismus für jeden Realisten.« Bis zu diesem Tage hatte Vandenberg selbst zu Anhängern des Isolationismus gehört, danach konnte niemand mehr, der ernst zu nehmen war, für politische Selbstbeschränkung der Vereinigten Staaten eintreten. Amerika war angegriffen worden, Hawaii lag zwar dreitausend Kilometer von der kalifornischen Küste entfernt und war noch kein Bundesstaat, aber es war amerikanisches Territorium, und die amerikanische Flotte, die dort lag, war Amerika. Der Angriff ermordete zweieinhalbtausend Amerikaner und war hinterhältig, die formale Kriegsklärung Japans traf in Washington ein, als, fast gleichzeitig, die Bomben auf Pearl Harbor niedergingen. Die kurz darauf folgende Kriegserklärung Hitlers vollendete für jeden Amerikaner das Bild einer Nation, die von Feinden umgeben ist und sich wehren muß. Amerika konnte sich von der Welt nicht mehr fernhalten, weil sich die Welt nicht mehr von Amerika fernhielt. Wieviel der eigene Präsident zu dieser Veränderung beigetragen hatte, wurde kaum mehr gefragt; in der Erschütterung, getroffen zu sein, einte sich das Land im Dezember 1941 ebenso hinter seinem Präsidenten wie nach den Terroristenanschlägen in New York und Washington am 11. September 2001.

Pearl Harbor erzwang den Schritt von insularer Selbstbeschränkung zur Weltmachtpolitik. Es beendete gewaltsam eine Debatte, die zuvor nicht nur den Kongreß, sondern das Land bewegt hatte. Was da, am stärksten beim Streit um das Pacht- und Leih-Gesetz, aufeinanderprallte, war kein Kampf unterschiedlicher Meinungen, es war eine Schlacht zwischen fest begründeten Überzeugungen. Eine Tradition von anderthalb Jahrhunderten stand gegen die Auffassung einer neuen Zeit, die Verteidiger des alten Amerika, das sich selbst genug war, standen gegen die Anwälte eines neuen Amerika, das in die Welt drängte.

Die große Debatte hatte eine ökonomische, politische und militärische Dimension. Roosevelt und seine Anhänger meinten, ein deutsches Imperium in Europa und ein japanisches in Ostasien würden autarke, staatlich gelenkte Wirtschaftszonen schaffen, die sich amerikanischem Export und amerikanischen Investitionen entzögen; ohne außenwirtschaftliche Ausbreitung aber könnten die Vereinigten Staaten ökonomisch nicht bestehen. Diese Vorstellung war nicht neu, sie hatte Amerika schon Ende des 19. Jahrhunderts nach Übersee getrieben, jetzt schreckte der Gedanke, mit »gigantischen staatlichen Monopolen« konkurrieren zu müssen, die von Diktatoren geleitet und von enormen militärischen Kräften gestützt würden.

Im Juli 1940, Frankreich hatte kapituliert, Berlin und Moskau waren noch im Einvernehmen, zeichnet Walter Lippmann, der bedeutendste amerikanische Publizist der Zeit, ein düsteres Bild. Wenn England falle, würden Berlin, Moskau und Tokio Europa, Asien und Afrika beherrschen. Amerikas Industrie bliebe auf Kanada, die Länder um die Karibik und vielleicht die Westküste Südamerikas beschränkt. Das übrige Südamerika sei zu 75 Prozent wirtschaftlich an Europa gebunden, und das werde eben, wenn England falle, von Hitler regiert. Amerika also allein in einer »totalitären« Welt, die Vorstellung, dann noch normale Geschäfte treiben zu können, wäre wie der Versuch nackter Soldaten, einen Panzerangriff aufzuhalten.

Die Vertreter der Gegenmeinung erklärten kühl, auch Diktatoren müßten Handel treiben und sich den Gesetzen des Handels beugen. Außerdem sei Amerika ein Kontinent, Steigerung des Binnenhandels um fünf Prozent bringe mehr Dollars als eine Steigerung des Außenhandels um hundert Prozent. Ökonomische Gefahr drohe vielmehr von einer Überanstrengung der Ökonomie. »Ich glaube nicht, daß wir reich genug sind, um alle Kriege der ganzen Welt zu garantieren«, notierte Senator Vandenberg in sein Tagebuch. Sein republikanischer Kollege Robert A. Taft spottete, mit dem Pacht- und Leihgesetz werde Uncle Sam als der beste und größte Santa Claus in die Geschichte eingehen und dann entweder Bankrott machen oder, im besten Falle, die schlimmste Depression und Arbeitslosigkeit bekommen, die das Land je sah. Fazit: »Ein Krieg für den Handel kostet mehr, als der Handel wert ist.«

Internationalisten wie Isolationisten fürchteten einen katastrophalen ökonomischen Niedergang, die einen durch den Zwang, überall mit Staatswirtschaft konfrontiert zu werden, die anderen durch den Zwang, einen Krieg mit unabsehbaren Kosten zu führen. Beide Seiten waren sich aber einig, ein ökonomischer Verfall werde die soziale und damit die politische Stabilität der Vereinigten Staaten gefährden. Sinken des Lebensstandards, Demoralisierung der Menschen und der Wirtschaft, Schwächung der demokratischen Institutionen, Entwicklung einer revolutionären Situation, Verlust der Freiheit, am Ende Sozialismus oder Totalitarismus, denn um sich gegen totalitäre Mächte zu behaupten, müsse man selbst totalitär werden.

Die wirtschaftliche Debatte ging in eine politische Auseinandersetzung über. Die Internationalisten glaubten, die Demokratie müsse weltweit verteidigt werden, wenn sie in Ame-

rika überleben solle. Senator Taft hielt dagegen: »Ein Krieg
für die Demokratie zerstört die Demokratie.« Roosevelts Gesinnungsfreund William C. Bullitt war überzeugt: »Diese
Erde kann nicht auf die Dauer halb Nazi und halb frei bleiben.« »Warum nicht?« fragte Taft zurück, »die Welt ist immer halb demokratisch und halb autokratisch gewesen.«
Auch der alte Streit lebte wieder auf, wie Amerika seine demokratische Aufgabe in der Welt erfüllen müsse: Durch Mission in aller Welt, meinten die einen, nur durch das Beispiel
unseres Erfolges, sagten die anderen.

Die meisten Argumente waren nicht neu, doch sie verschärften sich ungemein, weil dahinter die Frage Krieg oder
Nicht-Krieg stand. Und diese Frage spitzte sich nochmals
zu, denn erstmals schien jetzt die militärische Sicherheit der
Vereinigten Staaten nicht mehr garantiert. Was die Römer im
Ersten Punischen Krieg tatsächlich erfuhren, behaupteten
nun Roosevelt und seine Anhänger: Die Meere schützen
nicht mehr. Ein ausführliches Gutachten des Senatsausschusses für Flottenfragen kam im April 1940 zum gegenteiligen
Ergebnis. Die Admiräle und Senatoren blieben überzeugt,
daß Amerika nach wie vor – militärisch gesehen – eine Insel
sei. »Die Armeen Europas und Asiens gefährden uns nicht.
Um eine Gefahr zu sein, müssen sie auf Schiffen über die See
gebracht werden. Flugzeuge, die auf dem europäischen und
asiatischen Kontinent stationiert sind, gefährden uns nicht.
Um unsere kontinentale Sicherheit ernstlich zu bedrohen,
müssen sie über die See gebracht werden und von Stützpunkten in oder nahe unserer Hemisphäre operieren.« Die Konsequenz hieß daher: Keine Gefahr, »wenn wir die Meere beherrschen, die uns von allen möglichen Feinden trennen«.
Und die Empfehlung lautete: Flotte und Luftwaffe so stark
machen, daß sie die Meere beherrschen.

Der Regierung genügte das nicht, sie definierte die Sicher-
heitslage neu. Die Flotten Amerikas könnten Atlantik und
Pazifik nicht allein beherrschen; vor Invasion über See seien
die Vereinigten Staaten nur dann geschützt, wenn nicht die

Deutschen und Japaner die europäischen und asiatischen Gegenküsten besetzt hielten und auch noch über die Schiffbau-
kapazitäten zweier Kontinente verfügten. »Die Nazi-Herren
Deutschlands haben klar gemacht«, sagte Roosevelt Ende
1940, was sie beabsichtigen: »nicht nur alles Leben und Denken in ihrem eigenen Land zu beherrschen, sondern auch
ganz Europa zu versklaven und dann die Ressourcen Europas
zu benutzen, um den Rest der Welt zu beherrschen.«

Die konkrete Gefahrenbeschreibung begann oft mit dem
Satz »Wenn England fällt«. Roosevelt fuhr fort, dann »werden die Achsenmächte (Deutschland, Italien, Japan) die Kontinente Europa, Asien, Afrika, Australien kontrollieren sowie
die Meere. Sie werden in der Lage sein, enorme militärische
und maritime Kräfte gegen diese Hemisphäre aufzubringen.
Es ist keine Übertreibung zu sagen, wir alle in ganz Amerika
werden auf der Mündung einer Kanone leben, einer Kanone
geladen mit Explosivgeschossen, wirtschaftlichen wie militärischen.« Der Hinweis auf England galt vor allem der englischen Flotte. Neben der Weite der Ozeane war sie es, die
Amerika in der Vergangenheit das Gefühl absoluter Sicherheit gegeben hatte. Wenn Hitler England eroberte, wäre der
gewohnte Schutz verloren oder entstünde sogar eine neue
Gefahr, denn im Besitz der englischen Flotte könne Hitler zur
Invasion Amerikas schreiten. Die Meere würden dann, sagte
Roosevelt oft, zu highways für den Angreifer.

Senator Robert Taft ironisierte die militärischen Phanta-
sien: Früher kam die Attacke direkt über den Atlantik, mit
einem Stop für Eis in Grönland, einem Stop für Fisch in Neufundland – Gelächter. Diese Theorie sei aus der Mode, jetzt
gehe es über den Südatlantik. Zuerst mit einer Million Mann
zu dem verlassenen afrikanischen Hafen von Dakar, dann
»nur« 1600 Meilen nach Brasilien. Dort marschiert die Million Soldaten durch die Dschungel des Amazonas, übersteigt
hohe Gebirge und erreicht schließlich die Nordküste Südamerikas. Aber wie von da weiter? Die Karibik steht unter
Kontrolle der amerikanischen Flotte. Also noch einmal 2000

Meilen durch Mittelamerika und Mexiko, durch Wälder und über Berge, wo es zum Teil noch gar keine Straßen gibt.

Im Kern, so scheint es, ging die große Debatte um zwei Fragen. Die erste war: Wie kann Amerika Amerika bleiben? Die Traditionalisten antworteten: Indem es auf seiner Insel bleibt und dafür sorgt, daß die Insel unangreifbar bleibt. Die Modernisten hielten dagegen: Amerika kann nur Amerika bleiben, wenn es nicht in Amerika bleibt, sondern seine Ideale und Interessen überall in der Welt durchsetzt. Die zweite Kernfrage war nicht neu, aber sie stellte sich jetzt mit unentrinnbarem Zwang zur Entscheidung: Kann sich Amerika aus der Weltpolitik überhaupt heraushalten? Die Antwort der Isolationisten hatte der Senatsausschuß für Flottenfragen 1940 in klassische Form gebracht, George Washington hätte es nicht anders gesagt: »Unsere Lage ist glücklicher als die irgendeines anderen Volkes. Wir sollten unsere glückliche Lage nutzen und unseren Frieden und Wohlstand nicht in die Streitigkeiten Europas oder Asiens verstricken.« Und am Schluß eine Warnung: »Wir haben nicht die Macht oder die Mittel, die Welt in Ordnung zu halten (to police the world), wir können einer wirren Welt nicht Frieden bringen, aber wir haben die Macht und die Mittel, andere zu hindern, daß sie ihre Kriege in diese Hemisphäre bringen.« Roosevelt war leidenschaftlich vom Gegenteil überzeugt: Ganz gleich, was Amerika wünsche und wolle, es könne sich gar nicht mehr heraushalten, weil es auf vielfache Weise selbst bedroht sei.

Die Verfechter einer strikten Isolations- und Neutralitätspolitik verabscheuten Nazis, Faschisten und Militaristen nicht weniger als der Präsident; nicht das Feindbild trennte, sondern die Frage: Wie schützt man sich vor einer totalitär werdenden Welt? Indem man sich von ihr fernhält, meinten die einen. Indem man verhindert, daß die Welt totalitär wird, glaubten die anderen. Daß dies Krieg bedeutete, verschwiegen und bestritten sie beharrlich. Roosevelt begründete jeden Schritt, mit dem er Amerika näher an den Krieg führte, mit der Absicht, den Krieg zu vermeiden.

Die öffentliche Meinung, soweit sie in den Umfragen erkennbar wird, folgte ihm. Noch im Sommer 1941 wünschten zwar fast 80 Prozent der Befragten, »draußen zu bleiben« aus dem Krieg. Doch die Zahl verringerte sich, sobald die Antwort an Bedingungen geknüpft wurde. Wenn England fällt, wollten nur noch 56 Prozent »draußen bleiben«. Wenn deutsche U-Boote amerikanische Schiffe versenken, nur noch 50 Prozent (April 1941). Wenn nur amerikanisches Eingreifen die Niederzwingung Deutschlands und Italiens ermöglicht, nur noch 24 Prozent (April 1941). Mit diesem Votum wurde die Grenze vom Inseldenken zur Weltpolitik überschritten, noch deutlicher Ende September 1941: 70 Prozent hielten den Sieg über Deutschland für wichtiger, als »draußen zu bleiben«. Nur noch 30 Prozent wollten auf ihrer Insel verharren, und ebenso wenige (29 %) waren mit einem Status-quo-Frieden einverstanden, bei dem zwar England sein Empire behalten sollte, aber auch Hitler seine Eroberungen.

Roosevelt und die Internationalisten gewannen ständig an Zustimmung – zunächst durch die Tatsachen: Deutsche, Italiener und Japaner unterwarfen und unterjochten immer neue Länder; ferner durch die perfekte Ideologisierung der Frage: Nicht mehr um Europa und Ostasien sollte es gehen, sondern um die Entscheidung zwischen Gut und Böse in der ganzen Welt. Schließlich durch die Überzeugung jedes zweiten Amerikaners (52,9 %), wenn England falle und seine Flotte ausfiele, werde Hitler fähig, Amerika anzugreifen. Dennoch konnte der Präsident nicht mit einer sicheren Mehrheit für seine Politik rechnen, Wunschdenken und Einsicht in die Notwendigkeit lagen bei den meisten seiner Landsleute noch in unentwirrbarem Streit.

Aber Tojo und Hitler entschieden, was in Amerika erst halb entschieden war. Mit den zerbombten Schlachtschiffen in Pearl Harbor versank der Traum von einer Insel der Seligen, unerreichbar von den Gefahren der Welt. Amerika mußte sich der Welt stellen.

4. Die entscheidenden Kämpfe

Auch der Zweite Punische Krieg und der Zweite Weltkrieg sind unvergleichbar, nur zweierlei rechtfertigt, sie nebeneinander zu stellen. Sie waren die schwersten, verlustreichsten und aufwendigsten Kämpfe, die Rom mit einem außeritalischen Gegner und die Vereinigten Staaten mit außeramerikanischen Gegnern zu bestehen hatten. Die zweite Gemeinsamkeit ist ihr Ergebnis: Römer und Amerikaner wurden zu den ersten Weltmächten ihrer Zeit.

Der Zweite Punische Krieg

Der Hannibalische Krieg, wie die Römer ihn nannten, galt den Nachfahren als der denkwürdigste aller Kriege, die je geführt wurden: bellum maxime omnium memorabile, quae umquam gesta sint. »Denn, niemals haben mächtigere Staaten und Völker die Waffen gegeneinandergetragen, niemals hatten beide so viel Kraft und Macht. Auch in der Kriegskunst gab es für beide nichts Neues, alles hatten sie schon im ersten Punischen Krieg gegeneinander erprobt. Das Kriegsglück schwankte, und Mars zeigte sich so unentschieden, daß mehr in Gefahr kam, wer siegte.« Livius (21,1), Zeitgenosse des Augustus, sagte, was schon vor ihm und noch lange nachher in Rom gedacht wurde. Er übertrieb nicht allzusehr, denn die Römer hatten niemals einen Feind wie Hannibal, und seit sie Italien beherrschten, waren sie niemals sonst gezwungen, den Kampf im eigenen Lande zu führen; erst ein halbes Jahrtausend später brachte die Völkerwanderung fremde Eindringlinge nach Italien.

Genie gegen Kraft
Am Anfang verrechneten sich alle Beteiligten. Hannibal hoffte, Rom werde die Eroberung Nordspaniens ebenso tatenlos hinnehmen wie die Eroberung Sagunts. Die römische Kriegserklärung brachte ihn in eine schwierige Lage. Er war

nicht nur für Spanien, sondern auch für die Sicherheit Afrikas, also der Hauptstadt Karthago, verantwortlich, aber wußte nicht, wo die Römer den Kampf eröffnen würden. So tat er, was die Strategen aller Zeiten empfehlen, aber selten zustande bringen: Er verteidigte, indem er angriff. Er versuchte Afrika und Spanien zu schützen, indem er nach Italien marschierte. Und er hatte Erfolg, indem er sich zwei der wichtigsten Helfer eines Feldherrn bediente, der Schnelligkeit und der Überraschung.

Er überließ seinem Bruder Hasdrubal Spanien und fast die Hälfte der Truppen sowie allen entbehrlichen Troß, nahm die besten Einheiten und brach nach Italien auf. Der Marsch war improvisiert, und die Überwindung aller Hindernisse mußte improvisiert werden. Mit Bestechung und Gewalt bahnte sich Hannibal den Weg über die Pyrenäen, durch Südfrankreich und über die Alpen. Die letzte Strecke war die schwerste, weil die Bergbewohner den Weg verlegten und das Heer aus dem Hinterhalt attackierten, vor allem aber, weil schon der Winter begann. Ungewöhnlich an Hannibals viel gerühmtem Alpenübergang war nicht, daß er das Gebirge überwand, sondern daß er es tat, als Eis und Schnee die Pässe fast unpassierbar machten. Der Gewaltmarsch kostete schreckliche Verluste. Mit 59 000 Mann war Hannibal in Nordspanien aufgebrochen, mit 26 000 gelangte er in die Poebene. Feinde, Kälte, Sturz von vereisten Pfaden, Hunger und Krankheit hatten jeden zweiten Mann umgebracht; die Angekommenen erschienen körperlich und moralisch »wie verwildert«.

Die Römer verrechneten sich noch mehr. Jahrzehntelang richteten sie sich auf die falsche Gefahr ein, es war ein grotesker Irrtum: Die Landmacht starrte aufs Meer, aber die Seemacht kam zu Lande. Gegen die karthagische Flotte, die schwach geworden war, hatte der Senat sorgfältig Vorsorge getroffen, aber dann ereilte Rom das Schicksal auf einem Wege, an den niemand gedacht und dessen Begehbarkeit »wegen der Menge und Unzuverlässigkeit der barbarischen Bewohner« der Alpen unmöglich erschien (Polybios 3,49).

Der Senat hatte den Krieg offensiv geplant, ein Konsul sollte nach Spanien gehen, um gegen Hannibal zu kämpfen, der andere sollte nach Afrika übersetzen, um Karthago anzugreifen. Doch dann erschien plötzlich Hannibal in Italien, der Sturm auf Karthago mußte entfallen, um einem Sturm auf Rom zu begegnen. Siebzehn Jahre lang hatten die Römer den Krieg im eigenen Land, eine Niederlage folgte der nächsten, eine immer furchtbarer als die vorhergehende. Ein Treffen am Tessin, ein Kampf an der Trebia, der Untergang eines ganzen Heeres am und im Trasimenischen See und dann im Sommer 216 die Katastrophe von Cannae. 80000 Römer und Verbündete sollten 50000 karthagische Söldner und Hilfsvölker erdrücken, aber die Überzahl wurde von der Minderzahl eingekesselt und vernichtet. Cannae ist bis heute Seminarstoff für strategischen Unterricht, nicht zuletzt in Amerika.

Es war Roms schrecklichste Niederlage. Sie schwächte seine militärische Kraft, brachte italische Verbündete zum Abfall, trieb das einst treue Syrakus zum Seitenwechsel und den Makedonenkönig Philipp zum Bündnis mit Hannibal, aber es stärkte die Entschlossenheit des Senats, unnachgiebig weiterzukämpfen, unnachgiebig sogar gegen das eigene Volk. Hannibal schickte zehn römische Gefangene nach Rom, die sein Angebot überbrachten, alle Gefangenen freizukaufen. Es gab nichts, was die Stadt dringender brauchte. Mehr als 15000 waren im Vorjahr gefallen, jetzt 50000 bei Cannae, man rekrutierte schon halbe Kinder und bewaffnete Schuldknechte, Verbrecher und sogar 8000 Sklaven, die der Staat dafür kaufte. Jetzt hätte er noch 8000 Römer bekommen können, Mitbürger und ausgebildete Soldaten. Die Abordnung der Gefangenen, die Hannibal nach Rom geschickt hatte, bat inständig, befreit zu werden; die Angehörigen flehten, ihre Söhne, Brüder und Männer zu retten. Aber der Senat sagte nein, er blieb unerbittlich und überantwortete die 8000 einem gewissen Schicksal: Da die Heimat sie nicht freikaufte, würden sie in die Sklaverei verkauft werden. Die zehn Beauftragten der Gefangenen hatten Hannibal geschworen, zu ihm zu-

rückzukehren, jetzt hieß Rückkehr Abschied für immer. Neun
gingen freiwillig, einer hatte mit einem Trick versucht, sich
seinem Eid zu entziehen, und wollte in Rom bleiben; die Be-
hörden nahmen ihn fest und schickten ihn gefesselt ins karthagische Lager. Zwischen Sieg und Tod sollte es künftig kein
Drittes mehr geben, und den Verbündeten mußte bewiesen
werden, daß Rom der Herr blieb und bis zum Sieg weiterkämpfen werde.

Am Durchhaltewillen und an der Wehrkraft der Römer
scheiterte schließlich auch Hannibal. Rom zu belagern und
zu erobern war er zu schwach, seine einzige Chance war, das
römische Bündnissystem aufzubrechen. Dabei gelang ihm
mehr als Pyrrhos; Süditalien fiel ihm großenteils zu, teils
freiwillig, teils gezwungen. Sogar die zweite Stadt Italiens,
das reiche Capua in Kampanien, trat zu ihm über. Aber den
Kern der römischen Macht, das durch treue Festungen gesicherte Mittelitalien, vermochte er nicht zu sprengen. So wen-
dete sich das Blatt allmählich. Rom vermied eine offene Feldschlacht und eroberte die verlorenen Plätze einen nach dem
anderen zurück; es hob immer neue Jahrgänge aus, Hannibal
bekam keine frischen Kräfte, denn die Römer beherrschten
die See. Karthago unternahm keinen ernsthaften Versuch,
ihnen auf dem Element entgegenzutreten, auf dem es früher
überlegen war und es immer noch gewesen wäre, wenn es
sich ernstlich bemüht hätte. Aber Karthago führte den zweiten Krieg nicht mit der gleichen Energie wie den ersten, es
war der Krieg der Barkiden, nicht sein Krieg.

Jung gegen Alt

Nach zwölf Jahren hatten Roms Legionen Hannibal isoliert
und auf den Südzipfel Italiens zurückgedrängt. Es mußte entschieden werden, wie der Krieg zu Ende zu bringen sei. Sollte
man nun doch die Entscheidungsschlacht mit Hannibal riskieren? Oder war es ratsamer, nach Afrika zu gehen und mit
dem Angriff auf Karthago die Entscheidung zu suchen? Das
zweite war keineswegs neu, sondern die Rückkehr zum ur-

sprünglichen Plan vom Anfang des Krieges, dennoch bildeten sich im Senat zwei Lager, in deren Streit das alte Insel-Denken noch einmal, vielleicht zum letztenmal, hervorbrach. Die Älteren wollten erst Sicherheit im eigenen Land haben, bevor man ein anderes Land angriffe, die Jüngeren wollten das eigene Land sichern, indem sie das andere angriffen.

Wortführer der konservativen Auffassung soll der alte Quintus Fabius Maximus gewesen sein, der Hannibal nach Cannae zusetzte, ohne mit ihm zu kämpfen. Fabius starrte wie gebannt auf den großen Gegner: »Wo Hannibal ist, da sind das Haupt und die Seele des Krieges«, immer noch sei es möglich, daß er gegen Rom selbst vorrücke. Fabius blieb befangen im insularen Sicherheitsdenken: Erst das Eigene verteidigen, dann das Fremde angreifen! Erst Frieden in Italien, dann Krieg in Afrika! Erst selbst die Furcht verlieren, dann andere in Furcht versetzen!

Verfechter der Gegenmeinung war der junge Publius Cornelius Scipio. Er hatte mit einem brillanten Feldzug bereits die Karthager aus Spanien vertrieben und traute sich nun zu, in Afrika den Krieg zu beenden. Für das Jahr 205 hatte das Volk ihn zum Konsul gewählt, er war, wie man heute sagen würde, der Hoffnungsträger der Nation. Sein Plan entsprach der Lage. Hannibals Genie auf dem Schlachtfeld war noch zu fürchten, aber eine Gefahr für Rom war er nicht mehr, da schien es die elegante Lösung zu sein, in Afrika einen Frieden durch Sieg zu erringen, ohne Hannibal besiegen zu müssen.

Doch der Widerstand im Senat war enorm. Er entsprang nicht allein konservativer Sicherheitsdoktrin, sondern galt auch der Person Scipios. Der junge Mann war den alten Herren zu jung, erst dreißig Jahre, und zu populär, zu selbstbewußt und eigenwillig mit einem Schuß Genialität – das erträgt keine Honoratiorenversammlung. Verhindern konnten die Konservativen den Afrikafeldzug nicht, aber investieren mochten sie nichts in das fragwürdige Unternehmen. Es war Scipios Idee und Wunsch; sollte er sehen, wie er damit fertig wurde. Als Operationsgebiet gab man ihm nur Sizilien und

die schwammige Erlaubnis, nach Afrika zu gehen, wenn es im
Staatsinteresse liege. Falls er in Afrika scheiterte, sollte alle
Verantwortung bei ihm liegen. Scipio erhielt auch nur zwei
Legionen, die nicht als die besten galten; neue Truppen aus-
heben durfte er nicht, sondern mußte sich mit Freiwilligen
behelfen und die Mittel für den Flottenbau bei den Verbündeten zusammensuchen. Die meiste und beste militärische
Kraft behielt der Senat in Italien, vier Legionen gegen Hannibal, der bereits resignierte.

Aber Scipio setzte sich über alle Widerstände hinweg, bedrängte die Karthager in Afrika so hart, daß sie um Frieden
baten und Roms erste Bedingung erfüllten, Hannibal aus
Italien abzuberufen. Der Friedensvertrag war in Rom schon
ratifiziert, die Beeidung in Karthago sollte folgen, doch als
Hannibal zurückkehrte, faßten seine Landsleute wieder Mut:
Mit ihm müßte möglich sein, den Feind aus Afrika zu vertreiben. Eine Entscheidungsschlacht gegen Hannibal blieb den
Römern nicht erspart, aber Scipio gewann sie.

Roms schwerste und größte Zeit

Rom hatte gesiegt, aber nur unter ungeheuren Anstrengungen und Verlusten. Bis zu 25 Legionen standen zeitweise im
Felde, das sind 200 000 Mann, mehr als je zuvor. 300 000 Italiker sollen in den siebzehn Jahren des Krieges gefallen sein,
beinahe jeder vierte Römer und Latiner kam im Kampf oder
durch Krankheit und Hunger ums Leben. Die politische Elite
litt wie das Volk, nur noch 123 Senatoren gab es nach Cannae,
mit außerordentlichen Berufungen brachte man das Führungs-
gremium auf 177 Mitglieder. Italien war verwüstet, verarmt
und verödet. Vierhundert Ortschaften seien zerstört, sagt
die Überlieferung, auch von den treuesten, den latinischen
Gemeinden erklärten sich zwölf im Jahr 209 außerstande,
Rekruten zu stellen und ihre Finanzpflichten zu erfüllen.
Getreide mußte aus Sizilien und einmal sogar aus Ägypten
eingeführt werden, denn viel Land lag brach, weil die Bauern
fern von ihren Höfen in den Legionen dienten. Sie mußten

Italien verteidigen, Sizilien wieder unterwerfen, Angriffe auf Sardinien und Korsika abwehren, Spanien erobern, in Illyrien und Griechenland auftreten, um eine makedonische Invasion Italiens zu verhindern, und schließlich in Afrika den Endkampf führen.

Das Schlimmste war: Rom hatte in Hannibal einen der größten Heerführer der Weltgeschichte zum Gegner, Genie ist wie höhere Gewalt, auch der Tüchtige kommt nicht dagegen an. Tüchtig, erfahren und tapfer waren die römischen Generäle fast alle, andere Feinde schlugen sie, aber mit Hannibal konnte keiner sich messen. Erst zu Ende des Krieges bekam Rom in Scipio einen Mann, der ihm ebenbürtig war, weil er über seinesgleichen hinausragte. Beider Laufbahn hatte sogar gewisse Ähnlichkeiten. Als Nachfolger ihrer Väter kamen sie schon mit 25 Jahren zum höchsten Kommando in Spanien und eroberten es. Beide verteidigten ihre Heimat, indem sie den Krieg ins Land des Feindes trugen, beide endeten als Opfer ihres Ruhms und ihrer Persönlichkeit, die Karthager ertrugen Hannibal und die Römer Scipio nicht, der eine ging ins Exil, der andere verbittert auf seine Landgüter.

In der letzten Schlacht schlug Scipio Hannibal, aber den Sieg in ihrem schwersten Krieg verdankten die Römer nicht einem einzelnen, sondern ihrer physischen und moralischen Kraft. Fünfzehn Jahre lang verteidigten sie Italien vor einem Gegner, den sie nicht schlagen, sondern nur allmählich zermürben konnten. Sie verloren die meisten Schlachten, aber sie gewannen den Krieg. In ihrer größten Not entwickelten sie ihre größte Stärke, nicht nachgeben, nicht aufgeben, länger durchhalten als der Gegner. Hannibals Chance war, durch spektakuläre Siege das römische Herrschafts- und Bündnissystem aufzubrechen, da genügte es nicht, klug zu operieren und tapfer zu kämpfen, Rom mußte sich allezeit als Herr seiner Verbündeten bewähren und als deren siegessicherer Führer beweisen. All das gelang ihm. Nie zuvor und nie nachher hatte es eine solche Herausforderung zu bestehen, niemals gab es eine so überzeugende Antwort.

Amerika im Zweiten Weltkrieg

Anders als Rom hatte Amerika das Glück, auch in seinem zweiten großen Kampf eine unerreichbare Insel zu bleiben, es mußte nicht um seine Existenz kämpfen. Im Westen kam der Feind nur bis Pearl Harbor, Hawaii war damals noch kein Bundesstaat, im Osten drangen deutsche U-Boote 1942 zur amerikanischen Küste vor und störten den lebhaften Schiffsverkehr dort ein halbes Jahr lang. Aber kein deutscher oder japanischer Soldat betrat den Boden der Vereinigten Staaten, sogar der gesamte Doppelkontinent, von Alaska bis Kap Hoorn, blieb unberührt von jeglicher Feindeinwirkung. Washington brauchte auch nicht wie Rom ein Bündnis zusammenzuhalten, um Herr im eigenen Land zu bleiben, die meisten lateinamerikanischen Staaten folgten ihm vielmehr in den Krieg. Vor allem stand Amerika nicht allein gegen Deutschland und Japan, es hatte starke Bundesgenossen, in Europa England und die Sowjetunion, in Asien China, England und Australien. Schließlich blieb ihm erspart, was Rom an den Rand seiner Existenz trieb: Es mußte keinen deutschen oder japanischen Hannibal fürchten.

Dennoch war der Zweite Weltkrieg eine Herausforderung, wie sie die Vereinigten Staaten nie zuvor hatten bestehen müssen. Auch für sie begann der Kampf mit einem unerwarteten Schrecken und anders als geplant. Im Mai 1941 hatten sie ihre pazifische Schlachtflotte von der kalifornischen Küste nach Hawaii verlegt, um im Kriegsfall zweitausend Kilometer näher am Feind zu sein, aber eben dies machte die Flotte für die japanischen Flugzeuge erreichbar. Der Überfall auf Pearl Harbor nahm Amerika seine maritime Überlegenheit im Pazifik und leitete eine Kette von Niederlagen ein. Der gesamte amerikanische Besitz westlich von Hawaii ging verloren, vor allem die Philippinen, General MacArthur mußte die Inseln auf Befehl des Präsidenten verlassen und sein Hauptquartier in Australien einrichten.

Unter der Schockwirkung von Pearl Harbor plädierten viele,

auch einige Senatoren, dafür, zunächst mit aller Kraft gegen
Japan vorzugehen, aber Roosevelt sah nach wie vor in Hitler
den Hauptfeind und setzte durch, daß der Kampf gegen
Deutschland Vorrang behielt; so war es auch schon im März
1941 mit den Engländern vereinbart worden. Aber es blieben
zwei Kriege, die Amerika zu führen hatte, mit doppeltem
Aufwand an Menschen und Material und mit doppelter Mühe,
sich auf sehr unterschiedliche Gegner und Kriegsschauplätze
einzustellen.

Im Vergleich zum Ersten Weltkrieg zogen zweimal so viele
Amerikaner die Uniform an, die Kosten beliefen sich auf das
Zehnfache. Die Staatsschulden stiegen vom Oktober 1939 bis
zum Kriegsende von 40 auf 250 Milliarden Dollar. Aber es kam
auch etwas heraus. Ende 1942, also ein Jahr nach Amerikas
Eintritt in den Krieg, produzierte es bereits so viel wie seine
drei Feinde Deutschland, Italien und Japan zusammen; 1944
erzeugte es das Doppelte und an Stahl, damals der Schlüssel
der Industrie, sogar mehr als alle Länder der Welt zusammen.
Die Handelsflotte verdreifachte sich zur größten der Welt, die
Zahl der Flugzeuge wuchs um das Fünfzehnfache.

Im ersten Krieg mußten die Amerikaner nur England und
Frankreich unterstützen, im zweiten auch die Sowjetunion
und China. England erhielt mindestens 1700 mittlere und
schwere Bomber, über zwölftausend Panzer, Lastwagen und
über 70 000 Jeeps, die Sowjetunion etwa genauso viele Panzer,
sehr viel mehr (427 000) Lastwagen für ihre langen Wege und
50 000 Jeeps.

Im ersten Krieg landeten die amerikanischen Truppen in
Frankreich und fuhren dann zur Front, im zweiten mußten
sie sich an den Feind erst langsam unter harten Kämpfen her-
anarbeiten, von Insel zu Insel springend an Japan und über
Nordafrika, Sizilien und Italien an Deutschland. Auch das genügte nicht. Um den Krieg zu entscheiden, war es nötig, Europa im Herzen anzugreifen. Am 6. Juli 1944 landeten Engländer und Amerikaner in Nordfrankreich, ein Unternehmen
nur beschreibbar in Superlativen. Die größte Schiffsansamm-

lung der Geschichte ermöglichte die größte Truppenlandung der Geschichte. Sie konnte nur gelingen, weil Amerika die Voraussetzungen schuf. Fast 13 000 Flugzeuge sicherten die absolute Luftüberlegenheit, über viertausend Landungsboote brachten Truppen und Waffen an die normannische Küste. Nach zwölf Tagen hatte Feldmarschall Montgomery über 600 000 Soldaten, 95 000 Fahrzeuge und 218 000 Tonnen Material zur Verfügung.

Amerika führte den Krieg auf amerikanische Weise. Einerseits nutzte die Wirtschaftsmacht ihre ökonomische Überlegenheit und technische Stärke, andererseits bemühte sich die Demokratie, das Leben ihrer Bürger zu schonen. Unmassen von Bomben und Granaten deckten den Feind zu, bevor die Soldaten gegen ihn vorrückten. Aber Material allein genügte nicht, auch die Amerikaner mußten kämpfen. Die Deutschen leisteten ebenso hartnäckig wie sinnlos Widerstand.

So hatte Amerika in Europa einen langen Krieg zu führen. Zweieinhalb Jahre dauerte es, bis die englisch-amerikanischen Truppen von Französisch Nordafrika durch Italien bis nach Venedig, Mailand und Turin vordrangen, allerdings handelte es sich aus amerikanischer Sicht nur um einen Nebenkriegsschauplatz; fast ein Jahr brauchten die Alliierten, um sich von der Normandie bis zur Elbe vorzukämpfen.

Im Pazifik ging es zunächst darum, die Verluste von Pearl Harbor auszugleichen, was nach einem halben Jahr, im Juni 1942, in der Flugzeugträger-Seeschlacht bei den Midway-Inseln (nordwestlich von Hawaii) gelang. Die überlegene Produktionskraft Amerikas sicherte ihm auch die militärische Überlegenheit zur See und in der Luft. Aber der Weg über den Großen Ozean war lang und kostete viele Opfer. Erst drei Jahre nach Pearl Harbor begannen amerikanische Einheiten die Rückeroberung ihrer Halbkolonie, der Philippinen. Und als Deutschland kapitulierte, kämpften sie auf Okinawa, das sie erst nach drei Monaten eroberten; von dort waren es noch einmal über fünfhundert Kilometer bis zur Südspitze der südlichen Insel Japans.

Unentbehrlich für die Kriegsführung der Vereinigten Staaten war und blieb die Sowjetunion. Ob, wie und wann die Westmächte allein imstande gewesen wären, Deutschland zu besiegen, ist fraglich. In jedem Falle leistete die Rote Armee die Hauptarbeit und brachte Opfer, die Amerika nicht hätte bringen können. Die Sowjetunion verlor in diesem Krieg 13,6 Millionen Menschen, die Vereinigten Staaten 260000. »Für jeden Amerikaner, der im Krieg fiel, starben 53 Russen« (Detlef Junker). Fast um jeden Preis bemühte sich Roosevelt daher, das Bündnis mit Stalin zu bewahren, der wiederum immer dringender eine »Zweite Front« gegen Deutschland anmahnte und die Bündnistreue der Angelsachsen anzweifelte, weil sie die Landung in Frankreich fast zwei Jahre lang von Termin zu Termin aufschoben.

Roosevelt versuchte, Stalins Mißtrauen zu entkräften; die Forderung nach bedingungsloser Kapitulation Deutschlands hatte auch den Zweck, Stalin glaubhaft zu machen, daß Amerikaner und Engländer keinen Sonderfrieden mit Berlin eingehen würden, sondern entschlossen waren, den Krieg bis zum Sieg zu führen. Roosevelt war weit mehr geneigt, auf die Sowjetunion Rücksicht zu nehmen, als Churchill, der aus alter europäischer Erfahrung künftige Konflikte mit den Russen voraussah. Doch die Amerikaner dachten mehr militärisch als politisch; sie hofften, mit »Uncle Joe« zu einer einvernehmlichen Nachkriegsordnung in Europa zu kommen, vor allem behielten sie im Auge, daß sie noch einen zweiten Krieg zu Ende bringen mußten. Der Kampf gegen Japan war ungewöhnlich hart und verlustreich gewesen, die letzte Etappe, die Eroberung der japanischen Inseln, würde noch lange dauern und ließ das Schlimmste befürchten. Erst am 1. November 1945 wollte man den Sprung auf die Südinsel Kiuschiu wagen und dann am 1. März 1946 die Hauptinsel Hondo mit Tokio angreifen, im Spätherbst erwartete man das Ende des japanischen Widerstandes. Der Stabschef General Marshall rechnete mit Verlusten von einer halben Million Mann.

Was den Sieg über Deutschland mit vergleichsweise geringen Opfern ermöglicht hatte, sollte auch die Bezwingung Japans erleichtern. Auf der Konferenz in Jalta im Februar 1945
hatte sich Stalin in einem Geheimabkommen verpflichtet,
zwei bis drei Monate nach der Kapitulation Deutschlands in
den Krieg gegen Japan einzutreten. Er tat es nicht umsonst.
Roosevelt zahlte mit beachtlichen Zugeständnissen in Ostasien, Stalin erhielt zurück, was der Zar 1905 nach dem
russisch-japanischen Krieg hatte abgeben müssen, dazu die
japanischen Kurilen, die bis heute das Verhältnis zwischen
Moskau und Tokio verderben. Als Roosevelts Nachfolger
Harry S. Truman im Juli 1945 zur Gipfelkonferenz nach Potsdam ging, war ihm das noch kämpfende Japan wichtiger als
das schon besiegte Deutschland; um die versprochene Hilfe
bei der Niederwerfung Japans nicht zu gefährden, sah er sich
»geradezu gezwungen, die Besetzung Ostpolens durch die
Russen und die Besetzung Schlesiens östlich der Oder durch
Polen gutzuheißen. Es war ein glatter Gewaltakt«, schrieb er
in seinen Memoiren, aber »damals lag uns noch an der russi-
schen Kriegsbeteiligung gegen Japan. Erst nachher stellten
wir fest, daß wir Rußland gar nicht gebraucht hätten.«

Mit der Atombombe erhielt Amerika eine Waffe, die ihm die
militärische Eroberung Japans ersparte. 92 000 Tote in Hiroshima, 40 000 in Nagasaki zwangen Japan, fast bedingungslos
zu kapitulieren, amerikanische Truppen besetzten die Inseln,
ohne einen Schuß abgeben zu müssen. Die amerikanische
Weise, Krieg zu führen, feierte ihren höchsten, schrecklichen
Triumph. Die amerikanische Technik hatte die sowjetische
Hilfe entbehrlich werden lassen; als die Sowjetunion sich an
der Besetzung Japans beteiligen wollte, wies der Präsident das
Verlangen höflich, aber bestimmt zurück. Diesen Krieg hatte
Amerika allein geführt und gewonnen, so behielt es auch den
Sieg für sich allein.

Amerika gewann den Zweiten Weltkrieg, indem es seine
besonderen amerikanischen Fähigkeiten ins Feld führte.
Seine staunenswerte Produktionsleistung war das Ergebnis

einer zivilen Kriegswirtschaft, Industrievertreter gingen in
höchste Staatsstellen, staatliche Lenkung wurde nur so weit
erlaubt, wie es unbedingt nötig erschien, es war weniger
als im Ersten Weltkrieg. Der Staat verließ sich auf die Kräfte,
die Amerikas Wirtschaft bis dahin vorangetrieben hatten.
Der Drang nach Profit sollte weiterwirken, die Großen sollten sich entfalten können, die Trustbekämpfung wurde eingestellt, aber auch die Mittleren und Kleinen sollten beteiligt
werden, um Stimmung für den Krieg zu machen. Kriegsminister Henry L. Stimson wußte: Kriegführung ist in einer
kapitalistischen Wirtschaft nicht möglich, wenn dabei nicht
Geld gemacht wird (unless business makes money).

Die zweite Leistung, die den Erfolg erklärt, erscheint keineswegs selbstverständlich: Den Amerikanern gelang es, ihre
wirtschaftliche Überlegenheit in militärische Überlegenheit
zu übersetzen. Es gibt Nationen, die nur produzieren und
Handel treiben können, im Krieg aber versagen oder auf Söldner oder kriegstüchtige Bundesgenossen angewiesen sind.
Das technische Talent, der praktische Sinn und die Manager-
Qualitäten der Amerikaner aber bewährten sich auch in der
Kriegsführung. Was andere mit Massenheeren erreichten,
glichen sie mit Massen von Material aus. Wo andere Menschen opfern mußten, setzten sie Technik ein, vom Radar, der
tödlichen Waffe gegen deutsche U-Boote, bis zur Atombombe. Während andere noch an Traditionen hingen, wand-
ten sie sich, die nie eine Offizierklasse hatten, ganz dem praktischen Nutzen zu, vom Kampfanzug (nicht Uniform) über
den Jeep bis zu den Mehrzweckflugzeugen. Der moderne
Krieg verlangte, was die Amerikaner am besten können,
Technik, Organisation und Produktion großer Mengen. Und
indem sie diese Fähigkeiten nutzten, trieben sie die Moderni-
sierung des Krieges kräftig voran, was wiederum ihre militärische Überlegenheit steigerte. Mit der Atombombe begann
sogar ein neues Zeitalter der Strategie.

Die dritte Leistung erbrachte die Nation. In ihrer übergro-
ßen Mehrheit war sie gewohnt und gestimmt, sich auf sich

selbst zu beschränken und die Angelegenheiten anderer Kontinente anderen zu überlassen. Staat und Militär galten wenig, das eigene Wohlergehen gab den Maßstab. Auch dieser Krieg lag den meisten nicht nur geographisch fern, doch der Überfall auf Pearl Harbor brachte erstmals ins Bewußtsein, daß Amerika militärisch gefährdet werden könnte, und schuf ein Gefühl, daß es patriotische Pflichten gibt, denen man sich mit Anstand schwer entziehen kann. Mancher nutzte seine Beziehungen, um nicht in den Krieg zu müssen, viele aber meldeten sich freiwillig.

Weltmächte

Pazifizierung der Feinde

Nach ihrem zweiten Sieg verhielten sich Römer und Amerikaner anders als nach dem ersten. Im Jahr 241 war Karthago zwar erschöpft, aber nicht völlig besiegt, Rom begnügte sich daher mit der Abtretung strategisch wichtiger Inseln und einer Kriegskontribution. Deutschland war 1918 zwar am Ende seiner Kräfte, aber seine Armeen standen noch außerhalb des Landes. Wilson bemühte sich um einen Frieden versprechenden Frieden, der auch einem demokratischen Deutschland eine Einordnung in die Völkerfamilie ermöglichen sollte; als er damit scheiterte, überließ Amerika Deutschland und Europa sich selbst. Die zweiten Kriege endeten mit gänzlicher Entmachtung der Gegner, die gefährlicher geworden waren, Hannibal bedrohte Rom am Leben, Hitler erschien den Vereinigten Staaten als Bedrohung ihrer Lebensgrundlagen. Römer wie Amerikaner gingen entschlossen daran, ihre Feinde für immer unschädlich zu machen.

Spanien war die Basis der neuen karthagischen Macht gewesen, von dort hatte Rom einen Angriff zur See befürchtet und einen Angriff zu Lande erfahren, die Abtretung Spaniens wurde zur ersten, fast selbstverständlichen Friedensbedingung; Rom hatte es auch schon erobert und behielt es. Als es Scipio dann sogar gelang, Hannibal zu schlagen und damit

einen vollständigen Sieg zu erringen, diktierte er Karthago
einen Friedensvertrag, der es militärisch und politisch ent-
waffnete. Es mußte alle Elefanten und die Kriegsflotte bis auf
zehn kleinere Schiffe ausliefern und durfte außerhalb Afrikas
keinen Krieg mehr führen und in Afrika nur mit römischer
Erlaubnis. Außerdem sollte es fünfzig Jahre lang Reparationen zahlen. Die Karthager behielten ihr Land und die Hoheit
über die untertänigen Städte in Afrika, aber als ihre Kriegsflotte aufs Meer hinausgefahren wurde und dort in Flammen
aufging, sollen sie getrauert haben, als brenne ihre Stadt nieder. Sie durften weiter Handel treiben, aber als politische Größe
gab es sie nun nicht mehr, sie mußten noch dankbar sein, daß
sie keine römische Besatzung aufzunehmen brauchten.

Die Vereinigten Staaten bestanden schon während des Krieges darauf, daß Deutschland und Japan bedingungslos kapitulierten; sie wollten, gemeinsam mit England und der Sowjetunion, die volle Verfügungsgewalt über die gefährlichen und
schwer niedergerungenen Feinde haben, um dafür sorgen
zu können, daß sie nie wieder Feinde würden. Sie verfuhren
dabei wie die Römer gegenüber Karthago und begnügten sich
nicht mit der vollständigen militärischen Entwaffnung, sondern verpflichteten die Besiegten auch rechtlich, in alle Zukunft Frieden zu halten. Die Römer verboten Karthago im
Friedensvertrag jede selbständige Kriegsführung, die Amerikaner schrieben in die Verfassung Japans, daß es für »ewig«
auf das »souveräne Recht« zur Kriegführung verzichte; das
Grundgesetz der Bundesrepublik verbietet die Vorbereitung
eines Angriffskrieges; das entsprach der Ausdrucksweise der
Nürnberger Prozesse.

Römer wie Amerikaner folgten dann der alten Großmacht-
erfahrung, daß Vertrauen gut, Kontrolle aber besser ist. Die
Kontrollmethoden unterschieden sich. Als die Karthager ihre
Reparationen vorfristig abzahlen wollten, lehnte der Senat
ab, der Besiegte sollte möglichst lange tributpflichtig bleiben.
Vor allem setzte Rom der entmündigten Stadt einen ständigen Aufpasser in den Nacken. Der Numiderkönig Massinissa

schuf sich mit römischem Rückhalt einen kräftigen Staat, den er durch Okkupation karthagischen Gebiets beharrlich und fintenreich vergrößerte. Da sich die Karthager militärisch nicht zur Wehr setzen durften, ohne Rom um Erlaubnis zu fragen, mußten sie Rom immer wieder als Schiedsrichter in den ewigen Grenzstreitigkeiten anrufen, und so blieben sie in Abhängigkeit und bekamen fast niemals Recht, weil der Senat fast immer zugunsten Massinissas entschied. Der Friedensvertrag sicherte ihnen zwar zu, nach ihren »Gesetzen« und »Sitten« leben zu dürfen, aber als Hannibal 196 zum Sufeten, vergleichbar dem römischen Konsul, gewählt worden war und daranging, die oligarchische Verfassung zu ändern, intervenierte Rom, und Hannibal floh ins Exil.

Die Amerikaner betrachteten die Form der Verfassung sogar als Schlüsselfrage: Deutsche und Japaner würden künftig nur dann Frieden halten, wenn sie Demokraten würden. Das verlangte die Austreibung von Nazismus und Militarismus, Bestrafung der Kriegsverbrecher, gründliche »Umerziehung« beider Völker, demokratische Verfassungen. Aber auch das genügte zunächst noch nicht. Anders als Karthago erhielten Deutschland und Japan eine Militärregierung und militärische Besatzung.

Auch die Ergebnisse, die Römer und Amerikaner erzielten, sahen sehr ähnlich aus. Karthago, Deutschland in seinem westlichen Teil und Japan erholten sich erstaunlich bald, wuchsen zu wirtschaftlichen Riesen, blieben aber politische Zwerge. In ihre inneren Angelegenheiten mischten sich Rom und Washington mit der Zeit kaum mehr ein, achteten aber sorgfältig auf außenpolitische Folgsamkeit. Zwei Tage nach Pearl Harbor hatte Roosevelt gesagt, Amerika werde nicht nur den Krieg, sondern auch den Frieden gewinnen, der Satz bewahrheitete sich für Rom wie für die Vereinigten Staaten: Vor diesen Feinden hatten sie endgültig Ruhe, Amerika gewann sogar zwei treue Verbündete.

Überragende Macht

Mit dem Ende des Zweiten Punischen und des Zweiten Weltkrieges begann eine andere Zeit. Nicht nur die Besiegten, Karthago, Deutschland und Japan, verließen die Weltbühne, auch
die verbliebenen Großmächte gerieten, wenn auch nicht überall bemerkt, ins zweite Glied. Rom und Amerika rückten ins erste, sie wurden die unerreichbar mächtigsten Staaten der Welt –
darin liegt die historische Bedeutung beider Kriege und ihre
(einzige) Gemeinsamkeit: Sie bildeten für Römer und Amerikaner die entscheidende Station auf dem Wege zur Weltmacht.

Weitsichtige Griechen haben die Macht Roms und deren
Folgen früh vorausgesehen. Schon im Jahr 217, lange vor
Roms Sieg über Karthago, warnte ein ätolischer Politiker vor
der »Wolke im Westen«: Wer auch immer im großen Kampf
zwischen Rom und Karthago siege, er werde sich nicht mit
der Herrschaft über Italien und Sizilien zufriedengeben. Die
Griechen müßten ihre Streitereien untereinander wenigstens
jetzt einmal zurückstellen, auch König Philipp (von Makedonien) solle die Hellenen als Blut von seinem Blut betrachten
und sie schützen, denn sonst, schloß der Ätoler Agelaos, »bin
ich in schwerer Sorge, daß die Waffenstillstände, die Kriege
und alle die Kinderspiele, die wir jetzt miteinander treiben,
uns gründlich ausgetrieben werden«. Einige Jahre später
beschwor der Akarnane Lykiskos eine Erinnerung, die alle
Griechen einte: Aus dem Westen drohe durch die Römer das
gleiche wie seinerzeit aus dem Osten durch die Perser, eine
Fremdherrschaft der Barbaren (Polybios 5,104; 9,32).

Amerika ging als einziger Kriegsteilnehmer unbeschädigt
aus dem Zweiten Weltkrieg hervor. Alle anderen waren fast
zu Tode erschöpft, Amerika war gestärkt. Alle anderen waren
verarmt, Amerika war reicher geworden. Europa, auch die
zweite Siegermacht Sowjetunion, hatte unendliche Verwüstungen erlitten, allein Amerika war ohne die geringste Zerstörung in seinem Land davongekommen. Alle anderen mußten ihre Städte wiederaufbauen und ihre Wirtschaft in Gang
bringen, nur Amerika konnte anderen helfen.

Eine Epoche war zu Ende gegangen. Jahrhundertelang hatte Europa die Welt teils beherrscht, teils bestimmt, jetzt war nach einem zweiten selbstmörderischen Krieg seine Kraft verbraucht. Um von Hitler befreit zu werden, bedurfte es zweier halbeuropäischer Großstaaten, Amerikas und der Sowjetunion. Das einstige Machtzentrum der Welt hatte sich in ein Machtvakuum verwandelt, das die Befreier füllen mußten. Auf gleicher Höhe wie Amerika stand nur noch die Sowjetunion, aber auch das nur militärisch und ohne die Atombombe, über die am Ende des Krieges allein Amerika verfügte. Ein ähnliches Vakuum war in Ostasien entstanden. Der japanische Krieg hatte viel zerstört, China stark geschwächt, die europäischen Kolonialherren von Java bis Burma verjagt. Erst die Vereinigten Staaten hatten Japan überwunden, sich dort eine feste Stellung geschaffen und bildeten nun die einzige handlungsfähige Kraft in der ganzen Region.

Rom und Amerika waren Weltmächte geworden, aber waren sie reif für die Weltpolitik? Nach dem Ersten Punischen und dem Ersten Weltkrieg waren sie es nicht, in den zweiten Kriegen hatten sie jedoch viel gelernt. Ihr Horizont erweiterte sich auf die gesamte Welt ihrer Zeit. Römische Heerführer, Offiziere und Soldaten kamen nach Spanien, Afrika und Griechenland, sie trafen auf Völker, deren Namen sie kaum kannten. Amerikanische Heerführer, Offiziere und Soldaten lernten alle Kontinente kennen, die einen Nordafrika und Italien, andere England, Frankreich und Deutschland. Einige wurden in Australien stationiert, andere bewachten Island, Grönland und die Aleuten. Eine Division focht in Burma, andere kämpften sich durch die Dschungel und Berge Neuguineas und der Philippinen voran und besetzten schließlich Japan. Piloten flogen Transporte von Indien über den Himalaja nach China, wo amerikanische Offiziere Tschiang Kaischek berieten. Siebeneinhalb Millionen amerikanische Soldaten befanden sich 1945 in Übersee.

Wichtiger waren die politischen Erfahrungen. Scipio mußte spanische Stammesfürsten gewinnen und zwischen numidischen Königen lavieren. Gegen König Philipp von Makedonien brachten römische Gesandte und Kommandeure bunte Bündnisse zustande: mit den eroberungssüchtigen Ätolern sowie mit Spartanern und Messeniern, dann mit den Barbaren im Norden Makedoniens, schließlich mit König Attalos von Pergamon. Sie mußten sich mit den Diplomaten aus Rhodos und Ägypten auseinandersetzen, die Roms Krieg mit Philipp zu beenden suchten, und brauchten die Hilfe der Epiroten, um ihn zu beenden.

Die Vereinigten Staaten trugen die Last ihrer Stärke und ihres Reichtums. Man müsse in »fünf Kontinenten und sieben Meeren« denken, schrieb Roosevelt im Januar 1941, um die Probleme zu erfassen, vor denen Amerika stehe, es waren strategische, wirtschaftliche, politische und versorgungstechnische Probleme. Die Vereinigten Staaten waren den Wünschen, Forderungen und Erpressungen ihrer Alliierten ausgesetzt, mußten zwischen extrem schwierigen Verbündeten vermitteln, dem eigenwilligen Churchill, dem undurchschaubaren Stalin, dem monomanen Tschiang Kai-schek, dem penetranten de Gaulle; selbst Kanadier und Australier waren nicht immer einfach. Doch so verwirrend mühevoll sich das diplomatische Geschäft anließ, Römer und Amerikaner gewannen Weltkenntnis und Weltläufigkeit, sie machten aus Unerfahrenheit Fehler, aber sie lernten.

Vor allem gewannen sie Selbstbewußtsein. Alfred Heuss schrieb als Quintessenz des Zweiten Punischen Krieges: »Sich behaupten in Krisen ist immer zugleich Fortschritt.« Der gigantische Kampf hatte Rom zwar geschwächt in seinen Mitteln, aber gestärkt in seinen Möglichkeiten, es mußte viele Wunden heilen, wußte aber, daß es nun keinen Feind mehr zu fürchten brauchte. Polybios meinte, die Römer hätten nach dem Sieg über Karthago beschlossen, die ganze Welt zu unterwerfen. Die Absicht oder gar einen Plan hatten sie zweifellos nicht, Polybios neigt dazu, aus Ergebnissen auf Motive zu schließen, dennoch teilt er eine wichtige Beobachtung mit, die er aus Gesprächen mit Zeitzeugen der führenden Familien gewonnen haben kann: Mit dem Sieg über seinen größten Feind wurde Rom sich seiner Kraft bewußt.

Als die Vereinigten Staaten in den Zweiten Weltkrieg eintraten, fiel ihnen, außer in der Sowjetunion und China, fast automatisch die Führung zu. Auch England, das lange die Hauptlast des Kampfes trug, geriet in die Rolle des Juniorpartners. Amerika hatte alles und konnte alles herstellen, was gebraucht wurde. Den Sieg über Japan erkämpfte es fast allein, den Oberbefehl bei den Feldzügen in Europa erhielt der amerikanische General Eisenhower. Churchill hatte großes Gewicht bei den Planungen und Entscheidungen, aber das letzte Wort hatte Roosevelt, und je länger der Krieg dauerte, desto mehr. Als de Gaulle militärische und politische Extratouren ritt, sogar italienisches Gebiet, einen Teil des Aostatals, besetzte und zu annektieren versuchte, brachte ihn Präsident Truman zur Raison, indem er den französischen Truppen den Nachschub zu sperren drohte. Andererseits waren es die Amerikaner, die de Gaulle erlaubten, an der Spitze einer französischen Panzerdivision als erster in Paris einzuziehen. Gunst und Strafe – wo so viel Macht war, mußte sich viel Machtbewußtsein einstellen.

Anders als die Römer gingen die Amerikaner im sicheren Gefühl ihrer Kraft daran, für die Nachkriegszeit zu planen. Roosevelt begnügte sich nicht damit, die Störenfriede zur Ruhe zu zwingen, er wollte eine Ordnung für die Welt schaffen, die Störenfrieden keine Chance ließ und die amerikanischen Interessen weltweit zur Geltung bringen sollte. Schon im August 1941, also vor Eintritt der Vereinigten Staaten in den Krieg, verkündete der Präsident gemeinsam mit Churchill den Vorläufer der UN-Charta, die Atlantik-Charta. Deren Grundsätze entsprachen den amerikanischen Vorstellungen von Selbstbestimmung, friedlicher Weltordnung und -organisation, freiem und gleichem Zugang zum Welthandel und zu den Rohstoffquellen, wobei klar war, daß die größte Wirtschaft den ungleich größten Vorteil von dieser Freiheit haben werde. Schon 1944, also noch während des Krieges, etablierte Roosevelt den Dollar als internationale Leit- und Reservewährung. Schon Ende April bis Ende Juni 1945, während Deutschland erst kapitulierte und Japan noch kämpfte, wurde die Satzung der Vereinten Nationen ausgearbeitet und verabschiedet. All das fand in Amerika statt: 1941 auf einem amerikanischen Schlachtschiff vor Neufundland, 1944 in Bretton Woods, 1945 in San Francisco, und im selben Jahr erhielt Amerikas Schöpfung für die Zukunft der Welt, die Vereinten Nationen, ihren Sitz in New York.

5. Die Besetzung der Gegenküsten

Nichts war im Rom des Jahres 201 weniger zu erwarten als der Beschluß zu einem neuen großen Krieg. Nichts brauchte Land und Leute mehr als die Heilung der tiefen Wunden, die der Kampf mit Hannibal geschlagen hatte. Das Volk feierte begeistert den Triumph des Siegers Scipio, doch als es schon im nächsten Jahr einen Krieg gegen Philipp von Makedonien beschließen sollte, lehnte die Volksversammlung den Antrag mit überwältigender Mehrheit ab. Nach siebzehn Jahren Krieg im eigenen Land, dem opferreichsten, den Rom je führte, sollte Ruhe sein und Frieden.

Nichts war im Amerika des Jahres 1945 weniger zu erwarten als die Aufnahme eines neuen Kampfes, der nicht weniger gefährlich werden konnte als der Kampf gegen Deutschland und Japan. Nichts wünschten die Amerikaner so dringend wie die Heimkehr ihrer Soldaten. »Die Geschichte«, schrieb Präsident Truman in seinen Memoiren, »kennt kein anderes Volk, das, einmal die Gefahr vorüber, der militärischen Lebensweise so schnell überdrüssig wird.« Truman schilderte dann den wachsenden Druck, unter den er geriet: »Briefe von Eltern baten um die Entlassung einzelner Soldaten, und Organisationen baten um die Entlassung ganzer Gruppen. Die Kongreßmitglieder wurden von ihrer Wählerschaft mit Briefen und Telegrammen bombardiert« und bombardierten dann ihrerseits die Regierung. Der Präsident versuchte zu beschwichtigen: Knapp vier Wochen nach der Kapitulation Japans seien die Entlassungen außerordentlich gesteigert worden, von 4200 Mann täglich auf 15200. »Es kehrten mehr als 650 Mann pro Stunde ins bürgerliche Leben zurück.« Die Statistik näherte sich der Groteske, und das Tempo entsprach »nicht mehr einer planmäßigen Demobilierung, sondern eher einer Auflösung unserer Streitkräfte«.

Freiheit für Hellas

Dennoch nahmen Römer und Amerikaner sogleich eine neue, schwere Auseinandersetzung auf sich, die einen mit Philipp von Makedonien, die anderen mit Stalins Sowjetunion. Die Römer waren schon Jahrzehnte vorher in die Interessenzone der makedonischen Könige geraten, als sie die Seeräuberei in der Adria bekämpften und dann Teile Illyriens in ihre Abhängigkeit brachten und griechische Adria-Gemeinden in ihre Obhut nahmen. Ihr früherer Günstling Demetrios von Pharos war von ihnen aus seiner illyrischen Herrschaft vertrieben worden, an den Hof Philipps geflohen, dort zum Vertrauten und Ratgeber des Königs aufgestiegen. Er hetzte zum Krieg gegen die Römer. Philipp V. war jung, ehrgeizig und von unstillbarem Tatendrang getrieben. Als Rom nach der Niederlage bei Cannae auch politisch geschlagen schien, schloß er ein Bündnis mit Hannibal und sicherte sich als Siegesbeute die römischen Gebiete in Illyrien. Der König tat, was man in Rom nicht vergaß, er nutzte die schwächste Stunde der Stadt und verband sich mit ihrem schlimmsten Feind. Zur Katastrophe von Cannae war für die Römer noch ein zweiter Krieg gekommen, und beim Friedensschluß mit Philipp im Jahr 205 hatten sie Zugeständnisse machen müssen, weil der Kampf mit Hannibal Vorrang verlangte. Nach römischem Verständnis war hier noch eine Rechnung offen, und das Selbstverständnis der Großmacht forderte eine Begleichung.

Doch das war nicht alles. Im Sommer 201 kamen Gesandte des König Attalos von Pergamon und der Inselrepublik Rhodos nach Rom. Beide Staaten führten Krieg gegen Philipp, aber sahen sich nicht in der Lage, ihn zu besiegen, und baten den Senat um Hilfe. Der Makedone wütete in der Ägäis und eroberte griechische Städte, versklavte in Kios sogar dessen Einwohner und versuchte vor allem, den Bosporus und damit den Zugang zum Schwarzen Meer in seine Gewalt zu bekommen, was die Handelsinteressen von Rhodos bedrohte. All das ging Rom nichts an. Während des Hannibalischen Krieges hatte es sich zwar in die Wirrnis der hellenistischen Politik begeben und sich mit Attalos verbündet, aber nur weil es Alliierte gegen Philipp brauchte.

Die Gesandten brachten dem Senat jedoch eine Neuigkeit. Von den drei Großmächten im Osten war eine, das ptolemäische Ägypten, im Inneren schwach und nach außen handlungsunfähig geworden, das wußte man auch in Rom. Nicht bekannt war dort aber das Geheimabkommen, das die beiden anderen Großmächte, Philipp und Antiochos III., der Herrscher über Vorderasien, geschlossen hatten, um sich der großen Außenbesitzungen Ägyptens zu bemächtigen. Für den Senat war dabei nur eines interessant: Die beiden stärksten Staaten der politisch bekannten Welt hatten sich zusammengetan, damit war eine Machtkonzentration entstanden, die Rom zu beachten hatte. Das traf zwar nicht zu, denn das Geheimabkommen diente lediglich dem Zweck, einander bei der Ausraubung Ägyptens nicht zu behindern, im übrigen gingen Philipp und Antiochos eigene Wege. Aber das konnte der Senat kaum erkennen, und die Gesandten aus Pergamon und Rhodos werden mit den grellsten Farben eine Gefahr ausgemalt haben, die nicht nur sie, sondern über kurz oder lang auch Italien bedrohen werde. Der alte Sicherheitsinstinkt der Römer wurde geweckt, der gebot, Gefahren zu ersticken, auch wenn sie sich erst fern am Horizont zeigen.

Für den Senat kam also zweierlei zusammen, die offene Rechnung mit Philipp und die Möglichkeit, daß Philipp ge-

meinsam mit dem mächtigen Antiochos – er galt als zweiter Alexander – zu einer Bedrohung würde. Was von beidem
stärker wirkte, bleibt unklar. Doch ob die Alarmnachricht der
Pergamener und Rhodier den entscheidenden Kriegsgrund
bildete oder nur einen willkommenen Anlaß und Vorwand,
ohne diesen Anstoß von außen hätte sich Rom kaum zum
Kampf gegen Makedonien entschlossen. Ende des Jahres 201,
nach Anhörung der griechischen Gesandten, bereitete sich
der Senat auf den Krieg vor, indem er dafür sorgte, daß einer
der wenigen Kenner des Ostens, Publius Sulpicius Galba,
zum Konsul des Jahres 200 gewählt wurde. Beim zweiten
Versuch gelang es dann auch, das Volk zum Krieg zu überreden.

Im ersten Kampf mit Philipp war es nur darum gegangen,
die Makedonen von Italien fernzuhalten und, soweit möglich,
auch von den römischen Klientelstaaten an der Adria, jetzt
aber mußte Rom den König niederzwingen. Dafür genügte es
nicht, Legionen zu schicken; in der komplizierten Vielstaa-
ten-Welt des Ostens war es nötig, das Unternehmen politisch
abzusichern. Die ersten Schritte des Senats erinnern an die
Art und Weise, wie die Präsidenten Bush senior und junior
den Golfkrieg und den Krieg gegen den Terrorismus in Afghanistan einleiteten. Auch sie wollten in eine ferne, fremde,
schwer berechenbare Region vorstoßen und bemühten sich
als erstes, eine Koalition zu schaffen und Sympathisanten des
Gegners zum Stillhalten zu bewegen. Eine römische Gesandtschaft ging nach Athen, traf dort mit Attalos von Pergamon
zusammen, versuchte, den Achäischen Bund auf der Peloponnes auf die Seite Roms zu bringen, was mißlang, reiste weiter
nach Rhodos und von dort zu den Königen von Ägypten und
Syrien, um deren Neutralität zu erreichen. Auf Rhodos erfuhren die Gesandten, daß Philipp an den Dardanellen die
Stadt Abydos belagerte. Ihr Auftrag gebot, mit dem König
persönlich zu verhandeln, deshalb unterbrachen sie die Reise,
aber fuhren nicht zu Philipp, sondern blieben in Rhodos und
schickten nur ihren jüngsten Mann zu ihm nach Abydos. Zu

verhandeln gab es nichts, der Krieg war beschlossen, es sei
denn, der König kapitulierte.

Der junge Marcus Aemilius führte das Gespräch mit bei-
spielhafter römischer Arroganz. Er erklärte die Forderungen
des Senats: Mit keinem Griechen mehr Krieg führen, auf
keine ägyptische Besitzung die Hand legen, einem Schieds-
gericht sich unterwerfen für das Unrecht, das er an Attalos
und den Rhodiern begangen habe. Wenn er die Forderungen
erfülle, werde er Frieden haben mit Rom, sonst Krieg. Philipp
setzte an zu erklären, die Rhodier hätten ihn, nicht er die
Rhodier angegriffen, doch Aemilius unterbrach ihn: »Und
was war mit Athen, was mit Kios, was ist jetzt mit Abydos,
die hast du angegriffen.« Der König wich aus: Er verzeihe die
anmaßende Rede, und zwar aus drei Gründen: Erstens weil
Aemilius noch jung sei und politisch unerfahren, zweitens
weil er der schönste Mann sei, der ihm je begegnete, drittens
und vor allem weil er ein Römer sei.

Den Krieg führte Rom zunächst ohne Energie und ohne Erfolge. Das wurde erst anders, als Titus Quinctius Flamininus
auf den Plan trat, ein Vertreter einer neuen Generation, vergleichbar mit Scipio. Auch Flamininus kam aus dem ältesten,
patrizischen Adel, bestach durch seine Persönlichkeit, über-
sprang in der Ämterlaufbahn zwei Stationen, den Ädil und
den Prätor, und wurde mit knapp dreißig Jahren Konsul. »Es
war ein Glück für die Römer«, schrieb Plutarch, daß sie Flamininus für den Kampf gegen Philipp hatten, weil hier »mit
gewinnenden Worten und freundlichem Wesen« viel mehr
auszurichten war als »mit Krieg und Gewalt«. Flamininus
konnte beides, Krieg führen und die Griechen an die Seite
Roms ziehen. Ihm gelang, was seine Vorgänger nicht ver-
mocht hatten, der Durchbruch durch die Schluchten des ge-
birgigen Epiros nach Thessalien, wo er im nächsten Jahr (197)
Philipp in offener Feldschlacht schlug. Die beweglichen For-
mationen der Römer überwanden die starre Phalanx der Makedonen, eine kriegsgeschichtliche Wende mit historischen
Folgen.

Doch zu siegen genügte nicht. Die Römer galten bei den
Griechen als Barbaren, die wie eine drohende Wolke über
Hellas hingen, und als Barbaren hatten sie sich im ersten
Krieg gezeigt, den sie wie einen Beutezug führten im Bunde
mit den Ätolern, den größten Räubern unter den Griechen.
Um nicht nur gegen Philipp, sondern auch für Rom Stimmung zu machen, mußten sie sich anders benehmen. Flamininus wußte das, und er war, noch wichtiger, ein Freund der
Hellenen. Er sprach fließend griechisch, verehrte die griechische Kultur und setzte sich noch in späten Jahren, als er kein
Amt mehr hatte, für griechische Wünsche ein. Wie kein anderer vertrat, ja verkörperte er im Jahr 198 Roms Programm,
die Hellenen vom Joch der Makedonen zu befreien.

Als Philipp um Frieden bat, bekam er ihn zu römischen Bedingungen. Er mußte auf alle griechischen Eroberungen in
Europa und Asien verzichten, 1000 Talente Kriegsentschädi-
gung zahlen, einen Sohn als Geisel stellen und die Flotte ausliefern, nur fünf Schiffe durfte er behalten. Die römische
Insel war sicher vor dem Osten, und Makedonien, das einst
Asien bis zum Indus erobert hatte, schied für immer aus der
Reihe der Großmächte aus. Sein König, früher ungestüm und
eroberungssüchtig, verstand die Zeichen der Zeit und verzichtete auf Herrschaft über Griechenland, wie seine Vorfahren sie fast anderthalb Jahrhunderte ausgeübt hatten. Rom
trat an seine Stelle. Es hatte Macht über ganz Hellas und
mußte entscheiden, was es mit dieser Macht anfangen sollte.

Der Senat hatte zwei Gesichtspunkte zu beachten. Der
Krieg war in Namen der griechischen Freiheit geführt worden, das gebot, den Griechen die Freiheit zu geben; aber im
Osten drohte durch König Antiochos, der sich Europa näherte, ein neuer Krieg, der verlangte, in Griechenland dafür
Vorsorge zu treffen. Politische Glaubwürdigkeit stand gegen
militärische Notwendigkeit. Der Senat entschied, allen Griechen in Europa und Asien die versprochene Freiheit zu gewähren, ließ aber offen, was mit den drei Festungen geschehen solle, mit denen die Makedonen Griechenland »gefesselt«

hatten. Eine Zehnerkommission des Senats müsse die Frage
an Ort und Stelle prüfen. Im Blick auf Antiochos wollte die
Kommission die Kontrollposten behalten, Flamininus widersprach: Wir können Vertrauen nur schaffen, wenn wir allen
die Freiheit geben.

Die Griechen hatten weit über hundert Jahre lang erlebt,
wie ein mächtiger König nach dem anderen Einfluß oder sogar Herrschaft über sie zu gewinnen versuchte, jeweils mit
der Proklamation der griechischen Freiheit. Die Parole war
verbraucht, und die Erfahrung sprach für die Annahme, daß
man auch diesmal nur den Herrscher wechseln und Rom sich
dort festsetzen werde, wo früher die Makedonen saßen. Bei
den Isthmischen Spielen im Frühsommer 196 sollte bekannt
gemacht werden, was die Römer beschlossen hatten; fast alles, was Rang und Namen hatte, strömte nach Korinth. »Die
unterschiedlichsten Gerüchte schwirrten hin und her, alle
möglichen Vermutungen wurden laut. Manche erklärten es
für unmöglich, daß die Römer die entscheidenden Plätze räumen würden; einige versicherten, sie würden zwar die berühmten Orte aufgeben, aber andere behalten, die weniger
bekannt, strategisch jedoch wichtig seien. Sie konnten diese
Plätze sogar genau benennen, als ob sie alle im Rat gesessen
hätten; einer wußte es besser als der andere. So tappte alles
noch im Dunkeln, als sich die Menge im Stadion zu den Fest-
spielen versammelte. In diesem Augenblick trat der Herold
vor, gebot durch einen Trompetenstoß Schweigen und verlas
die Botschaft: ›Der römische Senat und der Proconsul und
Imperator Titus Quinctius verkünden, nachdem sie Philipp
und die Makedonen besiegt haben: Wir geben Freiheit und
Selbstverwaltung, ohne Besatzungen hineinzulegen, ohne
Tributzahlungen zu fordern, den Korinthern, Phokern, Lo-
krern, Euboeern, phthiotischen Achäern, Magneten, Thessa-
lern, Perrhaebern‹.« Das hieß Freiheit für alle makedonisch
beherrschten Städte und Völkerschaften, auch für die drei
makedonischen Kontrollposten. »Sogleich erhob sich ein ge-
waltiger Beifall. Aber manche hatten die Botschaft nicht ge-

hört, manche wollten sie noch einmal hören, die meisten aber mochten ihren Ohren nicht trauen und meinten, sie hätten geträumt. Ein neues Geschrei setzte ein: der Herold solle alles noch einmal wiederholen. Als der Herold zum zweiten Mal erschien, wieder durch Trompetenstoß den Lärm zum Schweigen brachte und dasselbe wie vorher mit denselben Worten verkündete, da brach ein derartig ohrenbetäubender Lärm los, daß es unmöglich ist, dem heutigen Leser eine Vorstellung davon zu geben« (Polybios 18,46).

Die Römer hielten Wort. Die allgemeine Freiheitserklärung mußte in Einzelverfügungen umgesetzt werden: Welche Stadt bekam welche Rechte und welche Grenzen für ihr Gebiet; welche Ansprüche der Städtebünde waren zu erfüllen oder zu verweigern? Viele Streitigkeiten mußten entschieden werden; ein Feldzug gegen den spartanischen Tyrannen Nabis wurde nötig, der die Peloponnes unsicher machte. Darüber vergingen zwei Jahre, dann inszenierte Flamininus feierlich und wirkungsvoll seinen Abschied. Wiederum in Korinth hielt er vor den Vertretern ganz Griechenlands eine Rede, rühmte die Wohltaten der Römer und bewies sie, indem er vor aller Augen die römische Besatzung aus der Festung Akrokorinth abziehen ließ. Das gleiche wiederholte er bei den beiden anderen einst makedonischen Zwingburgen Chalkis und Demetrias, und ging dann mit Heer und Flotte zurück nach Italien.

Er brachte Massen von Gold, Silber und Kunstschätzen nach Rom, die er in einem dreitägigen Triumph vorführte, aber kein römischer Soldat blieb auf griechischem Boden. Rom hatte sich bemüht, dort Verhältnisse zu schaffen, die den Wünschen der Griechen entsprachen. Sie sollten einig sein, mahnte Flamininus in seiner Abschiedsrede, dann könne kein König und kein Tyrann Macht über sie gewinnen; Rom habe ihnen die Freiheit gegeben, nun sei es ihre Aufgabe, die Freiheit zu bewahren und zu schützen. Das war weniger idealistisch als egoistisch gedacht: Eine gute Friedensordnung in Griechenland sollte Italien vor Störung und Bedrohung aus dem Osten sichern.

Demokratie für Westeuropa und Ostasien

In Amerika herrschte nach dem Zweiten Weltkrieg eine ähnliche Stimmung wie nach dem ersten: Die Soldaten schnell nach Hause holen, überseeische Verpflichtungen abbauen, die Wirtschaft auf zivilen Bedarf umbauen, rigoros sparen, um den Haushalt in Ordnung zu bringen, und Frieden in der Welt mit Hilfe einer Weltorganisation schaffen und sichern, damals mit dem Völkerbund, jetzt mit den Vereinten Nationen.

Im Mai 1945 standen dreieinhalb Millionen amerikanische Soldaten in Europa, im März 1946 waren es noch 410000, die vor allem zur Kontrolle Deutschlands gebraucht wurden. Länger als zwei Jahre, sagte Roosevelt in Jalta zu Stalin, werde der Kongreß wahrscheinlich Truppen in Europa nicht dulden. Auch die Einsicht, daß militärische Stärke weiterhin nötig war, stieß auf die Entschlossenheit des republikanisch beherrschten Kongresses, lieber zu sparen als zu rüsten: die Wehrpflicht erschien zu teuer und die Mittel für die militärische Forschung zu hoch.

Die Erwartung, mit Hilfe der Vereinten Nationen einen stabilen Weltfrieden zu schaffen, hielt nicht lange an, denn es wurde für Amerikaner, überhaupt für westliche Regierungen, immer schwieriger, sich mit der Sowjetunion zu verständigen. Einiges gelang jedoch. Anfang 1947 konnten mit Italien, Ungarn, Rumänien, Bulgarien und Finnland Friedensverträge unterzeichnet werden; die Grenzen, welche die vier großen Siegermächte festlegten, gelten noch heute. Über Deutschland zerstritten sich die Vier, jedoch mit einer, wesentlichen, Ausnahme. Sie blieben sich einig über das Ziel, für das sie den Krieg geführt hatten: Nazismus und Militarismus sind auszurotten, Deutschland darf nie wieder eine Gefahr für den Frieden werden. Diese Gemeinsamkeit überdauerte den Kalten Krieg; sogar auf dessen Höhepunkt im Jahr 1959 sagte John Foster Dulles, Außenminister und einer der kältesten kalten Krieger, zu Willy Brandt: »Die Russen und wir mögen uns über tausend Dinge uneinig sein. Doch über eines

gibt es zwischen uns keine Meinungsverschiedenheit: Wir
werden nicht zulassen, daß ein wiedervereinigtes, bewaff-
netes Deutschland im Niemandsland zwischen Ost und West
umherirrt.« Noch 1990 bei der Vereinigung Deutschlands
folgten Amerikaner und Russen diesem Grundsatz.

Seit dem Beginn des Jahres 1946 wandelte sich in Washington das Bild der Sowjetunion, die Unterschiede in Auffassung
und Interessen überwogen die Gemeinsamkeiten, und allmählich wuchsen die Unterschiede zu Gegensätzen. Noch
1945 hatte Roosevelt mit Blick auf Stalin gesagt: »Es gibt nur
eine Möglichkeit, einen Freund zu bekommen, selbst einer zu
sein.« Sein Nachfolger Harry S. Truman vermochte der schö-
nen Maxime nicht mehr zu folgen, zu rabiat erschien ihm Stalins Art, sich Vorteile zu verschaffen. Im sowjetisch eroberten
Teil Europas schuf er vollendete Tatsachen, im Iran hielt
er sich nicht an den vereinbarten Truppenrückzugstermin,
die Türkei bedrängte er, um Kontrolle über den Zugang vom
Schwarzen zum Mittelmeer zu gewinnen, den Norden Griechenlands beherrschten kommunistische Partisanen, die Regie
führte allerdings Tito, den Stalin zu bremsen versuchte, aber
das wußte man in Washington nicht. Dort sah man auch mit
großer Sorge auf Frankreich und Italien, wo starke kommunistische Parteien, eng verbunden mit Moskau, zur Macht
drängten. Die Deutschen, eben noch Hitlers Gefolgsleute,
erschienen unberechenbar. Und vielleicht das Schlimmste:
Der Krieg hatte Europa verelendet. Nach einem Besuch dort
brachte ein amerikanischer Politiker seine Eindrücke auf einen
einzigen Begriff: »Armut, Armut, Armut«.

Vor allem war es den Amerikanern immer weniger möglich,
sich mit Moskau über eine gemeinsame Politik in Deutschland und in Österreich zu einigen. »Wenn man Rußland nicht
die eiserne Faust zeigt und die stärkste Sprache spricht, werden wir einen neuen Krieg erleben«, sagte Truman schon am
5. Januar 1946. »Es gibt nur eine Sprache, die die Russen verstehen, nämlich: Wie viele Divisionen habt Ihr?« Im September 1946 enttäuschte Außenminister James F. Byrnes Stalins

Hoffnung, die amerikanischen Truppen würden nach zwei Jahren Europa verlassen: Sie würden ebenso lange in Deutschland bleiben wie die Truppen der anderen Besatzungsmächte.

Statt gemeinsame Lösungen mit Moskau zu suchen, schien es nötig, eine Abwehrfront gegen Moskau aufzubauen. Tatsachen und Expertenurteile verdichteten sich zu der festen Vorstellung, die Sowjetunion sei ihrem Wesen nach expansiv, wenn man ihr nachgebe, ermutige man sie zu weiteren Forderungen. Das ABC der sowjetischen Außenpolitik, meinte Truman im April 1947, sei, »die Expansion des Kommunismus in dem hilflosen Europa«.

Das Schreckbild entsprach nur zu Teilen der Wirklichkeit, doch der Präsident war fest überzeugt davon und fest entschlossen, die Gefahr einzudämmen. Containment, Eindämmung, wurde zum Programm der amerikanischen Rußlandpolitik, die ein eigener Planungsstab unter der Leitung des Rußland-Kenners George Kennan ausarbeitete. Eine große Debatte, wie Roosevelt sie im Krieg zu bestehen hatte, blieb Truman erspart. Der Isolationismus hatte nicht mehr die Kraft wie damals, aber lebte noch. Der Präsident ging vorsichtig zu Werke, versicherte sich zunächst der Unterstützung gleichgesinnter Parlamentarier, vor allem des republikanischen Senators Vandenberg, der einst selbst isolationistisch dachte.

Den öffentlich erkennbaren Beginn einer neuen Politik ermöglichte ein Hilfegesuch der Engländer, die nicht mehr die Mittel hatten, Griechenland gegen die kommunistischen Partisanen zu stützen. Wie in der Karibik und im Atlantik lösten die Vereinigten Staaten auch im Mittelmeer die Seemacht England ab. Sie taten es in der Sorge vor einer umfassenden Bedrohung: Wenn Griechenland verlorenginge, müßte »auch die Türkei zu einem unhaltbaren Außenposten inmitten einer kommunistischen See werden«. Und nicht nur das: Wenn Amerika die Türkei und Griechenland nicht sicherte, müßte »das im ganzen Nahen und Mittleren Osten wie auch in Italien, Frankreich und Deutschland stärkste Rückwirkungen zeitigen«, meinte Truman und folgerte: »Untätigkeit,

Rückzug auf die ›Festung Amerika‹, Isolationismus – all das konnte nur ein Ergebnis haben, nämlich Rußland riesige Ländermassen in den Rachen zu werfen.«

Von Stalin, so schien es, drohte das gleiche wie von Hitler: ein totalitär beherrschtes Europa, das dem freien Welthandel entzogen wäre, keine Demokratien mehr hätte und der Sowjetunion so große Macht schüfe, daß sie Amerika selbst bedrohen könnte. Diesmal jedoch befand sich Amerika in besserer Lage, es mußte nicht erst mühsam den Atlantik überqueren, sondern stand schon in Europa. Wenn es jetzt wieder nach Hause ginge, könnte das bedeuten, noch ein drittes Mal kommen zu müssen.

Truman begnügte sich nicht mit Sicherheitsvorsorge. Er erweiterte die Hilfe für Griechen und Türken zu einem Hilfeversprechen für alle, die sich vom Kommunismus bedroht fühlten, sei es von innen, sei es von außen, sei es in Europa, sei es sonst in der Welt. Er tat es im Stil seiner Vorgänger Wilson und Roosevelt. Probleme, die Amerika mit der Sowjetunion hatte, erhob er zu Problemen der ganzen Welt; regionale Konflikte, die mit Kommunisten zusammenhingen, beförderte er zu Gefahren für den Weltfrieden; und wie Roosevelt teilte er die Welt in »zwei große Richtungen«, eine demokratische, der Freiheit verpflichtete Lebensform und eine autokratische, die Freiheit unterdrückende. Im Rückblick auf seine »Truman-Doktrin« stellte er befriedigt fest: »Der Trennungsstrich war gezogen: Jede Nation hatte von jetzt an zwischen den beiden Lebensformen zu wählen.«

Ohne Ideologisierung hätte der Präsident seine Politik nur schwer oder vielleicht gar nicht im Kongreß durchsetzen können. Aber nur um Taktik handelte es sich nicht, die Dämonisierung des Gegners entsprang der unerschütterlichen Selbstgewißheit, die Amerika seit seinen Anfängen beseelt. Wer die eigene Lebensform heiligt, muß die Verfechter einer anderen verteufeln. Mit der Doktrin vom 12. März 1947 entsprach Truman der sowjetischen Führung, die mit umgekehrten Vorzeichen das gleiche dachte und wenig später auch offiziell verkündete: Die Welt bestehe aus zwei Lagern, dem imperialistischen antidemokratischen und dem antiimperialistischen und demokratischen, hieß es im September 1947 bei der Gründung des Kominform, das die damals wichtigsten kommunistischen Parteien Europas fester an Moskau binden sollte. Aus einem Kampf um Macht und Interessen wurde auf beiden Seiten ein Glaubenskampf. Wie jeder Religionskrieg ließ er, zumindest auf längere Sicht, nur Sieg oder Niederlage zu, die Welt würde demokratisch oder kommunistisch. Kompromisse waren theoretisch ausgeschlossen und praktisch sehr erschwert.

Um den Europäern die Wahl der Freiheit zu erleichtern, entwarf Washington den Marshall-Plan, der Zweck war, der kriegszerstörten Wirtschaft Europas aufzuhelfen und die Not zu überwinden, damit die Kommunisten keine Chance bekämen. Marshall-Plan wurde zum Begriff, denn er erwies sich als »das bisher erfolgreichste Beispiel für eine Politik der Hilfe zur Selbsthilfe« (Richard von Weizsäcker). Geholfen hatte Amerika schon vorher, doch statt einzelner, unzusammenhängender Leistungen begann es nun eine große, geschlossene Aktion, geleitet nach einheitlichen Grundsätzen und getrieben vom politischen Willen der stärksten Weltmacht. Die moralische Wirkung kam der ökonomischen gleich, übertraf sie vielleicht sogar, so war es auch beabsichtigt. Nicht nur die Armut sollte bekämpft werden, sondern auch die Mutlosigkeit.

Mit der Hilfe für Europa half Amerika auch sich selbst. Nur wenn die Wirtschaft der Alten Welt gedieh, konnte sie die Waren der Neuen kaufen. Die alte Sorge »Wohin mit unserem Überschuß?« bewegte die Vereinigten Staaten auch nach dem Zweiten Weltkrieg wieder, und wie früher schloß sich daran die alte Schreckenskette: schwindende Absatzmärkte, Rezession, Arbeitslosigkeit, Haushaltsdefizit, soziale Unruhe und politische Ungewißheit.

Zwei Schwierigkeiten behinderten Marshalls Plan. Die Wirtschaft Europas war so stark mit der Wirtschaft Deutsch-

lands verflochten, daß die eine nicht ohne die andere wieder-
hergestellt werden konnte. Aber die Deutschen füttern, nachdem sie ganz Europa ausgebeutet hatten, das mußte auf
Widerstand stoßen. Die USA erreichten mühsam, daß die drei
westlichen Besatzungszonen Deutschlands dennoch in den
Plan einbezogen wurden. Der Vorgang wiederholte sich noch
oft: Amerikanisches Interesse gebot, europäische Erfordernisse gegen europäische Einwände durchzusetzen.

Schwerer fiel eine Antwort auf die Frage, ob auch der
Sowjetunion und deren Klientelstaaten Marshall-Hilfe angeboten werden sollte. Zwar lockte die Aussicht, Polen, Tsche-
chen, Ungarn und andere ökonomisch mit Westeuropa zu
verbinden und damit ihre Bindung an die Sowjetunion zu
lockern, doch war kaum zu erwarten, daß der antikommunistisch eingestimmte Kongreß dafür die Gelder billigen werde.
Andererseits barg ein Ausschluß des Ostens die Gefahr, die
Spaltung Europas und Deutschlands zu vertiefen oder doch
dafür verantwortlich gemacht zu werden. So lösten die Planer
das Problem diplomatisch: Sie luden den Osten ein, aber sie
stellten Bedingungen, die für dessen Vormacht nicht annehm-
bar waren: In letzter Konsequenz hätten die Satelliten nicht
mehr um Moskau, sondern um Washington gekreist. Nachdem der sowjetische Außenminister Molotow Engländer und
Franzosen beschimpft hatte, sie wollten ganz Europa den
Amerikanern unterwerfen, verließ er die Konferenz; Moskau
nötigte Warschau und Prag, ihre Teilnahme am Marshall-
Plan zurückzuziehen. Dessen Schöpfer war erleichtert. Schon
am Tag nach der Ankündigung seines Plans, am 6. Juni 1947,
hatte er sich von zwei Rußland-Kennern versichern lassen,
daß die Sowjetunion ablehnen werde.

Mit dem Marshall-Plan errichtete Amerika eine ökonomische Schutzmauer für Westeuropa, aber nur eine ökonomische. Die Besatzungstruppen in Deutschland mußten dort
bleiben, weil es keine Einigung mit Moskau über Deutschland
gab. Gewisse militärische Stärke erschien auch sonst erfor-
derlich, aber beschränkt auf den eigenen Kontinent. Militäri-

sches Engagement in anderen Erdteilen blieb ausgeschlossen, nach Übersee durften nur Waffen geliefert und militärische Berater entsandt werden, Hilfe sollte vor allem Wirtschaftshilfe sein. Truman war verärgert, als die griechische Regierung nur an Waffen und Geld für die Armee interessiert zu sein schien, während es doch darauf ankäme, die Wirtschaft auf die Beine zu bringen. Eindämmung des Kommunismus hieß lediglich, den Widerstand anderer gegen den Kommunismus stützen und stärken, finanziell, ökonomisch und psychologisch. Die Vereinigten Staaten blieben ihrer Tradition treu, sich jenseits der Ozeane nicht auf »verstrickende« Bündnisse einzulassen.

In Ostasien traf Amerika ein Schlag, den es zwanzig Jahre lang nicht verwinden konnte, es »verlor« China. Es hatte China zwar nie besessen, aber viel dort investiert, Militär- und Dollar-Hilfe sowie vor allem große Hoffnungen auf einen weiten Absatzmarkt und einen guten Verbündeten. Sogleich nach Japans Kapitulation war der Bürgerkrieg zwischen Nationalregierung und Kommunisten weitergegangen. Amerika versuchte zu vermitteln, zu schlichten und Tschiang Kaischek zu helfen, doch alles war vergeblich. 1949 zog Mao Tsetung als Sieger in Peking ein. Das letzte Mittel, den Einsatz eigener Truppen, ließ Truman mit guten Gründen ungenutzt. Der Aufwand wäre immens gewesen, der Erfolg mehr als zweifelhaft in den Weiten des Riesenlandes, und der Kongreß hätte aus Sparsamkeit und Grundsatz die Mittel verweigert: Keine Verstrickung auf fremden Kontinenten!

China entzog sich amerikanischem Einfluß, aber in Japan war allein Amerika der Herr. Es hatte das Land allein erobert, nur amerikanische Truppen hielten es besetzt, und mit dem Militärgouverneur Douglas MacArthur regierte dort ein Mann, den die Römer Prokonsul und die Engländer Vizekönig genannt hätten. Nicht nur die Sowjetunion, auch Großbritannien, Australien und Neuseeland bemühten sich um Mitregierung, vermochten jedoch die Alleinherrschaft der Amerikaner kaum einzuschränken. Deren Ziel war, das asiatische

Land in einen friedlichen Staat westlicher Bau- und Denkungs-
art zu verwandeln. Einen japanischen Verfassungsentwurf
wiesen sie zurück und erzwangen die Annahme eines Textes,
den sie selbst geschrieben hatten.

Korea wurde im August und September 1945 vereinba-
rungsgemäß von sowjetischen und amerikanischen Truppen
besetzt. Wie in Deutschland konnten sich die Besatzungsmächte nicht darüber einigen, wie der vorgesehene souveräne
Staat gebildet werden und wie er aussehen sollte, so entstanden zwei Staaten. Anders als in Deutschland erwies sich jedoch das kommunistische Nord-Korea als stärker, es war weit
mehr industrialisiert und straffer geführt; Süd-Korea hingegen fehlten fast alle Voraussetzungen, eine Demokratie nach
amerikanischen Vorstellungen zu werden. Präsident Syngman Rhee regierte autokratisch, wurde von den Amerikanern
wegen seines »Polizeiregimes« beargwöhnt und nur halbherzig gestützt.

In Korea geschah, was in Deutschland unmöglich war: Die
Sowjetunion konnte es sich leisten, ihre Truppen zurückzuziehen, ohne das kommunistische Regime zu gefährden, danach konnte und wollte Amerika es sich nicht leisten, als
Besatzungsmacht zu bleiben, und nahm seine Streitkräfte
ebenfalls zurück. Im Februar 1950 ließ Außenminister Dean
Acheson sogar erkennen, daß Süd-Korea nicht zur Sicherheitszone der Vereinigten Staaten gehöre, also nicht verteidigt werden müsse. Wie in Europa vermied Amerika auch in
Ostasien militärisches Engagement.

Ungewollte Verstrickung

Unmittelbar nach ihren Siegen im Zweiten Punischen und
Zweiten Weltkrieg gerieten Römer und Amerikaner in neue
Konflikte. Rom führte Krieg gegen Makedonien, Amerika
organisierte Verteidigung gegen die Sowjetunion. Gemein-
sam blieb beiden die Scheu vor militärischer Verpflichtung.
Rom zog seine Legionen aus Griechenland zurück; Amerika

mußte zwar länger als beabsichtigt in Deutschland und Japan bleiben, aber mehr als Besatzungstruppen ließ es, von einigen Flotten- und Luftwaffenbasen abgesehen, nicht in Übersee stehen.

Die militärische Zurückhaltung schloß jedoch Engagement anderer Art nicht aus, im Gegenteil: Beide bemühten sich, ihre Gegenküsten politisch und wirtschaftlich zu sichern. Damit kein Feind dort eindrang, stiftete Rom in Griechenland eine Friedensordnung, und Amerika versuchte, Westeuropa und Japan ökonomisch zu sanieren. Der Zweck war in beiden Fällen nicht, Herrschaft zu gewinnen, sondern Verpflichtungen loszuwerden. Flamininus stellte den Griechen die Aufgabe, die Freiheit, die Rom ihnen gab, selbst zu bewahren und zu schützen. Der Marshall-Plan war nur als Hilfe zur Selbsthilfe gedacht, die Wirtschaft Westeuropas sollte so bald wie möglich auf eigenen Beinen stehen, wie die griechische Freiheit und Friedensordnung sich selbst tragen sollten. Doch beides waren Fehlrechnungen.

Römern wie Amerikanern erwuchsen aus ihren Maßnahmen auch Pflichten. Nachdem Rom die griechischen Verhältnisse geregelt hatte, wurde es unvermeidlich zur Garantiemacht für seine Regelungen. Und nachdem Amerika allen Hilfe versprochen hatte, die sich dem Kommunismus widersetzten, war es genötigt, auch dort zu helfen, wo es das gar nicht beabsichtigt hatte. Diese Pflichten wuchsen noch dadurch, daß beide ihre Politik auf Prinzipien gründeten, der eine proklamierte Freiheit für alle Griechen, der andere Freiheit für die ganze Welt. Für beide folgte daraus die Notwendigkeit, die verkündete Freiheit zu schützen, wenn sie bedroht würde.

Rom wie Amerika hüteten sich vor jeder formalen Festlegung, sie schlossen keine verstrickenden Bündnisse, aber sie verstrickten sich, weil sie ihr Prestige und ihre Glaubwürdigkeit eingesetzt hatten. Beiden bedeutete ihr Ansehen viel. Rom war nach dem Sieg über Karthago noch selbstbewußter geworden, Präsident Truman erklärte im März 1947, als er die nach ihm benannte Doktrin verkündete: »Die Welt blickt heute auf uns als ihren Führer.«

Für beide war eine Gefahr, die ihre Ordnungen bedrohte, bereits absehbar. In Kleinasien stand der Syrer Antiochos III. und schaute begehrlich nach Griechenland, in Mitteleuropa stand die Sowjetunion und erfüllte den Westen des Kontinents mit Furcht vor dem Kommunismus. Die Frage war kaum mehr, ob Rom und Amerika ihren Verzicht auf militärisches Engagement durchhalten könnten, sondern nur noch, wie lange das möglich sein werde. Sie waren zu weit in die Weltpolitik gegangen, um auf ihre Inseln zurückkehren zu können.

6. Die letzten Kämpfe

Die Entmachtung der hellenistischen Großmächte

Die Verdrängung Syriens

Mit Antiochos wollte Rom keinen Krieg. Nach den Verheerungen, die Hannibal angerichtet hatte, war zunächst das eigene Haus in Ordnung zu bringen, der Kampf mit Philipp hatte die Arbeit nur unterbrochen. Zehn Jahre lang, von 201 bis 191, bekam ein Konsul, oder sogar beide, »Italien« als Amtsbezirk, das bedeutete vor allem, die Halbinsel nach Norden zu sichern. Damit die Alpen, wie Cato sagte, die Mauer Italiens würden, mußte alles Land bis zum Gebirge fest unter Kontrolle gebracht werden. Die Kelten in der Poebene hatten Hannibal unterstützt und die römischen Kolonien dort verwüstet, die Ligurer im nördlichen Apennin hatten den Karthagern als Rekrutierungsbasis für Söldner gedient; erst 191 waren die Kelten bezwungen, die Ligurer nochmals zehn Jahre später. Zugleich begannen die iberischen Völker zu rebellieren, sie wollten nach der karthagischen Herrschaft nicht unter die römische fallen. Im Jahr 196 begann eine Serie von Aufständen, Kämpfen und Kriegen, die erst sechzig Jahre später ein Ende fand.

Im Osten hatte Rom nur ein Interesse: Es sollte Ruhe herrschen. Der politische Zustand, den es mit Mühe geschaffen hatte, durfte nicht angetastet werden. Doch zwei Störer drohten. Die Ätoler, die stärkste politische und militärische Kraft in Griechenland und Verbündete Roms in zwei Kriegen gegen Philipp, sahen sich von Flamininus und dem Senat um den Lohn ihrer Waffenhilfe gebracht. Sie hatten Makedonien als Vormacht in Hellas ablösen wollen, aber Rom ließ Philipp Land und Herrschaft. Die Ätoler fühlten sich gekränkt und betrogen und begannen, in ganz Griechenland gegen Rom zu agitieren: Hellas habe nur den Herrn gewechselt, Flamininus habe ihm die Fesseln vom Fuß genommen, um sie ihm dann um den Hals zu legen.

Die zweite Störung drohte von Antiochos, der zielstrebig von Syrien nach Westen vordrang. Im Frühjahr 197 zog er durch Kleinasien, im folgenden Frühjahr setzte er über die Meerenge nach Europa über. Drei kleinasiatische Griechenstädte baten Rom um Hilfe. Die ersten Verhandlungen mit dem König begannen in entspannter, fast freundlicher Atmosphäre, aber endeten mit einem Eklat. Die Positionen waren unvereinbar. Die Römer verlangten, Antiochos solle seine Hand von den Griechenstädten lassen, auch den asiatischen, und fragten, was er eigentlich in Europa wolle. Der König fragte zurück, was die Römer eigentlich in Asien zu suchen hätten, und beharrte auf seinen Interessen in Europa.

Trotz der Spannungen zog der Senat zwei Jahre später, im Frühjahr 194, alle Truppen aus Griechenland ab und suchte einen Kompromiß. Flamininus sollte eine Lösung finden, die der dignitas wie der utilitas, der Würde wie dem Vorteil des römischen Volkes, entsprach. Die Würde verlangte, die allen Griechen versprochene Freiheit gegen Antiochos zu schützen, nicht nur in Griechenland, sondern auch in Asien. Der Vorteil gebot, sich aus fernen Regionen, in denen Rom keine Interessen hatte, fernzuhalten. Flamininus' Angebot lag in der Mitte: Wenn sich Antiochos aus Europa zurückziehe, dürfe er in Asien tun, was er wolle; wenn er aber in Europa bleibe und dort griechische Städte unterwerfen wolle,

so werde Rom auch die Freiheit der Griechen in Asien verteidigen.

Antiochos wünschte ebenfalls keinen Krieg, suchte sogar
Freundschaft mit Rom, aber Rom stand seinem Lebenswerk
und Lebenstraum im Wege. Der König wollte das Großreich
wiederherstellen, das sein Urgroßvater Seleukos in den Diado-
chenkämpfen nach Alexanders Tod gebildet hatte. Im Osten,
wo er fast bis Indien vordrang, war ihm das großenteils gelungen, im Süden hatte er seine Herrschaft auf Kosten Ägyptens
erweitert, im Westen sollte nun Thrakien (heute die europäische Türkei) hinzukommen. Der Anspruch auf dieses Gebiet
war hundert Jahre alt, von Großvater und Vater längst aufgegeben, aber Antiochos, von Erfolgen verwöhnt, hing daran.
Seinem Ehrgeiz fehlte jedoch die Klugheit. Statt sich mit den
thrakischen Erwerbungen zu begnügen, sehr fraglich, daß
Rom deshalb einen Krieg begonnen hätte, ließ er sich von den
Ätolern nach Griechenland locken. Er hatte dort keinen historischen Anspruch, nahm auch nur ein schwaches Heer von
10 500 Mann mit sich und begann einen halb politischen und
halb militärischen Konkurrenzkampf mit Rom, wer der wahre
Schirmherr der griechischen Freiheit sei. Wie Wahlkämpfer
zogen der König und Flamininus kreuz und quer durch Hellas
und bemühten sich, Anhänger an- oder abzuwerben und Verbündete bei der Stange zu halten. Auch Rom beorderte kleine
Truppenkontingente nach Griechenland, als Antiochos' Soldaten eines überfielen und Römer töteten, hatte der Senat einen
Anlaß zur Kriegserklärung. Der Grund lag in einer Mischung
aus Sicherheits- und Machtinteresse.

Antiochos war ein Eroberer, der sich nicht aufhalten ließ, er
ging auf keinen Kompromiß ein und drang nach Griechenland, in Roms Sicherheitszone vor, bei alledem wurde er
von Hannibal beraten, was eine Invasion Italiens als Fernziel
befürchten ließ. Zugleich forderte er Rom als Garanten
der griechischen Freiheit heraus, das traf gleichermaßen das
Selbst- und das Machtbewußtsein der regierenden Herren am
Tiber. Deren Kriegserklärung entsprang daher den beiden

Grundmotiven, die schon Roms Politik in Italien bestimmt
hatten: Eine auch nur möglich erscheinende Gefahr energisch
bekämpfen, um ganz und gar sicher zu bleiben, unbedingte
Stärke zeigen, um als Vor- und Schutzmacht überzeugend zu
bleiben.

Ein halbes Jahr später war Antiochos aus Griechenland verjagt, er floh nach Asien und hielt den Konflikt damit für beendet: Rom bestimmte in Europa, er in Asien, wie Flamininus
vorgeschlagen hatte. Aber die Römer führten keine halben
Kriege. Unter der Leitung ihres besten Feldherrn Scipio Afri-
canus rückten sie Antiochos nach, und als sie mit Hilfe von
Pergamon und Rhodos die Seeherrschaft in der Ägäis errungen hatten, setzten sie am Hellespont (Gallipoli) ihre Legionen nach Kleinasien über. Schon die Zeitgenossen sahen
darin mehr als eine militärische Maßnahme: Seit den Perser-
kriegen der Griechen erschienen Europa und Asien als zwei
Welten, auch der Senat hatte hier die Interessengrenze zu
Antiochos zu ziehen versucht, jetzt griff die Vormacht Europas nach Asien über.

Auch der König scheint empfunden zu haben, daß sich
hier ein historischer Wandel anbahnte. Er bat um Frieden,
nunmehr zu Flamininus' Maximalforderungen: Er werde den
Griechen in Europa und auch in Asien die Freiheit lassen.
Aber auch dafür war es jetzt zu spät. Nicht mehr auf die griechische Freiheit kam es Rom nun an, sondern auf den vollen
Sieg. Antiochos sollte für alle Zeit unschädlich gemacht werden, er habe sich, verlangte Scipio, auf sein syrisches Kernland zurückzuziehen. Der König lehnte ab, mußte kämpfen
und wurde trotz seiner großen zahlenmäßigen Überlegenheit
geschlagen. Nun war er gezwungen, Scipios Bedingungen anzunehmen und auf Kleinasien zu verzichten, nur im äußersten Osten und Süden jenseits des Tauros-Gebirges blieb ihm
ein Rest. Seine Flotte wurde zerstört und verbrannt, die noch
erlaubten zehn Kriegsschiffe durften nicht weiter nach Westen fahren, als sein Herrschaftsgebiet reichte. Kriegselefanten wurden ihm verboten, Kriege nur nach Osten und Süden

erlaubt; zwanzig Geiseln, darunter sein Sohn Antiochos, hatten für seine Vertragstreue zu bürgen.

Das Jahr 190, Roms Sieg bei Magnesia im westlichen Kleinasien, beendete eine Ära. Mehr als hundert Jahre lang hatte
der Osten der Alten Welt im Machtschatten dreier Großmächte gestanden, die nun abtraten. Das Ägypten der Ptole-
mäer war schon früher durch innere Schwäche aus dem Kreis
der Starken ausgeschieden. Makedonien konnte seine Ziele
nur noch durch Dienstwilligkeit bei römischen Feldzügen
verfolgen. Antiochos' Seleukidenreich war auf den Rang
einer Mittelmacht niedergedrückt. Als politische Erscheinung
existierte der Hellenismus nicht mehr. Rom trat an seine
Stelle. Es war für die Antike geworden, was Amerika nach
dem Ende der Sowjetunion für unsere Gegenwart wurde, die
einzige verbliebene Großmacht, auf die sich alle Augen richteten, weil alles von ihr abhing. »Fast sämtliche Staaten und
Städte Asiens« schickten gleich nach dem Sieg über Antiochos
Gesandtschaften nach Rom, »da nun für alle die Erfüllung aller Wünsche für die Zukunft in den Händen des Senats lag«
(Polybios 21,18).

Die Väter taten, was sie konnten, aber eigene Vorstellungen von einer Neuordnung des Ostens hatten sie nicht. Wie
sollten sie auch? Die Feldherren hatten dort Krieg geführt,
hatten manche Städte und Herrscher als Freunde erlebt, andere als Feinde und dritte als Neutrale, die abwarteten. Aber
von den Problemen der hellenistischen Welt, von deren historischen Wurzeln und fortwirkenden Gefühlen, von den Träu-
men und Verletzungen wußten sie wenig oder gar nichts und
blieben darauf angewiesen, was andere ihnen erzählten.

So luden sie ihre besten Freunde und Helfer als erste in den
Senat und fragten sie nach ihren Wünschen. König Eumenes
von Pergamon, der Mann mit den meisten Verdiensten, zierte
sich und gab vor, dem Senat alle Entscheidung zu überlassen.
Aber die Senatoren wußten auch nicht, was zu tun sei, holten
den König wieder in den Saal und drängten ihn zu sprechen.
Hinreichend genötigt, rückte Eumenes mit seinem großen

Wunsch heraus: Er wolle alles bekommen, was Antiochos aufgeben müsse, und er wolle alles behalten, was er hatte, denn auch er hielt griechische Gemeinden in Abhängigkeit, die auf das Freiheitsversprechen der Römer hofften. Die Gesandten von Rhodos, die als zweitbeste Freunde Roms vorgeladen wurden, machten sich zu deren Anwälten. Sie verlangten scheinbar nichts für sich, nur Freiheit für alle Griechen in Asien und packten den Senat bei seiner Ehre. »Die erhabenste eurer Taten war die Befreiung der Hellenen. Wenn ihr jetzt konsequent auf diesem Wege fortschreitet, wird das die Vollendung eures Ruhmes sein; wenn ihr das unterlaßt, wird das unfehlbar auch die erste Tat verdunkeln« (Polybios 21,23).

Die Senatoren bemühten sich, es allen recht zu machen. Eumenes durfte Antiochos beerben, die Rhodier erhielten die Länder ihrer Gegenküste Karien und Lykien, für die anderen asiatischen Griechenstädte wurden Kompromisse gesucht zwischen ihrem Anspruch auf Freiheit und dem Herrschaftsanspruch der neuen Mittelmächte Pergamon und Rhodos.

Doch damit war die Arbeit des Senats nicht getan. Vor der Tür standen die Gesandten fast aller anderen kleinasiatischen Staaten, die ebenfalls Wünsche und Befürchtungen, Ansprüche und Streitigkeiten miteinander hatten. Das war zu viel. Der Senat empfing alle, fertigte sie aber kurz mit dem Versprechen ab, eine Zehner-Kommission werde nach Asien kommen und an Ort und Stelle alles Erforderliche regeln. Im folgenden Sommer 188 tagte in Apameia (in West-Kleinasien) eine Konferenz aller Beteiligten, die zehn Senatoren der Kommission gaben Asien bis zum Tauros eine neue politische Ordnung.

Rom hatte das Wichtigste erreicht. Der letzte Rivale war aus dem Rennen geworfen, niemand konnte Roms Macht über den Osten noch anzweifeln oder gar seine Sicherheit bedrohen. Aber die totale Sicherheit hatte ihren Preis, sie wurde durch die Notwendigkeit erkauft, die gesamte bekannte Welt unter Kontrolle zu halten. Rom mußte sich in Übersee engagieren, und zwar dauerhaft, es hatte sich unlösbar in der Welt verstrickt, die rechtlichen Formen waren unerheblich, politisch gab es kein Zurück mehr auf die Insel.

Fraglich ist allerdings, daß sich der Senat dessen bewußt war. Er verhielt sich wie nach dem Krieg gegen Philipp und zog, nachdem die nötigen Verfügungen getroffen waren, die Legionen wieder nach Italien zurück. Politische Aufsicht über die Staatenwelt im Osten schien zu genügen. Es gab keine Macht mehr, die den römischen Frieden von außen stören konnte, wie Antiochos es getan hatte, und es gab innerhalb der römischen Machtsphäre nur noch Mittelmächte, die zu schwach waren, um erfolgreich aufzubegehren, und bei ihren zahllosen Rivalitäten auf Rom als Schiedsrichter angewiesen blieben. Im übrigen wußte jedermann zwischen Adria und Tauros, daß die Legionen noch existierten und Rom seinen Willen jederzeit mit Gewalt durchsetzen konnte.

Doch die politischen Mittel sollten, wenn es irgend ging, ausreichen. Die Könige, Städte und Städtebünde, das war die Hoffnung des Senats, würden einsehen, daß Rom ihnen die beste aller Welten geschaffen habe, deren Bewahrung in ihrem Interesse liege. Rom hatte nichts für sich genommen, keine Provinz errichtet. Es hatte seine Freunde belohnt und seine Gegner geschont, Plünderung und Versklavung waren die Ausnahme; sogar die Ätoler, die den Krieg verursacht hatten, kamen glimpflich davon. Der Senat und die Zehner-Kommission hatten sich im übrigen bei der Streitschlichtung und Neuordnung um Gerechtigkeit bemüht, vor allem gab Rom, was Generationen entbehrt hatten, gesicherte Grenzen, Ruhe von beutegierigen Nachbarn und das höchste aller Güter: Frieden.

Der Senat folgte keinem Plan und hatte kein Konzept, er traf eine Fülle von Einzelentscheidungen, die alle jedoch auf demselben Grundgedanken beruhten, der schon die Regelungen nach dem makedonischen Krieg bestimmt hatte: In das ewig unruhige Staatengewirr östlich von Italien sollten stabile Verhältnisse einkehren, damit Italien aus dem Osten keine Störungen mehr befürchten mußte.

Die Liquidierung Makedoniens

Eine halbe Herrschaft kann problematischer sein als eine
ganze, sie läßt sich schwerer ertragen und ist schwieriger zu
handhaben. Die Beherrschten fühlen sich frei, spüren daher
ihre Unfreiheit um so stärker; die Herrschenden müssen überreden und überzeugen und können nur befehlen, wenn es
nicht anders geht. Die einen werden unwillig, die anderen
ungeduldig, das Verhältnis trübt sich.

Griechenland litt unter zwei Übeln, einer nicht zu stillen-
den Streitsucht, die jeden Nachbarn zum Feind werden ließ,
und einer Verelendung der Unterschichten, die zu wachsender Spannung zwischen arm und reich führte. Mit beidem
hatte Rom nichts zu tun, aber beides berührte das Verhältnis
der Städte und Bünde zu Rom und verdarb es schließlich. Zur
Freiheit der Griechen, so sagte es der Ätoler Agelaos schon
217, gehöre nicht zuletzt die Möglichkeit, »Krieg zu führen
miteinander und Frieden zu schließen, wann wir wollen,
überhaupt Streitigkeiten zwischen uns selbst zu entscheiden«
(Polybios 5,104,10). Damit war es nun weitgehend vorbei.
Was die Griechen vorher unter sich ausmachten, oft in brutaler Form, entschieden nun die Römer, die Frieden wünschten, weil sie Ruhe haben wollten. Statt einen Anspruch mit
der Waffe durchzusetzen, pilgerten jetzt Gesandtschaften ins
ferne Rom, der Senat entschied oder entschied auch nicht
oder gab eine so zweideutige Antwort, daß jede Partei sie für
sich auslegte und der Streit weiterschwelte. Wenn der Senat
entschied, brachte er den Unterlegenen gegen sich auf, und
wenn er sich, was öfters geschah, um die Durchsetzung seiner
Entscheidung nicht kümmerte, enttäuschte er auch den Begünstigten.

Sofern den Senatoren eine Sache wichtig erschien, schickten sie einen oder zwei aus ihren Reihen, um an Ort und
Stelle zu prüfen und zu entscheiden. Wenn auch die Gesandten zu keinem Ratschluß kamen, empfahlen sie den Streiten-
den, Gesandte nach Rom zu schicken und dem Senat die Sache vorzutragen. Ein Kreislauf der Vergeblichkeit entstand,

der die Entscheidung Suchenden verstörte und die Schiedsrichter ermüdete. Die Römer haben zwar manchen Kleinkrieg
verhindert oder beendet, aber je mehr sie für alles und alle
zuständig wurden, ließen sie die Griechen und auch die kleinasiatischen Könige spüren, daß sie nicht mehr Herr in ihrem
eigenen Haus waren. Die versprochene und erhoffte Freiheit,
die Flamininus so eindrucksvoll verkündet hatte, schien sich –
von Jahr zu Jahr stärker spürbar – in eine neue Knechtschaft
zu verwandeln.

Unvermeidlich bekamen die außenpolitischen Streitigkeiten der Griechen eine innenpolitische Seite. Die Römer hielten es mit dem wohlhabenden Bürgertum. Die Ärmeren und
Armen, die große Mehrzahl, waren daher antirömisch gesonnen. Soziale Forderungen verbanden sich mit dem Verlangen
nach Freiheit von Rom. Im Parteienkampf suchten die einen
Rückhalt beim Volk und die anderen bei Rom. Der Achäer
Kallikrates ermunterte den römischen Senat unverblümt,
sich in die inneren Angelegenheiten der Griechen einzumi-
schen: »Wenn der Senat nur ein Zeichen seines Mißfallens
gäbe, würden die Politiker (die für Eigenständigkeit eintreten) sogleich umfallen und zur römischen Partei übergehen,
die Menge würde ihnen aus Angst folgen.« Wenn der Senat
hingegen die Dinge schleifen ließe, würden alle der anderen
Richtung zuneigen, denn sie gilt »beim Volk als rühmlicher
und ehrenhafter« (Polybios 24,11).

Rom griff in Griechenland nicht nur im eigenen Interesse
ein, es wurde vielfach zum Eingreifen eingeladen und setzte
dann natürlich seine Interessen durch und stützte die Partei,
die ihm die größte Folgsamkeit zu versprechen schien. Manchmal führten Parteivertreter ihren Zank sogar im römischen
Senat oder in Gegenwart eines römischen Abgesandten fort.
Die Einstellung zu Rom wurde zum Maßstab innenpoliti-
scher Auseinandersetzung, die einen mußten sich als Rom-
Knechte, die anderen als Rom-Feinde verdächtigen lassen.
Form wie Inhalt solcher Denunziation und Argumentation
sind dem Europäer Anfang des 21. Jahrhunderts wohl ver-

traut. Kallikrates erklärte uneingeschränkte Solidarität mit Rom für ein Gebot des Staatsinteresses, sein Gegner Archo entgegnete, er stimme dem nicht zu, aber sei deshalb keineswegs ein Feind der Römer (Livius 41,23–24). Wie immer, wenn eine äußere Macht in die Innenpolitik hineinwirkt, wird das Klima vergiftet, und die Ressentiments gegen diese Macht wachsen.

Auch die Gegenseite fühlte sich enttäuscht. Rom hatte die Macht, eine furchterregende sogar, aber nicht hinreichende Möglichkeit, sie zur Wirkung zu bringen. Die Legionen waren nur das allerletzte Mittel. Im diplomatischen Verkehr, dem Hin und Her der Gesandtschaften, hatte Rom zwar das letzte Wort, setzte aber seinen Willen keineswegs immer durch. Die Zahl und Stärke der konsequenten Romfreunde wuchs, aber die Gegner hielten sich vielerorts in ihren Stellungen, setzten sich manchmal sogar an den ersten Platz. Der Senat konnte seine bewährten Freunde stützen und kleine Staaten gegen die Übergriffe größerer schützen, doch mit der Dankbarkeit ging es, wie es damit in der Politik fast immer geht: Sie wird schnell vergessen und sollte klugerweise nicht eingefordert werden, weil sie sonst bald in Verärgerung umschlägt.

Das stärkste Argument der Römer blieb ihre »Stärke und ihr Glück«: Sie haben Philipp und Antiochos besiegt, gegen ihre Macht ist nicht aufzukommen (Livius 42,44,4). Nicht unwichtig waren aber die Formen. Die Römer neigten zur Arroganz, zuweilen gemildert durch Philhellenentum, die Griechen hatten sich über hundert Jahre lang daran gewöhnt, ihren jeweiligen Herren zu schmeicheln, zuweilen unterbrochen von ehrlicher Bewunderung. Hochmut und Liebedienerei feuerten sich gegenseitig an, die Römer ernteten Erbitterung, die Griechen Verachtung.

Die Unzufriedenheit miteinander mußte nicht zum Konflikt führen. Die Römer waren sich ihrer Überlegenheit sicher und die Griechen ihrer Schwäche bewußt. Der Achäer Philopoimen, Führer in der Front der begrenzten Widersetzlichkeit, hoffte nichts weiter zu erreichen als eine Verzögerung der totalen Abhängigkeit von Rom. Doch dann schien sich eine neue Aussicht zu eröffnen: Makedonien unter seinem jungen König Perseus gewann unerwartete Kraft. Die Römer hatten seinen Vater Philipp schlecht behandelt. Zuerst belohnten sie ihn für seine Treue im Krieg gegen Antiochos, dann nahmen sie ihm seinen Lohn, Eroberungen in Thrakien, größtenteils wieder weg, und das geschah auch noch in demütigender Form. Da Anpassung an Rom nichts brachte, versuchte er, ohne Rom weiterzukommen, straffte seinen Staat, rüstete und duldete, daß sein illegitimer Sohn Perseus den legitimen Sohn Demetrios beseitigte, um sein Nachfolger zu werden. Rom hatte auf Demetrios gesetzt, der in Geiselhaft viele Sympathien erworben hatte und zum Römerfreund geworden war.

Perseus wahrte korrekt die Formen gegenüber Rom, aber begann systematisch, die Unzufriedenheit in Griechenland zu pflegen und zu nutzen. Er gewann kaum Verbündete, niemand wollte makedonische Herrschaft statt der römischen haben, schwächte aber die unbedingte Romtreue und stärkte die Neigung zur Neutralität: Wenn Makedonien ein Gegengewicht zu Rom schaffe, würden die Griechen zwischen beiden Mächten mehr Spielraum oder sogar Freiheit gewinnen. Es war die zeitlose Rechnung kleiner Länder zwischen zwei großen.

Der Senat beobachtete Perseus' Bemühungen, und was ihm entging, berichteten ihm andere. Roms alter Freund und Makedoniens alter Feind, König Eumenes von Pergamon, informierte und dramatisierte. Die drei klassischen Elemente, die den Senat zum Handeln brachten, kamen zusammen: Wankelmütigkeit der Verbündeten, eine neue Macht, die versuchte, die Verbündeten zum Abfall zu bewegen, und ein zungenfertiger Grieche, der alles zu einer Gefahr für Rom aufblies. Perseus hatte eine tüchtige Armee und eine gut gefüllte Kriegskasse, aber eine Gefahr war er nicht für Roms Herrschaft und schon gar nicht für Italien. Doch die Atmosphäre war aufgeheizt, wilde Gerüchte gingen um, Perseus

habe Eumenes zu ermorden versucht, ja, der ganze Senat
solle vergiftet werden. Der Kriegsbeschluß in Rom trug deutliche Züge von Hysterie, der Krieg wurde zunächst schlecht
geführt, bis ein fähiger Mann, Lucius Aemilius Paullus, das
Kommando übernahm und Perseus bei Pydna in Makedonien
vernichtend schlug.

Militärisch hatte Rom sich wieder durchgesetzt, politisch
aber war es gescheitert und zog sogleich und entschieden die
Konsequenz. Es entmachtete alle, die seine Herrschaft in
Frage gestellt hatten oder es künftig tun könnten. Perseus
wurde kein Pardon gegeben, er bat mehrfach um Frieden,
aber Rom bestand auf bedingungsloser Kapitulation und
löschte Makedonien, aus dem einst ein Alexander hervorgegangen war, für alle Zeit als Staat aus der Politik. Die Monarchie wurde aufgehoben, Perseus in einen italienischen Kerker
verbannt, das Land in vier selbständige Zonen geteilt, deren
Bewohnern Handel und sogar Heiraten über die Zonengrenze
hinweg verboten waren.

Epiros, das zu Perseus übergegangen war und die Römer
aus dem Land vertrieben hatte, mußte schwer büßen, siebzig
Ortschaften zerstörte der Sieger Aemilius Paullus auf Befehl
des Senats und ließ, so sagt die Überlieferung, 150000 Freie
in die Sklaverei verkaufen. Im übrigen Griechenland erhielten die strengen Gefolgsleute Roms freie Hand, alle anzu-
zeigen, die nicht feste Gesinnungstreue bewiesen hatten. Die
Bestrafung übernahmen die Römer größtenteils selbst und
deportierten etwa zweitausend Männer nach Italien, allein
aus dem Ächäischen Bund waren es mehr als tausend, darunter Polybios, der wie sein Vater Lykortas eine gewisse Selbständigkeit gegenüber Rom hatte wahren wollen.

Auch Roms alte Verbündete bekamen seinen Zorn zu spüren, sobald nur der Schatten eines Verdachts auf sie fiel, nicht
den Sieg Roms gewünscht zu haben. Dem Eumenes von Pergamon verweigerte der Senat sogar eine Audienz, er mußte,
ohne empfangen worden zu sein, Italien verlassen. Die Rhodier hatten zwischen Rom und Perseus zu vermitteln ver-

sucht, eine Treulosigkeit in einem Kampf, der nach herrschen-
der Meinung in Rom eine unbedingte Parteinahme verlangte.
Der ältere Cato, eines der bedeutendsten Mitglieder des
Senats, erklärte seinen aufgebrachten Standesgenossen das
Motiv der Rhodier: Sie hatten die Sorge, ganz unter römische
Herrschaft, ja in römische Knechtschaft zu kommen, wenn
die Römer niemanden mehr zu fürchten hätten und ganz
nach ihrem Belieben handeln könnten. »Ich meine also, daß
sie um ihrer Freiheit willen so gesonnen waren« (Gellius,
Attische Nächte 6,3).

Cato gelang es, Rhodos vor einer römischen Kriegserklärung zu retten, dennoch begann Rom eine neue Politik. Die
alte war wenigstens zu Teilen auf Vertrauen gegründet worden, die neue setzte auf Kontrolle. Die alte war nach der tole-
ranten Maxime verfahren: Wer nicht Freund ist, ist deshalb
nicht Feind. Die neue folgte dem Grundsatz totaler Herrschaft: Wer nicht Freund ist, ist Feind. Die alte Politik hatte
kein Konzept, die neue hatte noch weniger eines. Auch ihrer
Gewalttätigkeit fehlte die Konsequenz. Nachdem alles bestraft, belohnt und geregelt war, zog der Senat wieder die Legionen nach Italien zurück. Die Insulaner wollten herrschen,
ohne sich zu belasten.

Der Kalte Krieg

Knapp drei Jahre lang konnten die Vereinigten Staaten nach
dem Zweiten Weltkrieg noch ihrer Tradition folgen und zu
den Wirrnissen der übrigen Welt leidlich Abstand wahren.
Schon mit dem Marshall-Plan hatten sie sich Europa mehr
genähert als je zuvor in Friedenszeiten, doch dabei handelte
es sich nur um finanzielle und wirtschaftliche Hilfe. In den
Jahren 1948 und 1950 wurde Amerika dann aber dreimal
vor Entscheidungen gestellt, die es zwangen, die Tradition zu
prüfen.

Berliner Luftbrücke

Das erste Mal ging es um Deutschland. Da eine gemeinsame Politik mit Moskau nicht möglich erschien, begann Amerika, den westlich besetzten Teil des Landes in seinem Sinne zu entwickeln und zu befestigen. Die Sowjetunion hatte in Mitteleuropa und auf dem Balkan vollendete kommunistische Tatsachen geschaffen, nun schuf Washington vollendete demokratisch-kapitalistische Tatsachen in Westeuropa und Deutschland. Es vereinte seine Besatzungszone mit der englischen und dann mit der französischen, gab den drei Zonen eine neue Währung und damit eine solide wirtschaftliche Grundlage. Anfang 1948 ging es noch einen entscheidenden Schritt weiter und verständigte sich mit London, Paris und den Benelux-Hauptstädten, die westlichen Besatzungszonen als Staat zu organisieren.

Die Sowjetunion war alarmiert, sie sah den größeren Teil Deutschlands in eine feindliche Front einbezogen. Stalin nutzte seinen geographischen Vorteil und riegelte die Westsektoren Berlins von aller Zufuhr zu Lande und zu Wasser ab. Der Druck auf die Achillesferse des Westens sollte die Gründung eines deutschen Weststaates verhindern. Es war nicht die erste Kraftprobe zwischen den großen Siegern des Zweiten Weltkrieges, aber die folgenreichste und spektakulärste.

Was sollte Amerika tun? General Lucius D. Clay, der Oberbefehlshaber in Deutschland, schlug vor, die Blockade mit Panzern zu durchbrechen. Der Präsident lehnte ab. Sterben für Berlin, das noch drei Jahre vorher Hitlers Hauptstadt gewesen war? Auch wenn Stalin zurückzucken würde, wie Clay annahm, das Risiko erschien zu groß. Oder Berlin räumen, was andere für vernünftig hielten bei dieser scheinbar unhaltbaren Position? Die absehbaren Folgen erschienen verheerend. Würden die Deutschen im Westen noch einen Weststaat zu gründen wagen, wenn Amerika West-Berlin aufgibt? Würden die Westeuropäer noch weiter sowjetischem Druck widerstehen, wenn Amerika solchem Druck weicht? Würde sich überhaupt noch jemand in der Welt auf ein amerikani-

sches Hilfeversprechen verlassen? Die Welt kannte nur ein
Amerika, das sich nach jedem Engagement in Übersee so
schnell wie möglich auf seinen Kontinent zurückzog.

Kriegsgefahr oder Kapitulation? Als Mittelweg zwischen
beiden Übeln folgte die Regierung dem abenteuerlichen Vorschlag, die Westinsel im Osten aus der Luft zu versorgen. Für
die etwa 30 000 alliierten Soldaten mochte das gehen, aber auch
für eine Zwei-Millionen-Stadt? Niemand wußte, ob es möglich ist, die Zweifel überwogen zunächst. Niemand wußte
auch, wie die Westberliner sich verhalten würden; ohne oder
gar gegen sie war die Festung nicht zu verteidigen.

Die Mutigen gewannen den Kampf. Amerika und England
wagten die Luftbrücke, Bürgermeister Ernst Reuter sicherte
ihnen die Solidarität der Westberliner. Nach elf Monaten gab
Stalin auf. Die Vereinigten Staaten hatten gesiegt, die westdeutschen Ministerpräsidenten stimmten der Schaffung eines
Weststaates und damit der Teilung Deutschlands zu, Westeuropa gewann Zutrauen zu Amerika. Die dramatischen Umstände hatten mitgeholfen. Hätte Truman eine Public Rela-
tions-Firma damit beauftragt, eine siegreiche Verteidigung
der Freiheit zu inszenieren, sie hätte die Luftbrücke erfinden
müssen.

NATO

Mit der Berlin-Blockade begann der Kalte Krieg, ein Kampf,
bei dem außer Waffengebrauch fast jedes Mittel recht war.
Die Notwendigkeit, den »Vorposten des Westens« zu schützen, bestätigte eine Einsicht, die sich auch sonst in Washington allmählich durchsetzte: Nur mit wirtschaftlichen Mitteln
war der Kommunismus nicht einzudämmen. In zunehmen-
dem Maße befürchtete Westeuropa aus Moskau nicht nur
politischen Druck und ideologische Unterwanderung, sondern auch militärische Gewalt: Die Länder östlich des »Eiser-
nen Vorhangs« wurden immer offener in kommunistische
Staaten umgewandelt, das neutrale Finnland war zu einem
»Freundschaftspakt« mit der Sowjetunion »eingeladen«, die

gewaltsame Stabilisierung des sowjetischen Ostens erschien als Auftakt zur Eroberung des Westens.

Im März 1948 schlossen England, Frankreich, die Niederlande, Belgien und Luxemburg einen Pakt, der gemeinsame Verteidigung gegen einen militärischen Angriff vorsah. Doch um einer Offensive der sowjetischen Militärmacht standzuhalten, waren die fünf kriegsgeschädigten Länder viel zu schwach, und ihre geringen Mittel wurden für den Wiederaufbau gebraucht. Allen war klar: Ohne Amerika konnte Westeuropa nicht gesichert werden. Der britische Außenminister Ernest Bevin hatte sich daher, bevor er die Initiative zur Schaffung des »Brüsseler Pakts« einleitete, der Unterstützung Präsident Trumans versichert. Wenn das amerikanische Engagement überzeugen sollte, mußte es eine militärische Verpflichtung einschließen.

Die Vereinigten Staaten standen vor einer vorbildlosen Entscheidung: Mitten im Frieden sollten sie sich in Übersee militärisch binden, und zwar dauerhaft. In den beiden Weltkriegen hatten sie sich nur für die begrenzte Zeit eines Feldzugs in anderen Erdteilen engagiert, jetzt sollten sie die Verteidigung Westeuropas für Jahrzehnte garantieren, der Brüsseler Pakt war sogar auf fünfzig Jahre angelegt. Es wäre der Bruch einer Tradition von anderthalb Jahrhunderten, die »verstrickende Bündnisse« verbot.

Verstrickung bedeutete jedoch nicht mehr das gleiche wie früher. Im 19. Jahrhundert wäre Amerika von europäischen Mächten als Figur auf dem europäischen Schachbrett benutzt worden; so versuchte es der englische Außenminister Canning 1823, und noch hundert Jahre später scheiterte Präsident Wilson mit seinem Friedenskonzept an der Selbstbefangenheit der europäischen Politiker. Nach dem Zweiten Weltkrieg aber war Amerika übermächtig, kein westeuropäischer Staat und nicht einmal alle zusammen waren ihm gewachsen. Wenn es sich jetzt in der Alten Welt vertraglich band, konnte es die Regeln bestimmen und wurde sogar genötigt, die Führung zu übernehmen. Es bekam zwar viel Ärger mit den

Empfindlichkeiten, Eitelkeiten und Sonderwünschen seiner
Alliierten, aber es war nur Ärger, und das letzte Wort behielt
Washington.

Das galt auch für die entscheidende Frage, den Bündnisfall. Die Europäer wünschten dringend eine Beistandsklausel
im NATO-Vertrag, die zu automatischer militärischer Hilfe
verpflichtet. »Verfassungsrechtlich unmöglich« erklärte Washington. Der Kongreß würde sich das Königsrecht auf Kriegserklärung nicht nehmen lassen; Roosevelt hatte seinerzeit
nur mühsam verhindern können, daß eine Kriegserklärung
sogar erst von einer Volksabstimmung abhängig wurde. In
der innenpolitischen Barriere drückte sich außenpolitische
Vorsicht aus: Wir schließen zwar ein Bündnis, lassen uns aber
nicht binden; was wir im Ernstfall tun, entscheiden wir dann
selbst.

Außerdem sprach wenig dafür, daß der Ernstfall überhaupt
eintrat. Schon im Juni 1946 hatte General Eisenhower dem
Präsidenten gesagt: »Ich glaube nicht, daß die Roten einen
Krieg wollen. Was können sie jetzt bei einem bewaffneten
Konflikt gewinnen? Sie haben so ziemlich alles bekommen,
was sie bewältigen können.« Noch zwei Jahre später, als sich
das Ost-West-Verhältnis zur Krise verschärft hatte, hielt die
Führung in Washington einen sowjetischen Angriff für sehr
unwahrscheinlich. Sogar die Generäle meinten, die Gefahr sei
viel mehr politischer, ökonomischer und psychologischer als
militärischer Art. Die Planer im Verteidigungsministerium
waren sich zwar der sowjetischen Überlegenheit in Europa bewußt, in 45 Tagen wäre Westeuropa bis auf Spanien und Großbritannien überrannt, aber das strategische Hauptproblem
sahen sie in der politischen Unentschiedenheit der meisten
Europäer. Schon im Fall »akuter internationaler Spannungen« wäre der Standort mancher Länder, besonders Frankreichs und Westdeutschlands, fraglich.

Die Westeuropäer fürchteten einen Überfall der Sowjet-
armee, die Amerikaner fürchteten die Schwäche der Westeuropäer. Im NATO-Kapitel der Memoiren Trumans findet

sich kein Wort, das auf Sorge vor einem militärischen Angriff der Sowjetunion deutet, der Präsident sprach nur von den Sorgen der Westeuropäer. Notwendig sei, ihnen »den Alpdruck der Furcht zu nehmen und Vertrauen in die Zukunft einzuflößen«. Mehr als bisher müsse getan werden, »um Westeuropas Erholung und Selbstbehauptungswillen zu stärken«. Die NATO bilde daher »einen Schild gegen Angriffe und gegen die Furcht vor Angriffen«.

So gelang es Truman, vor allem unterstützt vom Republikaner Vandenberg, den Senat von der Notwendigkeit regionaler Militärpakte zu überzeugen. 82 Senatoren stimmten dafür, 13 dagegen, einer enthielt sich der Stimme. Bei der Unterzeichnung des NATO-Vertrages am 4. April 1949 verstieg sich der Präsident zu der Behauptung: »Hätte es 1914 und 1939 etwas Ähnliches gegeben, dann wären jene Angriffsakte, die die Welt in zwei katastrophale Kriege gestürzt haben, bestimmt unterblieben.«

Präsident und Senat waren sich sicher: Amerika ist so stark, daß ein Bündnis mit Amerika jeden Gegner von Angriffsabsichten abhalten wird. Und da der mögliche Angreifer, wie es schien, gar nicht angreifen wollte und nur die verelendeten und mutlosen Westeuropäer einen Angriff fürchteten, hielt man es in Washington nicht für nötig, die amerikanischen Truppen in Europa zu verstärken. Sogar das Militärhilfeprogramm für die Westeuropäer, das die NATO-Gründung begleitete, war noch ein Jahr später kaum angelaufen. Auch das Militärbudget wurde nicht erhöht, Truman wollte es 1950 sogar um 6 Prozent kürzen. Der Nationale Sicherheitsrat forderte zwar im April 1950 eine drastische Steigerung, doch das war zunächst nur eine Forderung, die wenig Aussicht hatte, vom sparwütigen Kongreß erfüllt zu werden.

Im Rückblick bildet die NATO-Gründung einen tiefen, vielleicht den tiefsten Einschnitt in der Außenpolitik Amerikas; von vorn betrachtet, aus der Lagebeurteilung der Jahre 1948/49, ergibt sich fast das Gegenteil. Amerikas größter Schritt nach Übersee erschien den Zeitgenossen gar nicht so

groß. Truman, Acheson und die meisten Abgeordneten wußten und sagten auch, daß sie mit einer Tradition brachen, aber
der Bruch sah sich für sie mehr als Fortsetzung dessen an, was
sie schon taten: Wirtschaftshilfe, Waffenhilfe und energische
Weltpolitik. Den Verantwortlichen in Washington ging es
bei der NATO nicht um die Fähigkeit zur Führung eines Krieges in Europa, sondern um Abschreckung zur Verhinderung
eines Krieges dort. Notwendig erschienen ihnen nicht eigene
Anstrengungen, sondern die Ermutigung der Westeuropäer,
sich anzustrengen. Wie der Marshall-Plan nur zur Hälfte
aus Ökonomie, im übrigen aus Psychologie bestand, so sollte
die NATO neben der militärischen vor allem der moralischen
Aufrüstung dienen. Dahinter verbarg sich die heimliche Hoffnung, Westeuropa werde nach einiger Zeit in der Lage sein,
sich selbst zu verteidigen, und Amerika könne seine Truppen,
größtenteils oder sogar ganz, wieder nach Hause holen. Dem
Militärpakt lag derselbe Gedanke zugrunde wie Marshalls Fi-
nanz- und Wirtschaftsplan: Er sollte den Westeuropäern helfen, sich selbst zu helfen, damit Amerika später nicht mehr zu
helfen brauchte.

Korea
Zweimal innerhalb eines Jahrzehnts widerfuhr Amerika das
gleiche: Es konzentrierte seine Aufmerksamkeit und seine
Mittel auf Europa, aber der Krieg kam aus Asien, im Dezember 1941 mit dem japanischen Überfall auf Pearl Harbor, 1950
mit dem nordkoreanischen Überfall auf Süd-Korea. Obwohl
es Warnungen gegeben hatte, war Amerika überrascht und
bestürzt. Was sollte es tun? Seine Sicherheit war nicht bedroht, das hatte der Außenminister noch kurz vorher bestätigt, und Süd-Korea war keine verteidigungswürdige Demokratie, sonst hätte Washington ihm nicht die schweren Waffen
und Panzer zu seiner Verteidigung verweigert. Nun unterlag
die schlecht ausgerüstete und schlecht geführte Armee des
autokratischen Präsidenten Syngman Rhee den gut bewaffneten und straff geführten Truppen des Angreifers. Konse-

quent wäre es gewesen, Korea den Koreanern zu überlassen, also auch politisch zu räumen, was militärisch schon – von 750 Militärberatern abgesehen – geräumt war. So empfahlen es auch manche.

Doch der Präsident entschied anders, er empfand es als die schwerste Entscheidung seiner Amtszeit, aber glaubte fest, keine andere Wahl zu haben als die militärische Entgegnung: »Der Kommunismus ging in Korea ebenso vor, wie Hitler, Mussolini und Japans Feudalherren vor zehn, fünfzehn oder zwanzig Jahren vorgegangen waren. Wenn wir den Untergang Süd-Koreas zuließen, dann würde das, davon war ich überzeugt, die kommunistischen Führer ermutigen, Länder zu überrennen, die unseren Küsten viel näher liegen. Wenn wir den Kommunisten erlaubten, sich ohne Gegenwehr der freien Welt Süd-Koreas zu bemächtigen, dann würde kein kleines Land in Zukunft den Mut aufbringen, sich gegen Drohungen und Angriffe stärkerer kommunistischer Nachbarn zur Wehr zu setzen. Wenn man dieser Herausforderung nicht entgegentrat, dann war der Dritte Weltkrieg fällig, wie der Zweite Weltkrieg aus ähnlichen Vorspielen erwachsen war« (Memoiren II, 375 ff., dort auch die weiteren wörtlichen Zitate in diesem Abschnitt).

Diese Sätze erklären nicht nur, weshalb die Vereinigten Staaten in den koreanischen Krieg eintraten, sie enthalten auch die Vorstellungen, aus denen sie sich auf einen Zweikampf mit der Sowjetunion einließen, der vierzig Jahre dauern sollte. Da war zunächst die Gleichsetzung der Kommunisten mit den Nationalsozialisten und die noch frische Erinnerung an den Zweiten Weltkrieg, der mit Überfällen auf kleinere Länder begonnen hatte. Die Lehre daraus hieß: Gegen einen Feind dieser Art hilft kein appeasement, keine Beschwichtigung, kein Nachgeben. Wer zurückweicht, ermuntert ihn nur zu weiterem Vordringen, und am Ende muß er einen Weltkrieg bestehen. Truman führte den Krieg in Korea in der Überzeugung, einen Dritten Weltkrieg zu verhindern. Außerdem dachte er an die geographische Lage seines Landes:

Auch wenn ein kommunistisches Korea die Sicherheit
Amerikas nicht gefährdet, danach werden die Kommunisten
Gebiete besetzen, »die unseren Küsten viel näher liegen«.
Amerika dachte hier wie Rom: Den Feind in größtmöglichem
Abstand von der eigenen Insel halten!

Die zweite feste Vorstellung in Washington setzte alle
kommunistisch beherrschten Länder mit Moskau gleich.
Amerika sah sich nicht einem feindlichen Bündnis gegenüber,
dessen Mitglieder auch eigene Interessen hatten und eigene
Ziele verfolgten, sondern einem fest gefügten Block, in dem
allein der Kreml die Regie führte. Vielleicht hätte Washington Korea sich selbst überlassen, wenn dort nur eine Bürger-
kriegspartei gegen eine andere vorgegangen wäre. Aber da
fiel ein von Moskau geschaffener Staat über einen von Amerika geschaffenen Staat her, Kommunisten überrannten Gegner des Kommunismus. Das war in amerikanischen Augen
kein lokaler Konflikt, sondern ein Angriff »der Kommunisten« auf die »freie Welt«.

Wir wissen heute, daß nicht Stalin, sondern Kim Il-sung
den Korea-Krieg vom Zaun brach; der Herr Nord-Koreas
hatte sogar große Mühe, das Einverständnis des Herrn im
Kreml zu erlangen, 48 Telegramme soll er nach Moskau gesandt haben. Truman und Acheson konnten das damals nicht
wissen, aber sie hätten es auch nicht geglaubt. Sogar das
große China erschien ihnen als sowjetischer Satellit. Anfang
Dezember 1950 erläuterte der britische Premierminister Cle-
ment Attlee in Washington, nach Auffassung seiner Regierung seien »die chinesischen Kommunisten potentielle Titoi-
sten«. Es war kein prophetischer, sondern ein schon damals
unmittelbar einleuchtender Satz, denn Mao unterschied sich
wie Tito von allen anderen neuen kommunistischen Regenten: Beide verdankten ihre Herrschaft nicht der Roten Armee,
sondern hatten sie sich selbst erkämpft und waren daher in
der Lage, sich von Moskau zu lösen. Attlee folgerte: »Wenn
wir die Chinesen als sowjetische Satelliten behandeln, spielen
wir nur Rußland in die Hände.« Außenminister Acheson ant-

wortete: Nicht China, sondern Sowjetrußland müsse als der Hauptgegner betrachtet werden, die Aktion in Korea sei ausschließlich von Moskau inspiriert worden. Truman bekannte später: »Ich hatte die kommunistische Aktion in Korea nie anders als ein russisches Manöver aufgefaßt.«

Die dritte feste Vorstellung bestand in der Gleichsetzung Amerikas mit der »freien Welt«. Moskau, so glaubte man in Washington, erstrebt die Weltherrschaft, folglich muß Amerika die Welt vor Moskau schützen. Es war ein globaler Zweikampf, auf den sich die Vereinigten Staaten nun einrichteten. Nach dem Überfall auf Süd-Korea waren die strategischen Überlegungen von der Sorge beherrscht: Wenn wir uns in Ostasien stark engagieren, werden die Kommunisten uns in Europa angreifen, vielleicht haben sie in Korea überhaupt nur angegriffen, um in Europa freie Hand zu bekommen.

Die globale Gefahr mußte global bekämpft werden, nur Amerika hatte dazu die Kraft und den Willen, einmal um seiner eigenen Sicherheit willen: »Der Weltfrieden«, sagte Truman, »ist der einzige zuverlässige Weg, die Sicherheit der Vereinigten Staaten zu gewährleisten.« Zum anderen um seiner Macht willen: Schon mit der Truman-Doktrin hatte sich Amerika als Schutzpatron für alle Länder verpflichtet, die sich von Kommunisten bedroht fühlten, daraus folgte der Zwang, rund um den Erdball überall einzugreifen, wo Kommunisten angriffen. Bis zum Ende des Ost-West-Konflikts blieb Washington von dieser Zwangsvorstellung beherrscht: Nur einmal einen kommunistischen Geländegewinn dulden, und wir sind als Schutzmacht unglaubwürdig in der ganzen Welt!

Schließlich war es nicht nur die Machtwahrung, die ein Eingreifen in Korea gebot, auch die Selbstachtung verlangte es. Wer sich als Führer und Beschützer der Welt betrachtet, kann nicht kneifen. Der pragmatische Engländer Attlee erinnerte an die »natürliche« Rivalität zwischen Russen und Chinesen in Ostasien und wollte die Chinesen von der Vorstellung abbringen, daß Rußland ihr einziger Freund sei. »Ich möchte auf sie einwirken, damit sie sich von Rußland trennen. Ich möchte sie zu einem Gegengewicht zu Rußland im Fernen Osten machen.« Dean Acheson lehnte jedoch stolz ab, sich um Peking zu bemühen: »Nach allem, was uns die Chinesen angetan haben, müssen sie uns erst einmal ihre Freundschaft beweisen. Unser Standpunkt ist jetzt, uns vor allem die Machtmittel zu schaffen, die ähnliche Vorfälle von vornherein verhüten. Wir müssen unsere Außenpolitik aus einer Position der Stärke führen.« Der Präsident stimmte seinem Außenminister zu.

Amerika mußte sich im Jahr 1950 seine Machtmittel erst schaffen. Der Überfall auf Süd-Korea löste in Washington einen tiefen Schock aus, weil er zeigte: Die Kommunisten beschränken sich nicht mehr auf »Infiltration und Wühlarbeit«, sondern greifen »zu Waffengewalt und zum offenen Krieg« (Truman am 27. Juni 1950). Wirtschaftshilfe, Finanzkredite und Waffenlieferungen genügten also nicht mehr zur Eindämmung, Amerika mußte selbst zu den Waffen greifen, aber es verfügte nur über schwache Kräfte. Es war, ähnlich wie nach Pearl Harbor, auf Krieg nicht vorbereitet.

Um Korea nicht ganz verlorengehen zu lassen und wenigstens einen Brückenkopf im Süden zu halten, raffte es an Truppen zusammen, was irgendwo verfügbar war. Zunächst gingen alle Kampfeinheiten aus Japan auf die bedrohte Halbinsel; die innere Sicherheit Japans mußte 75 000 japanischen Polizisten überlassen werden. Militärs fürchteten, die Sowjetunion könne diese Schwäche ausnutzen. Noch ein halbes Jahr später war auch Amerika selbst von Truppen entblößt, nur eine Division blieb dort verfügbar, erst im Frühjahr 1951 sollte die Ausbildung weiterer Divisionen abgeschlossen sein. Die erschrockenen Westeuropäer baten um Stationierung neuer amerikanischer Einheiten, selbst wenn es nur Rekruten wären, sagte Attlee. Aber Washington konnte die Entsendung weiterer Truppen nur versprechen und mußte den Termin wegen des Koreakrieges offenlassen. Im Dezember 1950 ernannte es General Eisenhower zum Oberbefehlshaber der ge-

planten europäisch-amerikanischen NATO-Streitkräfte. Mehr
als gute Worte und einen tüchtigen Mann konnte es nicht
bieten.

Truman führte den Korea-Krieg zunächst mit äußerster
Vorsicht. Er verschaffte sich einen Auftrag der Vereinten
Nationen, das sicherte ihm die politische sowie moralische
Unterstützung der Weltorganisation und die Waffenhilfe von
15 Staaten, die Kontingente schickten. Zugleich bemühte sich
der Präsident, eine Ausweitung des Konflikts zu vermeiden.
Er sandte die 7. Flotte in die Straße von Formosa, »um sowohl
kommunistische Angriffe auf Formosa (Taiwan) als auch
Ausfälle Tschiang Kai-scheks gegen das Festland zu verhindern«. Truman achtete auch weiter streng darauf, daß der re-
vanchebegierige Tschiang keine Gelegenheit erhielt, den chinesischen Bürgerkrieg zu erneuern, seine Soldaten durften
auch in Korea nicht helfen, obwohl sie zeitweise gebraucht
wurden. Zur Zurückhaltung wurden auch die eigenen Streitkräfte angehalten, sie durften den 38. Breitengrad, die Grenze
zwischen Süd- und Nord-Korea, weder überschreiten noch
überfliegen. China sollte keinen Grund, keinen Anlaß und
nicht einmal einen Vorwand bekommen, in den Korea-Krieg
einzugreifen.

Aber es ist ein Unterschied, ob man in Bedrängnis ist oder
Aussicht hat, auf die Siegerstraße zu gelangen. Als die Amerikaner genügend Kräfte gesammelt hatten, um zum Gegen-
stoß anzusetzen, galt ihnen der 38. Breitengrad nicht mehr
als Grenze. Truman genehmigte eine Weisung der Vereinigten Stabschefs, mit der Besetzung Nord-Koreas zu beginnen,
sofern nicht chinesische oder sowjetische Streitkräfte auf
den Plan treten. Chinas Außenminister Tschu En-lai warnte,
China werde eingreifen, wenn nicht-koreanische Truppen den
38. Breitengrad überschritten; aber Washington nahm die
Botschaft nicht ernst, und General MacArthur versicherte dem
Präsidenten, die Chinesen würden nicht kommen, weil sie ein
fürchterliches Gemetzel zu erwarten hätten.

Einen Tag später, am 26. November 1950, kamen sie, zweihunderttausend Mann stark, und trieben die Amerikaner und anderen UN-Verbände bis zum 38. Breitengrad vor sich her. Erst dort blieb die Front stehen und stand noch drei Jahre, bis endlich ein Waffenstillstand gelang, der den früheren Zustand wiederherstellte: nördlich des ominösen Breitengrads ein kommunistisches und südlich ein halbdemokratisches Korea, dessen Bestand Amerika mit ständiger militärischer Präsenz garantieren mußte. Erstmals seit 1814 hatten die Vereinigten Staaten einen Krieg nicht gewonnen. Sie hatten ihn in kluger Selbstbeschränkung begonnen, dann aber in hochmütiger Verachtung des Gegners weiter getrieben, als ihre Kräfte reichten. Sie erkannten nicht, daß China ebenso reagieren mußte wie sie: Amerika konnte nicht dulden, daß Süd-Korea an den Osten fiel, China konnte nicht dulden, daß Nord-Korea an den Westen fiel. Wie Amerika chinesische Truppen nicht in Mexiko hingenommen hätte, so ließ China amerikanische Truppen nicht an seine Staatsgrenze heran.

Globales Engagement

Der Korea-Krieg war auf Korea beschränkt geblieben, aber er wirkte wie ein Menetekel. Was bis dahin als ziemlich unwahrscheinlich galt, erschien nun durchaus möglich: ein Krieg mit der Sowjetunion oder sogar mit der Sowjetunion und China. Das Menetekel verwandelte Amerika, beinahe nichts galt nun mehr, was bis dahin sein Verhältnis zur Welt bestimmt hatte.

Nach dem Korea-Krieg fielen alle Hemmungen, sich dauerhaft in Übersee politisch und militärisch zu verpflichten. Präsident und Kongreß beendeten eine Tradition von anderthalb Jahrhunderten, »verstrickende« Bündnisse wurden nicht mehr gemieden, sondern gesucht. In Europa war Amerika bis dahin den Hilferufen der Europäer gefolgt, nach dem Überfall auf Süd-Korea ging es daran, die Papier-Allianz der NATO in ein schlagkräftiges Instrument zu verwandeln. So bald wie möglich schickte es vier neue Divisionen über den Atlantik und setzte gegen vielerlei Widerstände durch, daß weitere

Staaten das Bündnis verstärkten, 1951 Griechenland und die Türkei, 1955 auch die Bundesrepublik. Mit dem Halb-Faschisten Franco schloß Washington ein Abkommen, das ihm militärische Stützpunkte und Einrichtungen auf spanischem Territorium gab. Auf dem Balkan versicherte es sogar dem kommunistischen Jugoslawien, das von Moskau abgesprungen war, seinen Rückhalt, allerdings nur indirekt über die NATO-Mitglieder Griechenland und Türkei.

Auch in der zweiten wichtigen Region, in Ostasien, bemühte sich Amerika, fest Fuß zu fassen. Im Herbst 1951, ein Jahr nach Beginn des Korea-Krieges, verband es sich mit den englischsprechenden Verwandten Australien und Neuseeland zur ANZUS (Australia, New Zealand, United States). In seiner ehemaligen Kolonie, den Philippinen, und im besetzten Japan sicherte es sich ein zeitlich unbegrenztes Stationierungsrecht, ähnlich in Süd-Korea und Formosa-Taiwan; beiden sagte Amerika jetzt vertraglich zu, was es ihnen vor dem Korea-Krieg verweigert hatte: Hilfe gegen bewaffnete Angriffe.

All das schien noch nicht genug zu sein. Den Planern in Washington schwebte eine große Allianz vor, die ganz Ost- und Südasien zu einer antikommunistischen Front vereinte. Doch der SEATO (South East Asia Treaty Organisation), dem asiatischen Gegenstück zur NATO, fehlten die Asiaten, nur Thailand beteiligte sich, das Angst vor China hatte, und Pakistan, das Angst vor Indien hatte. Die volkreichsten und wichtigsten Staaten Indien, Burma und Indonesien wollten sich nicht in den Ost-West-Kampf der »weißen« Nationen hineinziehen lassen, ebenso die meisten islamischen Staaten in Vorderasien und Nordafrika. Außer der NATO fehlte den Allianzen, die Washington gegen Moskau und Peking meist nur mühsam zustande brachte, Substanz und Dauer. Amerika war am stärksten allein und schloß zahlreiche zweiseitige Abkommen, es gab Dollars und bekam Stützpunkte. Ein globales Netz militärischer Positionen entstand, das an das britische Empire erinnerte, teilweise daran anknüpfte und es am Ende sogar übertraf.

Strategie ging nun vor Ideologie, auch das war, jedenfalls in diesem Maße, neu. Antikommunistisch mußten Amerikas Verbündete sein, demokratisch waren viele nicht, weder die Türkei, der Iran, Saudi-Arabien und Pakistan noch Süd-Korea und Taiwan, Titos Jugoslawien gehörte ideologisch sogar auf die Gegenseite. Die Todfeinde von einst, die Deutschen und Japaner, avancierten nach Korea fast über Nacht zu Verbündeten, früher als beabsichtigt und noch keineswegs in der Gewißheit, daß sie Nazismus und Militarismus überwunden hatten. Japan bekam einen Friedensvertrag, und der Bundesrepublik wurde das Ende des Kriegszustandes bescheinigt. Die Besatzungstruppen hießen nun Alliierte Streitkräfte, sie sollten Deutsche und Japaner weiter kontrollieren, vor allem aber gemeinsam mit ihnen die Freie Welt schützen.

Im Kampf mit der Sowjetunion reifte Amerika zur Weltmacht. Die Kraft und Fähigkeit dazu hatte es schon seit Beginn des Jahrhunderts; die Notwendigkeit, Weltpolitik zu treiben, hatte sich mit Roosevelt durchgesetzt, doch erst die Vorstellung, in der Sowjetunion einen global agierenden Feind zu haben, zwang die Vereinigten Staaten, ebenfalls langfristig global zu denken, zu planen und zu operieren. Der Gesichtskreis der meisten Amerikaner blieb weiter auf die eigene Insel beschränkt, doch es bildete sich eine außenpolitische Elite, die auf hohem Niveau tat, was Außenminister Dean Rusk 1965 forderte: »Wir müssen uns um alles kümmern, um alle Länder, Gewässer, die Atmosphäre und den Weltraum, der uns umgibt.« Schon der Zweite Weltkrieg hatte amerikanische Truppen auf fast alle Kontinente gebracht, aber meist nur für die Zeit des Krieges. Der Kampf gegen den »Weltkommunismus« führte nun die Vereinigten Staaten politisch und militärisch für unbegrenzte Dauer in alle Teile der Welt. Das Wichtigste schließlich, die Sicherung des amerikanischen Territoriums, konnte nicht mehr allein der Flotte anvertraut werden; Schutz vor sowjetischen Raketen versprach nur die Abschreckung durch amerikanische Raketen. Die Atomstrategie, die fast zu einer eigenen Wissen-

schaft anwuchs, mußte Globalstrategie sein. Die Insel war
unlösbar mit der Welt verflochten.

Wettkampf der Systeme

Die Auseinandersetzung mit der Sowjetunion verlangte von
Amerika, was noch nie zuvor von ihm verlangt worden war.
Die durch und durch unmilitärische (was nicht heißt: pazifi-
stische) Nation hatte sich auf Kriege früher erst eingestellt,
wenn sie bevorstanden, Amerika war fast immer unvorbereitet und brauchte eine Anlaufzeit, um einen Kampf mit ganzer
Kraft führen zu können. Im Blick auf Moskau und Peking sah
es sich nun genötigt, jederzeit militärisch einsatzbereit zu
sein. Es genügte nicht mehr, Rüstung und Reserven auf einem
relativ niedrigen Friedensniveau zu halten, Hochrüstung
mußte nun Dauerzustand werden. Und da die Sowjetunion
ebenfalls rüstete, entstand ein Rüstungswettlauf, der immer
größere Anstrengungen verlangte. Die Macht der Vereinigten
Staaten wuchs in eine neue Dimension, die erste Wirtschaftsmacht des Globus wurde auch zur ersten Militärmacht.

Im Kampf mit Moskau verlor Amerika die sichere Grundlage, auf der sein Verhältnis zur Welt geruht hatte: die Gewißheit, auf der Insel unerreichbar zu sein für feindliche Invasion und Zerstörung. Was die Römer im Ersten Punischen
Krieg erfahren mußten und was Roosevelt seinen Landsleuten grundlos einzureden versucht hatte, wurde zur Tatsache:
Die Meere schützten nicht mehr. Die Sowjetunion entwik-
kelte Atomwaffen und Interkontinentalraketen, für ihre Raketen tragenden U-Boote wurden die Ozeane sogar wirklich
zu den Highways, von denen Roosevelt gesprochen hatte.
Erstmals seit 1814, als die Engländer Washington angezündet
hatten, war Amerika selbst bedroht.

Ebenfalls seitdem, also seit über 130 Jahren, stand Amerika
einem Feind gegenüber, den es nicht besiegen konnte. Der
Kampf mit Moskau war ein Kampf außerhalb aller seiner
Erfahrung. Bei den »konventionellen« Streitkräften hatte die
Sowjetunion die Überlegenheit, bei den Atomwaffen erreichte

sie Ende der sechziger Jahre Gleichstand. Die Fähigkeit beider
Seiten, den anderen auszulöschen, setzte den Rüstungen und
der Politik Grenzen. Die Gefahr eines ungewollten atomaren
Zusammenstoßes erzwang ein nahezu widernatürliches Verhalten: Statt den Feind zu übertrumpfen, erschien es ratsam,
sich mit ihm über Art und Zahl der brisanten Waffen zu in-
formieren und zu verständigen, so mühsam es war und so un-
vollständig es gelang.

Die politische Grenze hatte Amerika schon in Korea ken-
nengelernt. Die Befreiung eines Landes, dessen kommunistische Herrschaft Moskau oder Peking garantierte, war nicht
möglich. John Foster Dulles, Washingtons militantester Außenminister, wollte sich mit »Eindämmung« nicht begnügen
und versprach, den Kommunismus »zurückzurollen« (roll
back) und dabei bis an den »Rand des Abgrunds« zu gehen,
aber als sowjetische Panzer die Aufstände in der DDR und in
Ungarn niederwalzten, mußte er tatenlos zuschauen. In Vietnam erging es Amerika wie in Korea. Den kommunistischen
Norden, von dem der Krieg ausging, durfte es nicht angreifen, weil Peking und wohl auch Moskau seinen Bestand garantierten, den Süden konnte es, anders als Süd-Korea, nicht
halten, weil er sich gegen die national-kommunistischen Angreifer nicht zu wehren vermochte. 58000 Amerikaner verloren im Dschungelkampf ihr Leben, am Ende blieb nur ein
Rückzug, als Friedensschluß nur schwach beschönigt.

Der einzige Trost für Amerika war, daß es der Gegenseite
nicht anders erging. Von Vietnam abgesehen konnte weder
Peking noch Moskau einen Quadratmeter Boden erobern,
den Washington zu sichern versprochen hatte. In der »Dritten« Welt errang die Sowjetunion zwar Teilerfolge, aber
keine zuverlässigen Verbündeten. Amerikanische Kurzsich-
tigkeit trieb Fidel Castros Kuba in die Arme des Kreml, so
mußte Chruschtschow die ferne Karibik-Insel sichern, wie
Präsident Kennedy das ferne West-Berlin zu schützen hatte.
In Kuba und Berlin erreichte der Machtkampf der beiden
Atomgiganten 1962 seinen letzten lebensgefährlichen Höhe-

punkt. Keiner konnte es sich leisten, dem anderen seinen Schützling auszuliefern, die Welt geriet dabei an den Rand atomarer Vernichtung.

Außenminister Acheson klagte einmal, die Amerikaner erwarteten von der Außenpolitik das gleiche wie von Aspirin: Sie müsse schnell und effizient wirken. Ein Konflikt, dessen Ende nicht absehbar war, lag außerhalb aller Erfahrung Amerikas. Die Kriege, die es bis dahin geführt hatte, konnte es in wenigen Jahren entscheiden. Der Kampf mit Moskau aber bildete eine ständige Herausforderung, die nicht wie gewohnt, mit einem Kraftakt bewältigt werden konnte. Dieser Kampf konfrontierte Amerika mit einem Problem, für das es keine Lösung gab, sondern nur die Hoffnung, daß es sich irgendwann von selbst lösen werde, weil die Sowjetunion vom Kommunismus abrücken und den Kampf aufgeben müsse. Wann das geschehen würde, wußte niemand; bis dahin mußten sich die Amerikaner in Geduld fassen und Ausdauer beweisen, beides Eigenschaften, die nicht zu ihren stärksten gehören.

Da die Waffen den Zweikampf nicht entscheiden konnten, kam es auf die wirtschaftliche und zivilisatorische Kraft an, und da waren die Vereinigten Staaten weit überlegen. Sie konnten ihren Lebensstandard halten und sogar steigern, obwohl sie rüsteten; die Bürger der Sowjetunion mußten den Gürtel enger schnallen, weil ihr Land rüstete. Amerika war eine alte Industriemacht, Rußland eine junge; die Sowjetunion erhielt nicht ganz zu Unrecht Helmut Schmidts böse Bezeichnung »Obervolta mit Raketen«. Amerika präsentierte sich als das reichste Land der Welt, die Sowjetunion war bitterarm durch Entwicklungsrückstand, starre Planwirtschaft und durch Hitlers mörderischen Krieg. Amerika predigte Freiheit nicht nur, sondern lebte sie vor, die Sowjetunion führte das Knutenregiment der Zaren fort und verschärfte es noch. Amerika blieb unerschütterlich in seiner ideologischen Selbstgewißheit, die Sowjetunion und ihre Gefolgsstaaten bauten ideologisch langsam, aber stetig ab, bis schließlich auch die Gläubigen nicht mehr glaubten und die Regierenden das Vertrauen zu sich und ihrer Sache verloren. Wenn es Geigerzähler für Ideologie-Gehalt gäbe, hätten sie in den achtziger Jahren bei außenpolitischen Reden Breschnews und Andropows weniger ausgeschlagen als beim Pathos Carters und Reagans. Amerika verbreitete eine verführerische Massenkultur und war Heimstatt der künstlerischen Avantgarde, die sowjetische Partei wehrte beides lange ab, duldete dann manches widerwillig und ahmte schließlich einiges nach. Amerikas Verbündete amerikanisierten sich, Moskaus »Bruderstaaten« empfingen Anregungen fast ausschließlich aus dem Westen. Amerika etablierte Englisch als Weltsprache, die Sowjetunion setzte Russisch selbst im Osten nur begrenzt als lingua franca durch.

Die Amerikaner respektierten die militärische Stärke Moskaus und fürchteten kommunistische Unterwanderung in verbündeten und neutralen Ländern, blieben sich aber sonst ihrer Überlegenheit bewußt. Im Verhältnis der Vereinigten Staaten zur Sowjetunion gab es niemals völlige Gleichheit, im diplomatischen Umgang natürlich, nicht aber in der wechselseitigen Einschätzung. Amerika sei zur Nummer zwei in der Welt abgesunken, war einer der schlimmsten Vorwürfe Ronald Reagans gegen Henry Kissinger und Präsident Gerald Ford. Second to none, immer der erste sein, blieb eiserner Grundsatz amerikanischer Außenpolitik. Da deren Verwalter fest überzeugt blieben, für die Freiheit und das Recht zu stehen, beanspruchten sie für sich Positionen, die sie anderen absprachen. Die 6. US-Flotte gehörte wie selbstverständlich ins Mittelmeer, sowjetische Kreuzer und U-Boote galten als Eindringlinge. Amerikanische Raketen in der Türkei dienten notwendiger Eindämmung, sowjetische Raketen auf Kuba erschienen als unerhörte Provokation. In den Augen der Amerikaner war es nicht das gleiche, wenn die Russen das gleiche taten wie sie. Die Russen empfanden das.

Wenn Chruschtschow Gäste aus dem Westen in seine Datscha auf der Krim einlud, setzte er sie so, daß sie den Blick auf das Schwarze Meer hatten. Dann fragte er, ob sie das türkische Ufer jenseits des Meeres sähen, was sie verneinen mußten. »Sie sind kurzsichtig«, sagte Chruschtschow, »ich sehe das Ufer und ganz genau die amerikanischen Raketen dort, die auf die Sowjetunion gerichtet sind, vermutlich auch auf diese Datscha.« Als er im Herbst 1962 sowjetische Raketen nach Kuba schaffen ließ, wollte er nicht zuletzt den Amerikanern »ein bißchen von ihrer eigenen Medizin verabreichen«. Sein Schwiegersohn sagte es weniger poetisch: Er wollte die Anerkennung des militärischen Gleichgewichts durchsetzen.

Anerkennung ist ein Schlüsselwort. Die sowjetische Amerika-Politik spiegelte die amerikanische Sowjet-Politik, die Verweigerung voller Gleichheit rief ein beständiges Streben nach Gleichheit hervor. Die Sowjetunion hatte 1955 Amerikas deutsches Kind, die Bundesrepublik, anerkannt, Amerika und der gesamte Westen aber erkannten bis 1972 die DDR nicht an und stellten damit die gesamte sowjetische Nachkriegsordnung im Ostteil Europas in Frage. Um deren Anerkennung, also um die Bestätigung der sowjetischen Herrschaft über Ostmitteleuropa, mühte sich Moskau beharrlich. Es war sein Hauptziel bei der gesamteuropäischen Konferenz (KSZE), zu der sich 1975 die Staats- und Regierungschefs ganz Europas und Nordamerikas in Helsinki trafen. In dem feierlich unterzeichneten Schlußdokument, einer Art Friedenscharta für Europa, wimmelte es von sowjetischen Wunschbegriffen: »Gleichheit«, »souveräne Gleichheit«, »rechtliche Gleichheit«, »Gleichberechtigung«, »gleiche Rechte und Pflichten«, »Zusammenarbeit unter Bedingungen voller Gleichheit«, »Zusammenarbeit als Gleiche«.

Ein kluger deutscher Diplomat verglich damals die Sowjetunion mit der französischen Republik nach der Revolution von 1789. Beide wurden in der etablierten Staatengesellschaft als Parvenus betrachtet und empfanden sich auch so; sie waren überzeugt, den Fortschritt zu verkörpern, und litten doch unter dem Komplex, nicht als gesellschaftsfähig zu anerkannt zu sein. Erst 1933, als die Sowjetunion schon fünfzehn Jahre

bestand, bequemten sich die Vereinigten Staaten dazu, sie anzuerkennen. Amerika war und blieb für die Sowjetunion der
faszinierende Feind, das böse Gegenbild und heimliche Vorbild. Als Chruschtschow 1960 seinen Besuch vorbereitete,
war, wie sein Schwiegersohn und Vertrauter berichtet, seine
»Hauptsorge: nicht die Großartigkeit Amerikas zu bestaunen,
nicht wie ein Einfaltspinsel dazustehen«. Aus der Einsicht in
die eigene Rückständigkeit entsprang Chruschtschows großes Programm, das jedem sozialistischen Land die Aufgabe
stellte, ein vergleichbares kapitalistisches Land »einzuholen
und zu überholen«, die Sowjetunion sollte Amerika schlagen.
Das sozialistische System sei das bessere, behauptete er, aber
den Maßstab gab ihm der überlegene Stand der kapitalistischen Welt.

Präsident Ronald Reagan versuchte, die Überlegenheit
Amerikas zu einer gewaltigen, scheinbar sogar gewalttätigen
Offensive zu nutzen. »Der große und dynamische Erfolg des
Kapitalismus«, erklärte er, »hat uns eine mächtige Waffe im
Kampf gegen den Kommunismus in die Hand gegeben: Geld.
Die Russen können niemals das Wettrüsten gewinnen. Wir
können sie für immer mit unseren finanziellen Mitteln über-
bieten. Außerdem sind die verschiedenen Anreize des kapitalistischen Systems für uns eine industrielle Basis, um für
immer den technologischen Vorsprung zu wahren.« Im Juni
1982 prophezeite der Präsident vor dem britischen Parlament
den Zusammenbruch des sowjetischen Imperiums; der repres-
sive Charakter des sowjetischen Systems werde über kurz
oder lang zu Revolution und Untergang führen. Um den
Wandel zu ermutigen, müsse man zwar behutsam sein, aber
»die Zeit ist gekommen, einen neuen Kreuzzug für die Freiheit zu beginnen, um den Marxismus-Leninismus auf den
Müllhaufen der Geschichte zu werfen«.

Der Präsident wollte die wirtschaftliche Überlegenheit zur
Schaffung militärischer Überlegenheit nutzen. Er gab ein Ra-
ketenabwehrsystem in Auftrag, das Amerika unverwundbar
machen sollte, während die Sowjetunion für amerikanische

Raketen weiterhin erreichbar bleiben würde. Reagan rüstete wie keiner seiner Vorgänger. Der neue, seit März 1985 amtierende, sowjetische Parteichef Michail Gorbatschow erkannte, daß er bei diesem Wettlauf nicht mithalten konnte, und antwortete mit einer Serie von Abrüstungsvorschlägen, die schließlich Reagan an den Verhandlungstisch brachten. Erstmals wurde die Zahl der Raketen nicht nur beschränkt, sondern verringert; erstmals kam es bei einer Waffenart zu einer »Null-Lösung«, und erstmals prallten nicht unvereinbare ideologische Glaubenssätze aufeinander, sondern das Bekenntnis des Westens zu Demokratie und Marktwirtschaft wurde zum Bekenntnis auch des Ostens. Reagans Nachfolger, George Bush senior, und Gorbatschow verkündeten das Ende des Kalten Krieges, es war auch das Ende des sowjetischen Imperiums.

Gorbatschow hatte seinen Gefolgsstaaten die Wahl des politischen Systems freigegeben, wie Dominosteine fiel ein kommunistisches Regime nach dem anderen unter den Demonstrationen des Volkes. Deutschland wurde nach den Bedingungen des Westens vereinigt und die NATO auf das Gebiet der DDR ausgedehnt. Das Gegenbündnis Moskaus, der Warschauer Pakt, löste sich auf. Die sowjetischen Truppen zogen sich in den folgenden Jahren hinter die sowjetischen Grenzen zurück, die amerikanischen Divisionen und Stützpunkte wurden verringert, aber sie blieben. Fast ganz Europa wünschte, daß die Vereinigten Staaten weiterhin ihre Hand über die Alte Welt hielten, als Versicherung gegen das unberechenbare Rußland und das vergrößerte Deutschland.

Im Dezember 1991 zerfiel schließlich die Sowjetunion selbst. Amerika hatte sie nicht besiegt, auch nicht »totgerüstet«, die kommunistische Vor- und Hauptmacht ging, wie der ganze Kommunismus, an sich selbst zugrunde. An ihrem sozialen und ökonomischen Entwicklungsrückstand, an der Unreformierbarkeit ihres politischen und wirtschaftlichen Systems, an der Unfähigkeit, die wachsenden, oft sogar nur die elementaren Bedürfnisse ihrer Völker zu befriedigen, an

unaufhaltsamem wirtschaftlichen Abstieg, politischer Erstar-
rung und ideologischer Austrocknung. Der Kommunismus
hatte verloren, was einst seine Faszination ausmachte: die
Überzeugung, den Lauf der Welt zu verstehen und bestimmen zu können, den Glauben an die Zukunft.

Ronald Reagans Forcierung des Rüstungswettlaufs be-
stärkte Gorbatschow in seiner Einsicht, daß man in Moskau
nicht so weitermachen konnte wie bisher; die Herausforderung des Präsidenten beschleunigte den Untergang der Sowjetunion, aber sie verursachte ihn nicht. Amerikas Leistung
war, den »Wettkampf der Systeme« zu gewinnen. Amerika
hat diesen ebenso strapaziösen wie Kräfte verschlingenden
Kampf vierzig Jahre lang durchgehalten, es hat allezeit und
überall sowjetischem Druck standgehalten und dem Osten
immer eindringlicher ein Bild des Westens entgegengehalten,
das langsam zum Maßstab des Ostens wurde.

Von der Sicherheits- zur Machtpolitik

»Noch ist nicht aller Tage Abend«, entfuhr es im Jahr 185 vor
Christus Philipp V. von Makedonien. Der König vermochte
seine Erbitterung über die Willkür nicht mehr zu beherrschen, mit der die Römer ihn demütigten. Es war ein Satz so
verständlich wie falsch. Viele Makedonen und Griechen
glaubten noch, es werde möglich sein, die Römer nach Italien
zurückzuzwingen. Sie setzten Hoffnung auf den »großen«
Antiochos, sogar Perseus trauten manche zu, er werde sich
gegen die Legionen behaupten können. Nicht erst der Rückblick zeigt, daß keiner dieser Könige eine Chance hatte. Schon
Polybios versuchte, allerdings erst nach beiden Kriegen, seinen Landsleuten die falschen Vorstellungen auszutreiben, indem er auf 700000 Heerespflichtige verwies, die Rom schon
vor dem Hannibal-Krieg zur Verfügung standen.

Als Amerika und die Sowjetunion sich in den Kalten Krieg
verstrickten, gab es nicht nur in Europa manchen, der einen
Sieg des Kommunismus erwartete. Zu zielbewußt und rück-

sichtslos erschien Moskaus Streben zur Weltrevolution und damit zur Weltherrschaft, als daß der uneinige, scheinbar unentschlossene und immer nur reagierende Westen widerstehen könnte. Zu hoch auch die Zahl der sowjetischen Divisionen in Europa, als daß es möglich gewesen wäre, deren Durchmarsch bis zum Atlantik aufzuhalten. Wer genauer hinsah, konnte aber schon früh erkennen, daß Amerika der Sowjetunion in jeder Hinsicht überlegen war, wirtschaftlich und technisch, damit auch militärisch, zugleich politisch durch Verfassung und Lebensstil, schließlich ideologisch durch praktizierte Freiheit.

Die Römer siegten bei Magnesia und Pydna, und die Amerikaner gewannen den Kalten Krieg, weil sie stärker waren als alle ihre Gegner. Wie auf allen früheren Etappen des Weges zur Weltmacht gab die physische, materielle und moralische Kraft den Ausschlag. So war es nicht verwunderlich, daß bei beiden die Sicherheitspolitik immer mehr in Machtpolitik überging. Die Vertreibung des Antiochos aus Europa läßt sich als Schutzmaßnahme für Italien erklären, die Zurückdrängung seiner Herrschaft bis an die syrische Grenze nur noch halb. Einen Gegner kleinzumachen, damit er nie wieder zur Gefahr werden kann, ist Sicherheitspolitik, zugleich aber Ausdehnung der eigenen Macht. Der Krieg mit Perseus war in römischen Augen kaum mehr ein Krieg, sondern die Niederschlagung einer Rebellion: Mit Perseus' Vater Philipp hatte Rom Frieden geschlossen, den Sohn bestrafte es; er wurde im Triumphzug des Konsuls vorgeführt und endete kläglich im Kerker einer italischen Kleinstadt.

Amerika trat der Sowjetunion entgegen, weil es die Ausbreitung des Kommunismus als eine Bedrohung ansah, die am Ende auch die Vereinigten Staaten selbst erfassen werde. Aber war die Sicherheit Amerikas in Berlin, Korea, Vietnam und 1979 beim Einmarsch der Sowjetunion in Afghanistan gefährdet? Washington engagierte sich in den ersten drei Fällen direkt und im vierten indirekt, weil es einen Machtzuwachs Moskaus und Pekings nicht glaubte hinnehmen zu dürfen und einen Prestigeverlust Amerikas schon gar nicht. Was die Amerikaner zu Recht fürchteten, war eine Verwüstung durch sowjetische Atomwaffen, in der Nuklearpolitik ging es um die Existenz, im übrigen aber, je weiter die Zeit voranschritt, um die Macht. Beim globalen Duell mit dem Kreml kämpfte Amerika weniger gegen einen lebensgefährlichen Feind als gegen einen Rivalen. Wer niemals der zweite sein will, wird nicht von Furcht getrieben, sondern von Ehrgeiz, Selbstgewißheit und missionarischem Eifer.

Frappierend ähnlich erscheint auch der Zwang, unter den Römer wie Amerikaner sich durch ihre Freiheitsproklamationen setzten. Rom mußte die Freiheit der Griechen gegen Antiochos verteidigen und Amerika die Freiheit West-Berlins und Westeuropas und allmählich auch vieler Länder auf anderen Erdteilen. Beide waren genötigt, ihre Glaubwürdigkeit zu wahren, weil Verlust der Glaubwürdigkeit schweren Machtverlust bedeutete. Beide sahen sich auch außerstande, die hehren Prinzipien immer und überall zu wahren. Rom beließ kleinasiatische Griechenstädte unter der Herrschaft des König Eumenes und lieferte ihm Städte in Thrakien sogar noch aus, Amerika duldete sieben Jahre lang eine Militärdiktatur beim vorher demokratischen NATO-Mitglied Griechenland. Zuverlässige Verbündete wie König Eumenes und Oberst Papadopoulos waren Rom wie Amerika eine Messe wert.

Vergleichbare Schwierigkeiten hatten beide mit ihren Alliierten. Ihre Hegemonie und die Formen, sie auszuüben, verstörten Griechen und Westeuropäer und auch Japaner. Die Gründe für Konflikte unterschieden sich. Die Ätoler wollten Griechenland und die Achäer die ganze Peloponnes beherrschen, die meisten Westeuropäer wollten sich europäischen Aufgaben widmen und nicht weit in die globale Politik Amerikas einspannen lassen. Die Ätoler paktierten sogar mit dem Feind und holten Antiochos zum Kampf gegen Rom, die Achäer führten auf eigene Faust Krieg gegen Sparta. Der französische Staatspräsident Charles de Gaulle warf 1966 die

NATO aus ihrem Hauptquartier in Paris hinaus und verließ
die Militärorganisation der Allianz. Die Westdeutschen, auch
andere Westeuropäer, versuchten sich Anfang der achtziger
Jahre einem drohenden neuen Kalten Krieg zu entziehen,
weil sie von der Entspannung in Europa so viel wie möglich
retten wollten.

Im antiken wie im modernen Fall zeigte sich die Neigung,
die Rivalität der Großmächte zu nutzen. Griechen wollten
mehr Spielraum zwischen Rom und Makedonien und wünschten daher, daß sich Perseus gegen Rom behauptete. Staatspräsident Charles de Gaulle entlockte den versammelten Sowjet-
führern ein zufriedenes Lächeln, als er seine Freude kundtat,
daß die Sowjetunion das Übergewicht Amerikas über Europa
ausgleiche. Das Lächeln erstarb dann, als er hinzufügte, er sei
froh über die Amerikaner, weil sie das sowjetische Übergewicht über Europa balancierten.

Römer und Amerikaner sahen sich durch die Eigenwillig-
keit und Aufsässigkeit ihrer Verbündeten gestört, Rom durch
die Ätoler sogar in einen Krieg gezogen, doch vor allem handelte es sich für sie um Machtfragen. Der Senat bestrafte die
Abtrünnigen und auch die unsicheren Kantonisten nach dem
Perseuskrieg hart, weil er seine Herrschaft durch Aufstand
oder auch nur Disziplinlosigkeit gefährdet glaubte. Die Vereinigten Staaten erzwangen Anfang der achtziger Jahre die
Stationierung ihrer Mittelstreckenraketen in Westeuropa, obwohl sie es militärisch für unnötig hielten. Es war so lange und
so grundsätzlich darüber gestritten worden, daß sie glaubten,
die Handlungsfähigkeit der NATO und ihre Führungsrolle
sichern zu müssen.

Für alle Beteiligten ging es nicht nur um Macht und Interessen, auch Gefühle sprachen mit. Griechen und Westeuropäer litten unter der Arroganz der Großen und ihrer Abhängigkeit von ihnen. Römer und Amerikaner beklagten die
Undankbarkeit ihrer Verbündeten: Sie hatten ihre Inseln
verlassen, gegen feudale und kommunistische Imperialisten
gekämpft, um den Griechen die Freiheit zu bringen und sie

den Westeuropäern zu erhalten. Sie hatten Griechen und Westeuropäern geholfen, damit sie sich selbst helfen könnten, aber nach der ersten großen Welle der Dankbarkeit und Freundschaft erfuhren sie wachsende Zurückhaltung und Unfreundlichkeit, vor allem aber Egoismus und Bequemlichkeit: Sicherheit ist Aufgabe der Großen, Waffenhilfe nur auf ausdrückliche Anforderung! Andererseits wollten Römer wie Amerikaner nicht wahrhaben, was sie nach Hellas und Europa gebracht hatte: weit weniger ihre Liebe zu Freiheit und Demokratie als ihr wie auch immer verstandenes Eigeninteresse.

Doch die Parallelen haben Grenzen. Die Treue fast aller Griechen war unsicher, die Zuverlässigkeit der Westeuropäer hingegen war, wenn sich Gefahr zeigte, sicher; in der Berlin- und Kuba-Krise 1962 stand auch de Gaulle fest zu Amerika. Die Westeuropäer trennte von der Sowjetunion weit mehr als die Griechen von Makedonien. Auch die Antwort der Großmächte auf die Aufmüpfigkeit der Kleinen unterschied sich wesentlich. Rom griff zur Gewalt und erzwang, was ihm nicht freiwillig entgegengebracht wurde. Amerika ärgerte sich gewaltig und schaffte durch Druck und gute Worte, die Allianz zusammenzuhalten.

Schließlich das Wichtigste: So unvergleichbar Roms Ostkriege und Amerikas Kalter Krieg sind, gemeinsam ist ihnen das historische Ergebnis. Davor waren Rom und Amerika die ersten Weltmächte ihrer Zeit, danach waren sie die einzigen. In der Ökumene, der bewohnten, damals bekannten Welt, gab es keine Stadt, keinen Staat und kein Reich, die es wagen konnten, sich mit Rom zu messen. Rom führte weiter viele Kriege, aber nur zur Niederwerfung von Aufständen oder was der Senat dafür hielt und zur territorialen Abrundung seines Besitzstandes. Hundert Jahre später, in der Zeit der Bürgerkriege, kamen andere Motive und Ziele hinzu.

Nach der Auflösung der Sowjetunion gibt es keinen Staat und keine Staatengruppe mehr, die Amerika gefährlich werden oder auch nur gleichrangig mit ihm verkehren kann. Was die Überlegenheit der Vereinigten Staaten über die Sowjetunion begründete, militärisch und wirtschaftlich, technisch und zivilisatorisch, das begründet jetzt ihre Überlegenheit über den Rest der Welt. Mit dem Jahr 190 v. Chr. trat die Antike und mit dem Jahr 1991 die Gegenwart in einen nie gekannten Zustand. Wo vorher mehrere Große miteinander rivalisierend den Lauf der Welt bestimmten, hatte und hat jetzt nur noch einer das letzte Wort und, wenn es ihm nötig erscheint, die Macht, seinen Willen durchzusetzen.

7. Parallelstraßen

Die Straßen, auf denen Römer und Amerikaner zu ihrer einzigartigen Stellung gelangten, verliefen bemerkenswert parallel. Wo andere, von einer Eroberungseuphorie getragen und getrieben, sich riesige Reiche unterwarfen, wuchsen Rom und Amerika langsam, eher zögernd, aber stetig zu weltbestimmenden Mächten. Ihre entscheidenden Fortschritte waren das Ergebnis siegreicher Kriege, doch die Voraussetzung der Siege, die Entwicklung außerordentlicher Kräfte, wurde vorher und nebenher geschaffen. Das Wesentliche geschah, wie meistens, kaum bemerkt in aller Stille. Dieses Wesentliche, Charakter, Fähigkeiten und Talente, Wertekanon, Ideale und Maßstäbe, Gesellschaftsaufbau, Staatsordnung und Kultur, Mythen, Traditionen und Gewohnheiten, nicht zuletzt Größe und Reichtum des Landes sowie Zahl und Art der Nachbarn – all das unterschied sich und muß als unvergleichbar in Erinnerung bleiben. Die Straßen zum Erfolg verliefen parallel, aber in großem Abstand.

Großer Abstand

Händler

Die Vereinigten Staaten blieben alle Zeit, auch noch als Weltmacht, ökonomisch bestimmt, was Rom nie war. Vieles, das rätselhaft erscheint an Amerika und den Amerikanern, findet seine Erklärung in wirtschaftlichen Ursachen, Zwecken und Denkweisen. Wo gibt es noch einmal ein Land, das nachträglich bezahlte, was es schon erobert hatte? Und das auch erst zu erobern begann, nachdem es nicht mehr kaufen konnte – vor den Kugeln kamen die Dollars. Die Vereinigten Staaten mußten schon weit in die Weltpolitik geraten, bis sie große Entscheidungen nicht mehr aus wirtschaftlichen, sondern aus politischen Erwägungen trafen. Und erst existentielle Sorgen rückten zeitweise militärische Gesichtspunkte an den ersten Platz. Der Erwerbstrieb der Römer war kaum geringer als der amerikanische, aber die Römer wurden reich in Folge ihrer Kriege und die Amerikaner mit Hilfe ihrer Geschäfte, so gewaltsam es bei denen auch manchmal zuging. Schließlich der vielleicht wichtigste Unterschied: Expansion war für Rom das Ergebnis politischer Verwicklungen, für Amerika war Expansion, weil wirtschaftlich angetrieben, ein Lebensgesetz.

Seefahrer

Anders als die Römer waren die Amerikaner schon seit ihrer Frühzeit nicht nur Siedler, sondern auch Seefahrer. Bereits 1815 bekämpften sie nordafrikanische Piraten, um ihren Mittelmeerhandel zu schützen; Rom entschloß sich bis in die späte Republik nur mühsam, gegen Seeräuberei vorzugehen. Amerikanische Kriegsschiffe öffneten Mitte des 19. Jahrhunderts ostasiatische Häfen für amerikanischen Export und halfen in ganz Lateinamerika, wirtschaftliche Interessen durchzusetzen. Je mehr die Ausfuhr der Überschußproduktion zur Lebensfrage wurde, desto dringender wurde der Schutz der Seewege. Rom war und blieb Landmacht, Amerika war und blieb sowohl Land- als auch Seemacht. In Rom kam die Flotte als letztes, erst erzwungen durch den Krieg mit Karthago, in Amerika war die Flotte das erste, mit dem sich die Vereinigten Staaten Anfang des 20. Jahrhunderts militärischen Weltrang erwarben. In Admiral Alfred T. Mahan hatten sie sogar einen strategischen Kopf, der die Bedeutung von Seemacht auf die Weltgeschichte und -politik entwickelte und auch auf Europa und Japan starken Einfluß ausübte. Rom brauchte eine Flotte, aber hätte ihr nie allein seine Sicherheit anvertraut, wie es Amerika bis in den Zweiten Weltkrieg tat. Und wenn Amerika seine Kriege heute noch am liebsten von der See und aus der Luft führt, so will es das Leben seiner Soldaten schonen, aber gibt auch zu erkennen, daß es immer noch eher vom Meer aus denkt als vom Land.

Zivilisten

Die amerikanischen Landstreitkräfte boten hingegen durch das ganze 19. Jahrhundert ein trauriges Bild. Sie wurden hervorgeholt, wenn man sie brauchte, erwiesen sich oft als wenig brauchbar, weil sie sträflich vernachlässigt wurden. Nur während des Bürgerkrieges von 1861 bis 1865, des schwersten Krieges, den die Amerikaner je führten, befanden sich die Armeen auf der Höhe der Zeit. Im Jahr 1865 hatten die Vereinigten Staaten das größte stehende Heer der Welt, das sie dann aber sogleich fast völlig auflösten.

Die Römer benötigten, um gegen ihre Feinde in Italien zu bestehen, seit ihrer Frühzeit einsatzfähige Streitkräfte. Die Volksversammlung, die über Krieg und Frieden entschied und die Heerführer wählte, war aus der Heeresordnung hervorgegangen. Wehrdienst bildete für jeden waffenfähigen Römer eine Selbstverständlichkeit, für jeden waffenfähigen Amerikaner war die Einberufung zur Miliz nur eine vage Möglichkeit. Die ständige Armee, die manche zunächst für überflüssig hielten, setzte sich aus Freiwilligen zusammen. Schon für den Freiheitskampf gegen England bekam George Washington nicht einmal die Hälfte der Soldaten, die der Kongreß bewilligt hatte. Im zweiten Krieg gegen England

(1812–1814) verfügte die Armee nur über ein Fünftel der Stärke, die ihr bewilligt worden war.

Die römische Organisation und Disziplin fanden die Bewunderung des Militärkenners Polybios (6,19–42), organisatorisches Versagen und Disziplinlosigkeit plagten die Streitkräfte Amerikas mehr als hundert Jahre. »Unzulänglich ausgebildet, kümmerlich versorgt und im allgemeinen von miserablen, ungeeigneten oder überalterten Offizieren kommandiert« oder »von Politikern ohne militärische Ausbildung«, lautet das Urteil amerikanischer Historiker. Der Krieg gegen Mexiko (1846–1848) war weder finanziell noch militärisch vorgeplant, im Krieg gegen Spanien (1898) kamen 90 Prozent der Toten durch Krankheit um, weil für den voraussehbaren Kampf im tropischen Klima Kubas nicht vorgesorgt worden war. Daß die Amerikaner dennoch ihre Kriege gewannen oder wenigstens nicht verloren, verdankten sie weniger sich als ihren Gegnern, die noch schwächer oder in Europa beschäftigt waren.

Bei den Römern stand auf Wachvergehen Todesstrafe, vollzogen durch eine Art Spießrutenlauf. Schon im Freiheitskampf gegen England liefen George Washingtons Soldaten davon, weil sie zum Dienst keine Lust mehr hatten. Von den 50 000 Milizionären, die zum zweiten Krieg gegen England 1812–1814 aufgerufen wurden, erschien nur ein kleiner Teil, der sich als schlecht und widerspenstig erwies. Für den Krieg gegen Mexiko (1846–1848) meldeten sich Freiwillige für eine so kurze Dienstzeit, daß manche schon wieder ausschieden, bevor sie die Front erreichten.

So ging es nicht weiter. Schon unter Präsident Theodore Roosevelt wuchs die Einsicht, daß eine Weltmacht nicht ohne zeitgemäße Landstreitkräfte auskommt; erstmals erhielt Amerika einen Generalstab. In den Kriegen des 20. Jahrhunderts fochten Armeen, die nicht mehr vergleichbar waren mit den laxen Soldaten des vergangenen bequemen Insel-Jahrhunderts. Sie waren besser ausgerüstet, ausgebildet und diszipliniert, sie wurden gebraucht und deshalb auch beachtet. In dem Maße, wie die Wirtschaftsmacht Amerika zur Militärmacht werden mußte, stiegen auch Bedeutung und Ansehen des Militärs, nicht allein der Marine und Luftwaffe, auch der Armee.

An dem Grundunterschied zu Rom änderte sich jedoch nur wenig. Krieg und Kriegsdienst blieben am Tiber die Regel, nur zweimal bis zu Augustus' Zeit soll das Janustor geschlossen worden sein, was ein Jahr des Friedens anzeigte. Fast jeder Konsul mußte und wollte sich als Feldherr bewähren. In Amerika hingegen bildeten Krieg und Wehrpflicht die Ausnahme. Durch das ganze 19. Jahrhundert führten die Vereinigten Staaten, außer dem Bürgerkrieg, nur drei Kriege. Ihre Politiker brauchten keinen Feldherrenruhm, und die Generäle hatten in der Politik nicht mitzureden. Die Römer waren und blieben militärisch geprägt, die Amerikaner waren und blieben eine durch und durch unmilitärische Nation, was jedoch nicht heißt: eine unkriegerische. »Weder als Einzelmenschen noch als Volk besonders friedfertig veranlagt«, schrieb schon 1908 Archibald Cary Coolidge, der in Harvard amerikanische Geschichte lehrte.

Ideologen

Schließlich unterschied die Amerikaner von den Römern, was die ganze Gegenwart vom Altertum trennt: Die Antike kannte Religionen, aber keine Ideologien in der Art des 19. und 20. Jahrhunderts. Die Wiederherstellung oder Schaffung einer Monarchie galt Römern wie Amerikanern als Staatsverbrechen, doch als der römische Senat das makedonische Königtum liquidierte und den letzten König einkerkerte, wollte er nicht der Republik zum Sieg verhelfen, sondern einen Herd rebellischer Unruhe stillegen. Rom war lange und fest mit Königen verbündet, verlieh ihnen oft den Ehrentitel eines amicus populi Romani und stützte in manchen Regionen seine Herrschaft auf sie. Auch Amerika nutzte Könige und Diktatoren im Kampf gegen Kommunismus und Terrorismus, jedoch mit einem Unterschied: Für Rom handelte es sich

um normale Allianzen, für Amerika um Mesalliancen, um
Beziehungen, die man eigentlich nicht eingeht und die in
Amerika selbst meist kritisiert wurden.

Ähnlich stand es mit dem Verhältnis zu Staaten des gleichen »Systems«. Die römischen Aristokraten kooperierten
fast durchweg mit dem besitzenden und politisch bestimmen-
den Bürgertum. Es war die gleiche Gesellschaftsschicht, mit
der man sich verstand und in Italien auch familiär verband.
Auf die Standesgenossen war eher Verlaß als auf das unberechenbare und unzuverlässige Volk, mit den Eliten ließen sich
außenpolitisch stabile Beziehungen schaffen und die römische Herrschaft organisieren. Wenn das Volk, fast immer
aus sozialer Not, revoltierte und die Verfassung umstürzte,
schritt Rom ein. Im etruskischen Volsinii führte es 265 den
vertriebenen Adel zurück, und im achäischen Dyme, wo 115
die Rebellen die Steuerakten verbrannt und selbst das Regiment ergriffen hatten, stellte der Prokonsul die alte Ordnung
wieder her und ließ die Rädelsführer hinrichten. Doch dabei
ging es allein um die Macht. Die Großen hielten für Rom die
Kleinen in Schach und trieben die Steuern ein, dafür garantierte Rom ihnen die Herrschaft in ihrer Stadt. Die Verfassungen anderer Staaten waren für Rom keine Frage des Glau-
bens, sondern des politischen Nutzens; anderen die eigene
Verfassung aufzunötigen kam Römern nie in den Sinn. Es
war die Nachahmung des römischen Vorbilds, daß italische
Städte allmählich Rom ähnliche Ämter und Einrichtungen
einführten.

Die römische Politik unterschied nicht zwischen Verfassungen, sondern zwischen Rom-Freunden und Rom-Feinden.
Für die Amerikaner war hingegen eine Allianz mit Demokratien ein Wert an sich. Demokratien entsprachen den amerikanischen Interessen: liberale Wirtschaft, politische Partner
gleicher Art, dazu die Erfahrung, daß Demokratien nicht
immer, aber meistens friedfertiger sind als Diktaturen, auch
leichter beeinflußbar. Aber das war nicht alles. Demokratie
und freie Wirtschaft bilden den Maßstab, nach dem Amerika-

ner andere Länder beurteilen, wer beides verwirklicht und verinnerlicht, wird respektiert; wer es nicht tut oder starke Mängel erkennen läßt, gehört nicht in die wohlanständige Staatengesellschaft. Ronald Reagan hätte gern »von Mann zu Mann« mit dem sowjetischen Generalsekretär Jurij Andropow gesprochen, um ihn von dem Nutzen zu überzeugen, wenn sich »die Sowjets der Völkerfamilie anschlössen«. In Deutschland und Japan begann Amerika nach dem Zweiten Weltkrieg mit einer groß angelegten reeducation, was nicht Umerziehung heißt, sondern Zurückerziehung: Abweichler sollten auf den einzig richtigen Weg zurückgebracht werden. Die Römer wären nie auf den Gedanken gekommen, besiegte Völker zu erziehen, es sei denn zum Gehorsam gegen Rom. Die Romanisierung Italiens und später der Länder um das westliche Mittelmeer entsprang nicht einem Programm, sondern ergab sich als Folge politischer und zivilisatorischer Überlegenheit.

Den Römern war ihre Verfassung heilig, aber nur für Rom. Den Amerikanern erscheint die ihre als Vorbild für die Menschheit. Dieser Glaube schuf strahlende Beispiele uneigennütziger Taten sowie finstere Exempel für blinden Fanatismus. Der Westteil Berlins hatte ehrliche Freunde in Amerika und erfuhr, jenseits der Existenzsicherung, wahre Freundeshilfe. Der Kommunistenjäger der fünfziger Jahre Joseph McCarthy führte vor, wie ideologische Raserei zerstören kann, was sie zu retten meint. In Rom gab es weder das eine noch das andere. Die Römer wollten die Welt nicht bessern, sondern beherrschen; die Welt nach dem eigenen Bilde zu formen war und blieb der politische Traum der Amerikaner.

Gleiche Richtung

Römer und Amerikaner unterschieden sich, auch die Umstände, Anlässe und Formen ihrer Politik taten es, doch Motive, Zwänge, einige allgemeine Voraussetzungen und nicht zuletzt manche Eigenheiten zeigten starke Ähnlichkeit.

Kairos und Geographie

Beide waren durch Zeit und Ort begünstigt. Ihre Weltstellung ergab sich nicht allein aus ihrer Stärke, sondern auch aus der Schwäche derer, die früher die Welt bestimmten. Als Rom im Jahr 200 nach Osten ausgriff, war das ägyptische Ptolemäer-Reich infolge innerer Wirren handlungsunfähig, Makedonien und Syrien mußten sich mühen, ihre frühere Stellung wieder zu erlangen. Rom kostete es keine außergewöhnliche Anstrengung, die hellenistischen Großmächte zu unterwerfen, hundert Jahre vorher war es froh, sich ohne Sieg gegen den hellenistischen Condottiere Pyrrhos behauptet zu haben. Europa bedurfte zweier Weltkriege, um sich in den Zustand zu bringen, in dem es 1945 den Vereinigten Staaten elend, kraftlos und entmutigt zu Füßen lag. Hundert Jahre vorher war Amerika der englischen Flotte dankbar, die sie vor europäischer Invasion schützte. Römer und Amerikaner betraten die Weltbühne erst, als die Akteure, die sie bis dahin beherrschten, am Ende ihrer Kunst und Kraft waren.

Zum Kairos, dem richtigen Zeitpunkt, kam die Geographie, die richtige Lage. Römer und Amerikaner lebten lange ziemlich ungestört von außen in Italien und Amerika. Dieser erste Abschnitt ihrer Geschichte läßt sich in seiner Bedeutung kaum überschätzen, er bildete die Grundlage, auf der erst der spätere Aufstieg möglich wurde. In der relativen Abgeschiedenheit ihrer Inseln konnten sich beide eines großen Territoriums bemächtigen und darauf Kräfte sammeln, die sie stärker werden ließen als alle Länder jenseits der Meere und Ozeane. Darin lag ihr Erfolgsgeheimnis: Römer und Amerikaner waren schon Weltmächte, bevor sie es wurden.

Selbstgenügsamkeit

Sie wurden es erst langsam. Lange reagierten sie mehr, als sie agierten; und obwohl sie tatkräftig in die Weltpolitik eingriffen, zögerten sie noch Jahrzehnte, eine Rolle darin zu übernehmen. Beide scheuten davor zurück, sich außerhalb von Italien und dem nordamerikanischen Festland dauerhaft festzusetzen. Rom errichtete Provinzen nur im Westen als Schutz vor Karthago, im Osten zog es nach drei siegreichen Kriegen die Legionen zurück und begnügte sich mit informellem Regiment als Beschützer, Vermittler und Schiedsrichter. Amerika annektierte Inseln und schuf Kolonien nur in der Karibik und im Pazifik, vorwiegend aus wirtschaftlichen Gründen. In der übrigen Welt beschränkte es sich darauf, Bündnisse zusammenzubringen, Truppen zu stationieren, Stützpunkte einzurichten und durch wirtschaftliche Dominanz politische Folgsamkeit zu erzwingen.

Beider Verfassung ließ nichts anderes zu. Der Stadtstaat Rom schaffte es nur mit großer Mühe und viel Geschick, eine funktionsfähige Herrschaft über Italien zu errichten; in Sizilien, Sardinien und Spanien übernahm er großteils karthagische oder griechische Einrichtungen. Eine Eingemeindung des griechischen Ostens hätte Rom organisatorisch ebenso überfordert, wie die Freie und Hansestadt Hamburg nicht in der Lage wäre, die Europäische Union zu regieren.

Die Verfassung der Vereinigten Staaten von Amerika kennt nur Bundesstaaten in Amerika. Eine Erweiterung des Staatsgebiets ist nur möglich durch die Aufnahme von Territorien, die geographisch benachbart sind und von Menschen bewohnt werden, die amerikanische Staatsbürger werden wollen. Der Beitritt Kanadas war dringend erwünscht, aber die Kanadier sträubten sich beharrlich; Mexiko wurde gezwungen, sein halbes Staatsgebiet abzutreten, aber außerhalb des nordamerikanischen Festlands erlangte allein Hawaii den Status eines Bundesstaates, es war die Ausnahme, welche die Regel bestätigte. Selbst Alaska, auf dem Festland gelegen, mußte bis 1959 auf die Aufnahme in die Union warten. Eine Eingemeindung europäischer oder asiatischer Gebiete wurden nie erwogen und war unmöglich, auch wenn deren Bewohner es gewünscht hätten.

Fremde Länder blieben Römern wie Amerikanern fremd. Beide zogen geographisch und kulturell einen scharfen Trennungsstrich zwischen Italien und Nordamerika einerseits und ihren Erwerbungen jenseits der Meere andererseits. Beide unterschieden zwischen Völkern, die romanisierbar oder amerikanisierbar erschienen, und anderen, bei denen keine Aussicht erkennbar war, daß man sie sich anverwandeln könnte. Für beide war klar: Wir brauchen die fremden Inseln und Gegenküsten, aber sie gehören nicht zu uns. Die Römer machten daher aus ihren außeritalischen Eroberungen »Provinzen«, militärische Amtsbezirke, in denen sich Rechtsprechung und Ausbeutung erst allmählich entwickelten. Die Amerikaner nannten ihre Annexionen in der Karibik und im Pazifik »Territorien«, die – anders als die Territorien auf dem Festland – lange oder immer ein staatsrechtliches Nichts blieben, je nach Lage dem Innen-, Marine- oder Kriegsministerium unterstellt.

Um die Kontrolle über die fremden, aber unentbehrlich erscheinenden Gebiete zu behalten, suchten Römer und Amerikaner dort stabile politische Verhältnisse zu schaffen, keine Feindschaft sollte sich da regen und kein Feind von außen eindringen können. Rom errichtete in Griechenland, Makedonien und Kleinasien Friedensordnungen, Amerika begründete oder stützte auf anderen Kontinenten Demokratie und Marktwirtschaft, ideologische und ökonomische Übereinstimmung sollte politische Gemeinsamkeit schaffen. So unterschiedlich beide Methoden waren, beide gewährten innen- und sogar außenpolitische Freiheit bis zu dem Punkt, an dem die Interessen der Großmacht berührt oder ihr imperialer Rang mißachtet würde. Römer und Amerikaner wollten sich mit möglichst geringem Aufwand ihre Ruhe sichern und für den Ernstfall die Möglichkeit, die Ruhe wieder herzustellen.

Wege in die Welt
Vergleichbar waren auch die Gründe, die beide bewogen, sich jenseits der Meere an fremden Küsten festzusetzen: Die Inseln erschienen nicht mehr sicher, die Meere schützten nicht mehr. Die Römer wußten das seit dem Ersten Punischen Krieg, als die karthagische Flotte die Küsten Italiens ver-

heerte, die Amerikaner glaubten es im Zweiten Weltkrieg und erfuhren es im Kalten Krieg, als die Sowjetunion über Kontinentalraketen verfügte. Ursprünglich war es den Amerikanern nur um ökonomische Sicherheit gegangen. Offene Märkte rund um den Globus galten ihnen als Existenznotwendigkeit, ein autarkes Europa unter Hitler und ein autarkes Ostasien unter Japan erschien ihnen als Existenzbedrohung. Dann jedoch glich sich der amerikanische Sicherheitsbegriff dem römischen an: Was über hundert Jahre lang unmöglich erschienen war, trat ein, dem eigenen Land drohte fremde Gewalt. Der Erschütterung folgte ein fundamentaler Wandel, die größte Wirtschaftsmacht sah sich gezwungen, auch zur größten Militärmacht zu werden.

Die Kriege, die Römer und Amerikaner jenseits der Meere führten, entstanden nach dem gleichen Mechanismus. Fern von ihren Inseln beobachteten sie starke Eroberer. Um sie fern zu halten, bestimmten sie Sicherheitszonen, die Abstand garantieren und frei bleiben sollten. Je weiter die Eroberer ihre Macht ausdehnten, desto weiter dehnten sie ihre Sicherheitszonen aus, am Ende überschnitten sich die Zonen mit den Gebieten, die sich die Eroberer aneignen wollten. So gerieten die Römer in Nordspanien mit Hannibal, in Illyrien mit Philipp und in Griechenland mit Antiochos in Konflikt. Die Amerikaner stießen mit den Deutschen im Atlantik und um England zusammen, mit den Japanern in China und Südostasien und mit der Sowjetunion teils tatsächlich, teils vermeintlich auf allen Erdteilen.

Wie bei konzentrischen Kreisen erweiterte sich das römische und amerikanische Übersee-Engagement ständig. Jeder Kreis, der geschützt werden sollte, verlangte die Besetzung des nächsten größeren Kreises, der nun auch geschützt werden mußte. Griechenland diente der Sicherung Italiens, Kleinasien diente dann der Sicherung Griechenlands, und Syrien diente wiederum der Sicherung Kleinasiens, es wurde vertraglich verpflichtet, »keinem Feind den Durchzug gegen die Römer und ihre Bundesgenossen zu gestatten« (Polybios

21,45). So kamen die Römer, von einem Sicherheitsbedürfnis zum nächsten getrieben, schließlich um das ganze Mittelmeer. Auf ähnliche Weise gelangten die Amerikaner mit dem Krieg gegen Deutschland nach Europa und mit dem Krieg gegen Japan nach Ostasien und dann, von einer Eindämmung der Kommunisten zur nächsten gedrängt, rund um die Welt.

Eine wichtige Rolle spielten dabei dritte Länder, die das mächtige Rom und Washington um Hilfe baten. Wenn man Cicero (de re publica 3, 35) glauben wollte, dann wären die Römer sociis defendendis zum Herrn des Erdkreises geworden: Sie mußten ihre Verbündeten verteidigen. Das stimmt natürlich nur zur Hälfte, der Senat entschied im Interesse Roms und nicht der Bittsteller. Doch das waren meist höchst gewandte, maulfertige, wie Mommsen sagte, Griechen, die Gefahren für sich als Gefahren auch für Rom darzustellen wußten. Nahezu jede Intervention außerhalb Italiens wurde durch Warnungen oder – nicht bestellte! – Hilferufe von außen angestoßen. Die Mamertiner in Messana holten die Römer 264 nach Sizilien, Folge: der erste Krieg mit Karthago. Die Massilioten holten sie nach Spanien, Folge: der zweite Krieg mit Karthago. Rhodos und Pergamon holten sie nach Griechenland, Folge: der Krieg mit Philipp. Pergamon, Smyrna und Lampsakos holten sie nach Kleinasien, Folge: der Krieg mit Antiochos. Eumenes von Pergamon hetzte gegen seinen Rivalen Perseus, Folge: der dritte Krieg mit Makedonien.

England und Frankreich brauchten Amerika im Ersten Weltkrieg, Churchill legte alles darauf an, es in den Zweiten zu ziehen. Die Engländer baten Amerika 1947 um Ablösung als Schutzmacht in Griechenland, die Türken wünschten Rückhalt gegen die Sowjetunion, die Westeuropäer drängten zur Gründung der NATO. Jeder Fall war anders, die Rolle und der Einfluß der dritten Länder unterschieden sich sehr, doch manche Kriege wären ohne Einwirkung eines Kleinen kaum entstanden.

Jeder Kampf, den Römer und Amerikaner führten, brachte sie einen Schritt weiter in die Weltpolitik. In den Ersten Punischen und den Ersten Weltkrieg gerieten sie wider Willen, in die zweiten Kriege gingen sie bewußt hinein, die dann folgenden Kämpfe nahmen sie auf sich, ohne noch, wie früher, sehr lange zu zögern und zu zweifeln. Ein Jahr nach der Überwindung Hannibals drängte der römische Senat zur Kriegserklärung an Philipp. Zwei Jahre nach dem Ende des Zweiten Weltkrieges stellte sich Truman dem Zweikampf mit Moskau, und der amerikanische Senat debattierte darüber weniger und weniger heftig als über Roosevelts Schritte zum Kampf mit Hitlers Deutschland. Römer und Amerikaner reiften zur Weltpolitik, die Insulaner wuchsen zu global players.

Nachdem sie die Straße zur Weltpolitik betreten hatten, ergab sich oft eins aus dem anderen. Ohne den Ersten Punischen Krieg wäre der zweite nicht entstanden, ohne den zweiten nicht der Krieg mit Philipp, ohne diesen nicht der Krieg mit Antiochos, und ohne beide Kriege, die Rom in Griechenland banden, wäre es nicht gegen Perseus zu Felde gezogen.

Amerikas Eintritt in den Zweiten Weltkrieg folgte nicht zwingend aus seiner Teilnahme am Ersten, der Kalte Krieg hingegen hatte den Zweiten Weltkrieg zur Voraussetzung und gab dann ein seminarreifes Beispiel, wie B sagen muß, wer A gesagt hat. Als der Marshall-Plan nicht zu genügen schien, um Westeuropa zu stabilisieren, fand sich Washington zu einem Militärbündnis bereit; als der »Weltkommunismus« gewalttätig zu werden schien, füllte es die Papier-NATO mit eigenen Divisionen. Da es in Europa eine antikommunistische Front errichtete, sah es sich gezwungen, es auch in Ostasien zu tun, und nachdem es Süd-Korea verteidigt hatte, meinte es, auch den Bestand Taiwans garantieren zu müssen. Die Stabilisierung Ostasiens machte es dann in den Augen der Präsidenten und Planer unausweichlich, auch Südostasien zu sichern und Soldaten in die Dschungel Vietnams zu schicken. Bei alledem folgten die Amerikaner wie die Römer auch dem Zwang ihrer politischen Proklamationen; die Verteidigung der »Freiheit« nötigte die Legionen bis an die Grenze Syriens und die GIs fast auf alle Erdteile.

Rom und Amerika expandierten, weil sie überwach auf
wirkliche und vermeintliche Gefahren antworteten und nicht
nachließen, bis sie den Gegner niedergeworfen hatten. Beide
drängten auf Sieg- und nicht auf Verhandlungsfrieden, ihr
Ziel war die bedingungslose Kapitulation. Die Römer verlangten die deditio, wonach sie »Herr über alles« waren und
der Besiegte »über nichts mehr« (Polybios 36,4). Die Amerikaner forderten, wo immer es sich erreichen ließ, »uncondi-
tional surrender«. Beiden ging es um das uneingeschränkte
Recht, Feinde für immer unschädlich zu machen. Die Karthager, Makedonen und Syrer durften Kriege nur noch mit römischer Erlaubnis führen, die Japaner dürfen es überhaupt
nicht und die Deutschen nur zur Verteidigung.

Vermeidbare Kriege

Sicherheit blieb ein Schlüsselwort in der römischen und
amerikanischen Außenpolitik. Dabei war es fast gleichgültig,
ob Gefahren in der Wirklichkeit oder nur in der Einbildung
bestanden, der Handelnde hielt sie für eine Realität und reagierte darauf. Im Rückblick allerdings fragt sich sehr oft, ob
da nicht überreagiert wurde. Die Kriege, die Rom und Amerika zu Weltmächten beförderten, erscheinen großenteils
vermeidbar.

Die Karthager zeigten 264 vor Christus nicht die geringste Absicht, von Sizilien, das sie nur in seinem Westteil
beherrschten, nach Italien überzugreifen; die Römer hatten
nicht die geringste Absicht, Sizilien zu erobern. Die Land-
und die Seemacht mit ihren ganz unterschiedlichen Interessen hätten weiter friedlich-freundlich koexistieren können,
wie sie es schon zweihundert Jahre lang getan hatten. Einer
der längsten und buchstäblich verheerendsten Kriege der
Weltgeschichte war vermeidbar. Für den Zweiten Punischen
Krieg ist das zweifelhaft. Was Hannibal plante, wissen wir
nicht und werden es nie erfahren, sicher ist nur, daß er im
Jahr 218 lediglich Nordspanien zu erobern beabsichtigte.
Vielleicht wollte er später, im Besitz der ganzen Iberischen

Halbinsel, den Revanche-Krieg gegen Rom wagen, vielleicht wäre sein militärisches und politisches Talent mit der Unterwerfung der Halbinsel verbraucht worden. Die Römer benötigten mehr als ein halbes Jahrhundert, bis sie Spanien fest unter Kontrolle hatten. Durchaus vermeidbar erscheinen die Kriege mit den hellenistischen Königen. Rom hatte keine Ansprüche, Ziele oder auch nur Wünsche im Osten, Philipp und Antiochos hatten kein Interesse an Italien. Beider Ehrgeiz blieb in den Grenzen des Alexanderreiches, sie wollten Rom nicht vernichten, sondern aus ihrer, der hellenistischen Welt, heraushalten.

Niemand, den Amerika fürchtete, wollte Amerika erobern. Der deutsche Kaiser, Hitler, Japans Generäle und die Sowjetführer mühten sich vielmehr, einen Krieg mit den Vereinigten Staaten zu vermeiden. Hitler träumte vielleicht von deutscher oder großgermanischer Weltherrschaft, und die Moskauer Kommunisten hofften, der Sozialismus werde sich dank historischer Gesetzmäßigkeit und ihrer Mithilfe überall durchsetzen. Bald glaubten sie auch das nicht mehr, sondern waren froh, wenn sie ihr eigenes, überdehntes Herrschaftsgebiet behaupten konnten.

Die Amerikaner hatten jedoch, wie die Römer, eine Neigung zur Hysterie. Ihre Führung sah oder dramatisierte Gefahren, die unbefangene Betrachter für gering hielten. »Am fünften Tag nach der Abfahrt von Korinth wird Philipp nach Italien gelangen«, läßt Livius den Konsul des Jahres 200 sagen; die Volksversammlung sollte den Krieg gegen Philipp, den sie zuvor abgelehnt hatte, beschließen. »Wenn Englands Flotte fällt, wird Hitler in die Unabhängigkeitshalle von Philadelphia einmarschieren«, sagte Roosevelts Gesinnungsfreund William C. Bullitt; die Amerikaner sollten auf den Krieg mit Deutschland eingestimmt werden.

Es ist ein merkwürdiges Bild, das sich da zeigt. Zwei Staaten wurden zu Weltmächten, weil sie sich gegen Gefahren verteidigten, die sie sich größtenteils nur einbildeten. Die Kriege, die Rom und Amerika groß werden ließen, erscheinen

objektiv betrachtet meist vermeidbar; subjektiv aber waren
sie es nicht, weil die Römer die Römer waren und die Amerikaner die Amerikaner.

Eigenschaften und Eigenheiten

Sicherheitssorgen, wirtschaftliche Interessen und Machtver-
suchungen haben viele Staaten und werden doch nicht Weltmächte. Weshalb Rom und Amerika zu den höchsten Gipfeln
aufstiegen, wird immer ein halbes Geheimnis bleiben, heftig
umstritten und nie ganz erklärlich. Erkennbar erscheint immerhin, daß in beiden Fällen einige Besonderheiten zusam-
menkamen: viel Land und viel Volk, die eine breite materielle
und personelle Grundlage gaben; eine staatliche Form und
Führung, die Kräfte freisetzten; eine starke praktische Veranlagung und große Lernfähigkeit, die ständige Fortschritte ermöglichten, dazu eine unbändige Energie, die Kräfte entfal-
tete; schließlich ein unerschütterliches Selbstbewußtsein und
ein Sinn für Macht, die keine Zweitrangigkeit zuließen.

Basis

Italien war für antike Verhältnisse ein großes Land, das die
Römer nicht nur beherrschten, sondern auch nutzten. Sie ok-
kupierten für sich genügend Boden, sicherten sich die Wehrkraft der ganzen Halbinsel und vermehrten ihre Bürgerschaft
ständig durch Bürgerrechtsverleihung und Eingemeindung.
Die Vereinigten Staaten haben kontinentale Ausdehnung sowie Bodenschätze und Energiequellen fast jeder Art. Die Zahl
ihrer Bürger steigerten sie durch eine nie unterbrochene, obwohl nicht gleichmäßige Einwanderung aktiver und kräftiger Naturen. Die Wege und Formen unterschieden sich, aber
beide waren originell: Kein antiker Stadtstaat schaffte die Erweiterung zum Territorialstaat und verwandelte verschieden-
artige Völkerschaften zu einer Gemeinschaft, zu Italikern,
den Trägern der Toga. Kein Einwanderungsland entwickelte
eine solche Anziehungskraft wie Amerika, nahm so viele

Millionen Fremde auf und verschmolz sie zu einer Nation. Die Offenheit für andere gehörte zu den Stärken Roms und Amerikas, sie schufen sich damit eine breite, sich erweiternde Bevölkerungsbasis, ohne die ihre militärische und wirtschaftliche Ausdehnung nicht möglich gewesen wäre.

Staat

Der römische Staat funktionierte, wie selten ein Staat funktioniert hat, nicht ein Verfassungstext, das Vorbild der Vorfahren gab den Maßstab. »Auf dem lebendigen Bewußtsein, was man von selbst zu tun hatte, beruhte die Ordnung des römischen Lebens« (Alfred Heuss). In dem entscheidenden Jahrhundert von 264 bis 168 lag die Leitung der Politik in den Händen des Senats, der sich fast durchweg aus denselben Familien zusammensetzte und von ganz wenigen, knapp zwanzig großen Geschlechtern dominiert wurde. Die geschlossene Führung und ein gehorsames, diszipliniertes Volk entwickelten und bündelten Kräfte, die Rom schwerste Zeiten überstehen ließen.

Die freiheitliche Verfassung Amerikas eröffnete dem Bürger Möglichkeiten, wie sie nirgendwo sonst bestanden, der Erfolg des einzelnen nutzte dem Ganzen, die Nation konnte über große Mittel verfügen. Vor allem bildete die Verfassung mit ihren Werten und Zielen ein einigendes Band für eine Gesellschaft, die sich aus vielen Nationalitäten zusammensetzte. »Die größte Stärke eines Landes liegt nicht in seinem militärischen Können, sondern in der Einigkeit seines Volkes«, schrieb der frühere Verteidigungsminister Robert McNamara. Wenn schwere Herausforderungen zu bestehen waren, erreichte und bewahrte Amerika diese Einigkeit; der Vietnam-Krieg bildete eine Ausnahme. Schließlich hatten die Vereinigten Staaten ein Glück, das einem Land nur selten zuteil wird: Sie bekamen zur rechten Zeit starke und weitsichtige Führer, von Wilson und Roosevelt über Truman bis zu dem charismatischen Kennedy und dem finsteren Nixon, der jedoch ein vorzüglicher Außenpolitiker war. Man kann den

frommen Geschichten bei Livius und dem Flaggenfeteschis-
mus der Vereinigten Staaten mißtrauen und muß doch bei
Römern und Amerikanern einen glaubwürdigen Verfassungs-
patriotismus erkennen.

Praxis

Der Geist allerdings kam nicht aus Rom und nicht aus Amerika. Römer und Amerikaner waren keine Dichter, Künstler
und Philosophen, sondern Praktiker. Nicht Phantasie beflü-
gelte sie, common sense befähigte sie zu höchst erfolgreicher
Bewältigung der Realitäten des Lebens. Beide waren von er-
schreckender Nüchternheit. Wo findet man ein Volk, in dem
nach dem vierten Sohn manchem kein Name mehr einfiel und
einfach durchgezählt wurde: Quintus, Sextus, sogar einen
Decimus, einen zehnten, gab es. Was ist das für ein Land, dessen Straßen keine Namen haben und nur einfach durchgezählt werden?

Die Genialität der Römer bewies sich in der Entwicklung
des Rechts, das in manchen Teilen bis heute gilt und in anderen bis heute nachwirkt; die Genialität der Amerikaner zeigte
sich in der Entwicklung technischer und ökonomischer Verfahren, die erstmals Massenproduktion und Massenabsatz
ermöglichten und Amerika an die Spitze der industriellen
Welt beförderten. Beide, die Juristen und die Ingenieure, waren Empiriker, nicht Theoretiker. Das römische Recht ging
vom Einzelfall aus und gelangte dann zu allgemeinen For-
meln, es war Richterrecht, das durch ständiges Experimentie-
ren und dann Festhalten am Bewährten allmählich Gestalt
annahm. In Amerika wurde die Grundlagenforschung lange
vernachlässigt und die Anwendung technischer Erkenntnisse
energisch betrieben. Auch die Amerikaner schritten experi-
mentierend voran: Learning by doing, try and error. Aber nur
zwei Chancen gab es, einen Fehler zu korrigieren, keine
dritte. Versager wurden gefeuert.

Die Gebote der Praxis galten für fast alle Lebensbereiche.
Die Römer bekamen ihre Staatsordnung »nicht durch theore-

tische Einsicht, sondern unter vielen Schwierigkeiten und
Kämpfen. Aus jedem Fehlschlag zogen sie eine Lehre, wähl-
ten das Bessere und kamen so ... zu der besten Verfassung,
die es heute gibt« (Polybios 6,10). Die Staatsphilosophie lieferten ihnen erst die Griechen. Die Amerikaner entwarfen
zwar eine geschriebene Verfassung, aber nicht mit einem
Mal, auch hier handelte es sich um das Resultat langer Auseinandersetzungen, die in den berühmten Federalist Papers
nachzulesen sind. Ihnen eignet hohes Niveau und Offenheit
für alle Seiten und Zeiten: Man nahm, was man brauchen
konnte, und verband das republikanische Ideal mit historischen Erfahrungen und realistischer Einsicht in die menschliche Natur.

Offenheit galt für beide auch sonst. Römer und Amerikaner waren von begnadeter Unbefangenheit, wenn sie etwas
lernen konnten, das nützt. Die Römer bekannten sich auch
dazu. Es war Caesar, der den Senat erinnerte: »Unsere Vorfahren waren nicht zu stolz, fremde Einrichtungen nachzuah-
men, wenn sie sich bewährt hatten. So haben sie Schild und
Wurfspieß von den Samniten, verschiedene Amtsinsignien
von den Etruskern übernommen – kurz: Wo immer sie, ob bei
Freund oder Feind, etwas Zweckmäßiges sahen, führten sie es
mit größtem Eifer bei sich ein« (Sallust, Catilina 51,37–38).
Zugleich bildeten Römer wie Amerikaner ihre eigenen Fähigkeiten aus, es waren die gleichen, die sie schon zu Herren
ihrer Inseln hatten werden lassen. Das Talent zu politischer
Organisation und wirtschaftlicher Expansion bewährte sich
in neuen Formen. Beide besiedelten nicht mehr, was in ihre
Macht kam, aber sie entwickelten Methoden, mit denen sie
dauerhafte Macht über Gebiete jenseits der Meere begründeten. Auf dem Weg zur Weltspitze blieb manches liegen, das
später nachgeholt werden mußte, aber aus der Beschränkung
erwuchs große Kraft.

Energie

Unübersehbar ist bei beiden die Energie. So problematisch
völkerpsychologische Einteilungen sind, die Weltmacht
Amerika läßt sich nur begreifen, wenn man ihre beispiellose
ökonomische Dynamik ins Zentrum stellt; Roms Erfolgsgeheimnis war sein politisches Genie. Was aber beide vereint,
sind ihre unbändige Energie, ihre Weigerung, sich mit Halb-
heiten zu begnügen, ihre Entschlossenheit, eine Sache zu
Ende zu führen, und ihre Überzeugung, alles durchsetzen zu
können, wenn man nur kräftig genug darangeht. Polybios,
der die Römer jahrzehntelang beobachtete, schrieb: Sie »wollen alles mit Gewalt durchsetzen. Sie glauben, ihre Absichten
erzwingen zu müssen, und halten nichts, was sie sich in den
Kopf gesetzt haben, für undurchführbar« (1,37,7).

Der Satz könnte auch über Amerika geschrieben sein. Die gigantische Absicht, einen ganzen Kontinent mit Antiraketen
gegen Raketen zu schützen, entsprang der Überzeugung, auch
das Unmögliche möglich machen zu können. Während die
Amerikaner ökonomisch immer in Bewegung blieben, entfal-
tete sich ihre politische Energie meist erst durch Herausforderung; sie waren wirtschaftlich stetig, politisch unstetig; sie zögerten länger als andere, taten dann aber entschlossener als
andere, was sie für nötig hielten. Als es 1944 um die Kriegspla-
nung für den Balkan ging, klagte Churchill über die Vereinigten Staaten, »die sich für lange Zeit desinteressierten, dann
aber auch wieder mit unerwarteter Intensität neuen Anteil
nehmen möchten«. In einem alten Witz verjagt ein Amerikaner einen ganzen Menschenfresserstamm, nachdem er sich von
dem athletischsten Krieger eine kräftige Maulschelle erbeten
hatte; befragt, weshalb er sich und seine Mitgefangenen erst im
letzten Augenblick herausgehauen habe, erklärt er: »I need a
real provocation.« Lange nichts, und dann mit unerwarteter
Kraft. Auch die Römer verhielten sich in manchen Zeiten so.
Die karthagische Expansion in Spanien nahmen sie wenig zur
Kenntnis, sie »schliefen«, meinte Polybios, aber als sie durch
den Bruch des Ebro-Vertrages aufwachten, schritten sie so-

gleich zum Krieg. Unbegreiflich lange duldeten sie Seeräuberei größten Stils zuerst in der Adria und später auf dem ganzen Mittelmeer, dann aber räumten sie mit einer Geschwindigkeit und Gründlichkeit auf, die ihre Umwelt in Erstaunen setzte.

Ihre stärksten Energien entwickelten die Römer in der Not. Charakteristisch für sie sei, schrieb Polybios, »daß sie sich nach einer Niederlage am hochfahrensten und schroffsten geben« (27,8,8). Ein späterer Historiker bestätigte: »Selbst wenn sie besiegt sind, muß man noch mit ihnen ringen« (Justin 31,5), ihre Haltung nach Cannae gab den eindrucksvollsten Beweis. Die Amerikaner waren nie existentiell bedroht, wie die Römer es mehrfach waren, aber auch sie bewiesen kompromißlose Härte, wenn sie sich bedroht fühlten, ihre Haltung nach Pearl Harbor und dem terroristischen Massenmord am 11. September 2001 gab deutliche Beispiele. Unter Druck und Gefahr nicht nachgeben, nicht aufgeben, sondern mit doppelter Kraft dagegenhalten, das geboten Charakter und Selbstachtung in Rom und Amerika. Als die Chinesen in Korea die amerikanischen Truppen vor sich hertrieben, sagte Präsident Truman zum britischen Premierminister Attlee: »Uns aus dem Fernen Osten zurückzuziehen ist undenkbar. Das amerikanische Volk würde das niemals dulden.«

Selbstbewußtsein

Ein starkes Selbstbewußtsein, so scheint es, ist Römern wie Amerikanern schon in die Wiege gelegt worden. Von den Römern der Frühzeit wissen wir nicht viel; erkennbar ist, daß sie ihre innere Ordnung von Patron und Klient auf die Außenbeziehungen übertrugen. Der Herr forderte Gehorsam und gewährte Schutz, so war es in der römischen Gesellschaft, und so gestaltete sich auch das Verhältnis zu anderen Städten und Stämmen. Rom nahm sie in seine fides auf, in eine Schutzherrschaft, die Schutz versprach und Herrschaft begründete. Die außenpolitischen Erfolge bekräftigten das Selbstgefühl. Als Herren Italiens gewöhnten sich die Römer an einen Herrenstandpunkt, dann gewannen sie Macht über alle Staaten

und Völker bis nach Kleinasien. König Prusias von Bithynien
empfing eine römische Gesandtschaft im Gewand eines frei-
gelassenen Sklaven – unmöglich, da nicht selbstbewußt zu
werden bis zum Hochmut.

Den Amerikanern war Expansion ein Lebensgesetz, es trieb
sie politisch über ihren Kontinent und ökonomisch dann über
die Welt. Wer sich ausbreitet, fühlt sich stark. Schon Anfang
des 19. Jahrhunderts erhoben Politiker, besonders eindrucksvoll John Quincy Adams, Ansprüche, die über ihre Möglichkeiten beträchtlich hinausgingen. Amerika wollte mehr, als es
konnte, aber mit der Zeit konnte es, was es wollte. Es maßte
sich nicht nur an, den gesamten Kontinent zu vertreten, sondern wurde zur dominierenden Macht bis Kap Hoorn, später
zur stärksten auf dem Globus, von vielen gefürchtet, von vielen als Retter gepriesen. Da es schon selbst fest überzeugt war,
Vorbild für die ganze Menschheit zu sein, war es auch für die
Amerikaner unmöglich, nicht selbstbewußt zu werden bis
zum Hochmut.

Exemplarisch für das römische Selbstbewußtsein waren die
Formen der Kriegserklärung: Im Jahr 218 in Karthago: keine
Diskussion der Rechtsstandpunkte, nur die provokante Frage
»Krieg oder Frieden?« Später die ultimative Forderung an
Philipp: alles herausgeben, was du genommen hast, alles wieder gutmachen, was du zerstört hast, sonst gibt's Krieg. Nicht
in solcher Form, wohl aber in der Sache trieb Roosevelt die Japaner vor die Entscheidung Kapitulation oder Krieg. Schwä-
chere und Verbündete bekamen schon lange, bevor Amerika
zur einzigen Weltmacht geworden war, »Unilateralismus« zu
spüren, da erfuhr manche verbündete Regierung erst im letzten Augenblick oder erst aus der Zeitung, was in Washington
beschlossen worden war. Der Senator William Fulbright
sprach bereits 1966 von der »Arroganz der Macht« Amerikas,
Roms Feinde und auch seine Freunde sprachen von superbia.
Der alte Cato fragte seine Landsleute: »Wollt ihr euch darüber erregen, daß jemand hochmütiger ist als ihr?« (Gellius,
Attische Nächte 6,3)

Kein Volk wird leicht mit Niederlagen fertig, sehr selbstge-
wisse werden es noch weniger. Die Römer erlitten in ihrer
Frühzeit manche Schlappe, zweimal aber folgte der Niederlage eine schwere Demütigung. Das »Wehe den Besiegten«
des Keltenfürsten, der sein Schwert auf die Goldwaage warf,
und das Caudinische Joch, unter dem ein ganzes Heer waffenlos hindurchgehen mußte, gruben sich als Symbole römischer
Schande für immer ins römische Gedächtnis. Sie erschienen
so unerträglich, daß vaterländische Geschichtsschreiber Siege
und Kriege erfanden, um die schmachvollen Niederlagen
wettzumachen. Roms Selbstbewußtsein ließ nur zu, was Livius (5,6,8) einem Redner in den Mund legte: Das römische
Volk darf kein anderes Ende eines Krieges kennen als den
Sieg.

»There is no substitute for victory«, beharrte General
MacArthur, um den Korea-Krieg auf China ausweiten zu
können. Präsident Trumans politische Vernunft hinderte ihn,
aber erstmals seit 1814 endete ein Krieg Amerikas ohne Sieg.
Zehn Jahre später nochmals das gleiche in Vietnam, das zum
Trauma wurde, weil es ein verlorener und dazu noch fragwürdiger Krieg war. Um Amerika das Selbstbewußtsein wieder-
zugeben, bedurfte es des unerschütterlichen Optimisten
Ronald Reagan, der wieder sprach wie Livius und MacArthur:
»Im Krieg gibt es keinen Ersatz für den Sieg.« Das soll weiter
gelten. Da Präsident Bush senior 1990 nur Kuweit befreite
und nicht Bagdad stürmen ließ, korrigierte ihn sein Sohn, als
er im März 2003 den Angriffsbefehl auf den Irak gab: »Dies
wird nicht ein halbherziger Feldzug, und wir werden kein anderes Ergebnis hinnehmen als den Sieg.«

Religion

Die römische Götterfurcht unterschied sich ihrem Wesen
nach von amerikanischem Gottesglauben. Für die Römer war
Religion vor allem Ritual, die sorgfältige, peinlich genaue
und nie versäumte Pflege der Beziehung zu den überirdischen Mächten, von deren Gunst alle menschliche Tätigkeit

abhing. Im Unglück suchte man neue Heilmittel, um die
Götter zu versöhnen, oder eine neue Gottheit, die aus der
Not helfen sollte. Gläubige Amerikaner fühlen sich als Werkzeug Gottes und betrachten die Vereinigten Staaten als
»Neues Jerusalem, vom Himmel gesandt«. Auch wenn sich
diese Überzeugung allmählich abgeschwächt hat, Präsident
George W. Bush beschwor sie noch am 29. Januar 2003 vor
dem Kongreß: »Die Freiheit, die wir schätzen, ist nicht Amerikas Geschenk an die Welt, es ist Gottes Geschenk an die
Menschheit.« Religion reichte bei Römern und Amerikanern
bis in die praktische Politik, der Konsul erbat für jedes Vorhaben die Hilfe der Götter, der Präsident handelt im Auftrag
Gottes.

Gemeinsam blieb beiden die außerordentliche Bedeutung,
die sie der Religion zumaßen und zumessen. Der aufgeklärte
Grieche Polybios bemerkte staunend, die Religion spiele im
privaten wie im öffentlichen Leben Roms eine solche Rolle
und es werde auch so viel Wesens darum gemacht, wie man es
sich kaum vorstellen könne. Ganz ähnlich wundern sich bis
heute Europäer über Amerika, und amerikanische Soziologen
liefern die Daten. 89 Prozent ihrer Landsleute glaubten an die
Existenz Gottes, und 78 Prozent hielten das Gebet für einen
wichtigen Teil ihres täglichen Lebens. Polybios schien die
»beinahe abergläubische Götterfurcht die Grundlage des römischen Staates« zu sein (6,56,9). Gottesglaube ist wohl nicht
die Grundlage des amerikanischen Staates, aber ein wichtiges,
nicht entbehrliches Element. Schon die Bekenntnisse und Ge-
sten der Präsidenten und Politiker bestätigen es. Sie wissen,
nur 15–20 Prozent der Wähler sind religiös nicht mehr an-
sprechbar.

Das Rom des 2. vorchristlichen Jahrhunderts war, das wissen wir nicht nur von Polybios, weit religiöser als das säku-
larisierte Griechenland. Amerika blieb bis heute das religiö-
seste Land, verglichen mit allen westlichen Industriestaaten,
eine Ähnlichkeit, die vielleicht kein Zufall ist. Menschen und
Staaten, die dem Irdischen stark verhaftet sind, messen dem

Überirdischen oft besonders hohe Bedeutung bei. Wie dem auch sei, der vermeintliche Einklang mit den Göttern und Gott stärkte das Selbstbewußtsein und gab Kraft.

Moral

Starke Staaten folgen ihren Idealen, soweit sie können, auch in der Außenpolitik. Rom focht für dignitas, die Ehre des römischen Volkes, für maiestas, seine Würde, für gloria, seinen Ruhm; die Ziele, auf die jeder römische Aristokrat sein Leben richtete, waren auch die Ziele des Staates. Die Begriffe mögen fremd klingen, doch wenn man maiestas mit Prestige übersetzt, stellt sich die Erinnerung ein, daß vor hundert Jahren auch Europäer für die Ehre ihres Landes in den Krieg zogen. Für Rom jedenfalls genügen die modernen Erklärungen: Sicherheit, Interessen und Macht, nicht.

Eine amerikanische Althistorikerin, Susan B. Mattern, der idealistische Beweggründe in der Außenpolitik geläufig sind, nennt Rom eine »honor-based-society« und mahnt die Beachtung moralischer und psychologischer Beweggründe wie Ehre, Kränkung und Rache an. Rom begann Kriege für die Ermordung und auch nur für die Beleidigung von Gesandten. Beim Kriegsbeschluß gegen Philipp war Rache für das Bündnis mit Hannibal im Spiel und wohl auch Kränkung, weil Rom den ersten Kampf mit dem König nicht gewonnen und beim Friedensschluß hatte zurückstecken müssen. Caesar begann den Bürgerkrieg, um seine dignitas zu wahren, im Geist einer römischen Tugend zerstörte er die Republik. Als Vergil (6, 851) den Römer mahnte, die Besiegten zu schonen, die Übermütigen aber niederzuwerfen, ging es nicht nur um Wahrung der Macht, sondern auch um Strafe für Majestätsbeleidigung. Und nicht zuletzt der Ruhm. Rom führte Kriege für ihn, sagte Cicero (de officiis 1, 38), Roms Verfall begann, als Reichtum wichtiger wurde als Ruhm, meinte Sallust (Catilina 7–13). Im Rückblick aus dem 5. Jahrhundert urteilte Augustinus christlich tadelnd: »Ruhm liebten sie glühend, für ihn gingen sie ohne Zögern in den Tod; die übrigen Be-

gierden drängten sie zurück aus grenzenloser Sucht nach
Ruhm und nichts als Ruhm« (de civitate Dei 4, 5; 5, 12–19).

Die Amerikaner führten ihre Kriege nie allein für ihre
Sicherheit, sondern immer auch für höhere Zwecke, Freiheit,
Recht, Demokratie. Beides gehörte für sie zusammen: Wenn
die Vormacht der Freiheit nicht sicher war, war auch die Freiheit in Gefahr; was Amerika bedrohte, bedrohte folglich die
Menschheit. Auch hier erscheint Vorsicht geboten beim Vor-
wurf der Heuchelei; der Mißbrauch eines hohen Guts wider-
legt nicht den Glauben daran. Unbestreitbar dienten Freiheit, Demokratie und Menschenrechte oft zur Rechtfertigung
handfester Interessen, im Kalten Krieg war Antikommunis-
mus wichtiger als Demokratie, dennoch bildete die politische
Glaubensgewißheit allezeit ein wesentliches Element amerikanischer Außenpolitik. Die Regierenden wie die Opponie-
renden dachten und argumentierten aus demselben Geist, bei
den finsteren Dschungelkriegen auf den Philippinen nach
1898 und dann in Vietnam, ebenso beim Streit zwischen Isolationisten und Internationalisten.

Wer sich seiner selbst ganz sicher ist, fühlt sich immer im
Recht und führt nur gerechte Kriege. Für die Römer war das
bellum iustum eine Frage der Religion, für die Amerikaner
eine der politischen Ethik. Einen gerechten Krieg unternah-
men die Römer, wenn es ein »regelrechter« (Jochen Bleicken)
war. Ein besonderes Priesterkollegium, die Fetialen, sorgten
für die strenge Einhaltung der Form und sicherten damit
die Gunst der unsterblichen Götter. Sie zogen in alter Zeit an
die Grenze des Feindeslandes, forderten Wiedergutmachung
eines begangenen Unrechts und warfen, wenn keine Antwort
kam, einen Speer über die Grenze. Erst damit war der Krieg
»richtig« erklärt und »gerecht« begründet, nämlich als Süh-
nung eines Unrechts, das der Täter zu sühnen sich weigerte.
Hannibal hatte den Ebro-Vertrag gebrochen, Teuta einen Gesandten ermorden lassen, Philipp Schutzbefohlene vergewal-
tigt, Antiochos römische Soldaten angegriffen und einige
umgebracht. Jeder Fall lag anders; was Unrecht war, bestimmte

Rom und betrachtete seinen Sieg als göttliche Rechtfertigung: »Wie ein unparteiischer Richter« habe der »Ausgang
des Krieges dem den Sieg gegeben, auf dessen Seite das Recht
war« (Livius 21,10,5).

Amerika glaubte an seine Mission für die Welt, die es retten und auf den rechten Weg bringen muß. Wer sich dem wi-
dersetzte, jeder Feind, erhielt teuflische Züge, von den Indianern über die Spanier, Deutschen und Japaner bis zum »Reich
des Bösen«, wie Präsident Reagan die Sowjetunion in tradi-
tionellem Bibel-Amerikanisch nannte. Kriege der Vereinigten Staaten konnten daher nur gerechte Kriege sein, und
wenn sie es offenkundig nicht waren, erhob sich Widerstand,
der die Weiterführung des Krieges behinderte.

Als Harry S. Truman am 16. April 1945 zum ersten Mal als
Präsident vor den Kongreß trat und Roosevelts Kriegs- und
Friedenspolitik fortzusetzen versprach, bekräftigte er auch die
Forderung nach bedingungsloser Kapitulation Deutschlands
und Japans. Der gesamte Kongreß, Senatoren und Abgeordnete, erhob sich und spendete stehend Beifall. Das römische
Beharren auf deditio und das amerikanische auf uncondition-
al surrender zielte zwar auf politische Handlungsfreiheit,
war aber zugleich Ausdruck eines moralischen Überlegen-
heitsgefühls. Man wollte nicht nur auf dem Schlachtfeld
siegen, sondern die sittliche Ordnung wiederherstellen; die
Römer setzten das Recht gegen das Unrecht durch, die Amerikaner das Gute gegen das Böse. Was immer sonst im Spiele
war, Macht- oder Habgier, beide glaubten sich fest im Stande
der Unschuld. Alfred Heuss sprach von dem »notorisch guten
Gewissen, das die Römer bei ihrem Imperialismus besaßen«;
das könnte auch über die große Mehrheit der Amerikaner geschrieben sein. Beide, Römer wie Amerikaner, überragten
Freunde und Feinde nicht nur durch ihre Kräfte und Mittel,
sie fühlten sich ihnen auch moralisch überlegen und wurden
damit nochmals stärker.

Macht

Ohne einen Sinn für Macht wird niemand Weltmacht. Römer wie Amerikaner waren von der Sorge vor einem Despoten fast besessen und statteten dennoch ihre Regierungen mit außerordentlichen Befugnissen aus. Sie beschränkten deren Amtsgewalt zwar durch Begrenzung der Amtszeit, Konsuln ein Jahr, Präsident vier Jahre, sowie durch Gegengewalten, einen zweiten Konsul mit Veto-Recht und einen starken Kongreß, aber ein Vergleich mit anderen Staaten zeigt: Die Machtfülle des römischen Oberbeamten, das imperium, ist ohne Beispiel unter den Republiken des Altertums, und die Befugnisse des amerikanischen Präsidenten übertreffen die Rechte fast aller demokratischen Regierungschefs.

Was für Rom und Amerika Bedingung ihres inneren Friedens war, die Balance zwischen den politischen Kräften, das erschien ihnen zur Bewahrung des äußeren Friedens ungeeignet. Beide sträubten sich gegen eine Politik des Gleichgewichts. In manchen Zeiten mußten sie sich mit der Existenz gleich starker Mächte abfinden, aber beide bemühten sich, diesen Zustand sobald wie möglich zu beenden. Rom kämpfte über fünfzig Jahre mit den Samniten, bis es unwiderruflich die Oberhand gewann. Den Karthagern fühlte es sich nach dem ersten Krieg überlegen und erklärte den zweiten, als Hannibal die Überlegenheit in Frage zu stellen schien. Mit Antiochos war es zu einer Abgrenzung der Interessenssphären bereit, Asien lag weit entfernt, als der König nicht darauf einging, nahm es ihm die Möglichkeit, zu einer Gegenmacht zu werden.

Die Vereinigten Staaten hatten niemals einen starken Nachbarn, mit dem sie die Macht teilen mußten. Ende des 19. Jahrhunderts war es ihnen auch gelungen, alle europäischen Kolonialstaaten von ihrem Kontinent zu verdrängen. In Europa hätten sie sich nach dem Ersten Weltkrieg nur an einem komplizierten Mächtegleichgewicht beteiligen können, sie lehnten ab und zogen sich zurück. Nach dem Zweiten Weltkrieg waren sie Herr in Westeuropa und blieben dort. Erstmals wurden sie dann aber gezwungen, sich für unabseh-

bare Zeit auf einen gleich starken Gegner einzustellen. An der
Sowjetunion erfuhren sie, was Gleichgewicht der Kräfte ist,
aber sie fanden sich nie damit ganz ab.

Römer wie Amerikaner haben sich niemals untergeordnet
und sich später, als sie stärker wurden, nicht mit halber Macht
zufriedengegeben. Second to none, niemals der zweite sein,
blieb Grundsatz in Rom wie in Amerika. Beide lernten bemerkenswert schnell, was sie sich als Großmacht schuldig waren:
Sie durften nicht mehr allein ihren Interessen folgen, sondern hatten auf die Glaubwürdigkeit ihrer Macht zu achten;
sie mußten auch dann handeln, wenn das Interesse gering
und der Aufwand größer war als der Gewinn. Und allmählich
wurde die Wahrung der Macht zu ihrem höchsten Interesse,
gleich nach Wahrung der Sicherheit und meist gleichbedeu-
tend mit ihr. Dieser Handlungszwang ließ Römer und Amerikaner zu den ersten und dann einzigen Weltmächten ihrer
Zeit werden. Aber war es ein unentrinnbarer Zwang?

Von einer bestimmten Größe an gerät jeder Staat vor die
Wahl, sich zu bescheiden oder noch größer zu werden. Seine
Macht strahlt über ihn hinaus: Die einen schreckt sie und
führt zur Bildung einer Gegenmacht, die anderen lockt sie
und führt zu Hilfegesuchen. Rom und Amerika haben keinen,
der ihnen gefährlich werden konnte, in Ruhe gelassen, besonders Rom zeigte eine lauernde Wachsamkeit, die schnell in
Aggressivität umschlagen konnte (Werner Dahlheim). Beide
haben auch Schutzsuchende fast niemals abgewiesen. Sie
folgten dem Zwang ihrer Stärke, hinderten andere, ebenfalls
stark zu werden, und nahmen in Obhut, wer sich ihnen an-
vertraute. Sie nutzten ihre Kräfte und kamen auf einen Weg,
auf dem sie immer weniger Herren ihrer Entschlüsse blieben.
Einmal Großmacht, immer Großmacht, einmal Schutzmacht,
immer Schutzmacht. Die Sicherheitsaufgaben wuchsen, die
Bittsteller wurden lästig, die Lasten strapazierten die Kräfte –
aber Römer wie Amerikaner konnten und wollten nicht mehr
zurück und wurden zu Gefangenen ihrer selbst, ihrer Größe
und Grundsätze, ihres Ruhms und ihrer Macht.

Der Erfolg des Erfolgs

Der Rationalist Polybios erklärte die römische Welteroberung mit der Absicht, die Welt zu erobern, manche Historiker
folgen ihm dabei, obwohl etwas differenziert, bis heute. Auch
die Weltstellung Amerikas wird nicht nur von Leninisten
auf einen strategisch planenden Imperialismus zurückgeführt.
Doch der Schluß vom Ergebnis auf die Absicht ist immer gefährlich, schon die allgemeine Lebenserfahrung lehrt, daß oft
etwas ganz anderes herauskommt, als gewollt war. Auch bedeutende Staatsmänner haben selten ein bestimmtes festes
Ziel, dem sie unbeirrbar zustreben; ganze Staaten, auch wenn
eine geschlossene Oligarchie sie regiert, folgen nicht ein Jahrhundert lang einer einmal gefaßten Absicht. Es gibt starke
Traditionen und Gewohnheiten, oft auch Ansprüche und
manchmal sogar politische Träume, aber das Handeln orien-
tiert sich meist mehr an Situationen als an Visionen.

Was Theodor Mommsen über Rom schrieb, gilt auch für
Amerika: »Die Erfolge führten über die eigentliche Absicht
hinaus.« Ähnlich empfand Präsident McKinley, als er die
Richtlinien für den Friedensvertrag mit Spanien gab: »Die
Präsenz und der Erfolg unserer Waffen in Manila legen uns
Verpflichtungen auf, die wir nicht mißachten können.« Dann
folgte der fast philosophische Satz: »The march of events
rules and overrules human action.« Die Ereignisse, von Menschen in Gang gebracht, überwältigen den Menschen.

Mommsen fuhr fort: »Die Herrschaft über Italien haben
die Römer errungen, weil sie sie erstrebt haben; die Hegemonie und die daraus entwickelte Herrschaft über das Mittel-
meergebiet ist ihnen gewissermaßen ohne ihre Absicht durch
die Verhältnisse zugeworfen worden.« Auch die Vereinigten
Staaten erstrebten die Herrschaft über Nordamerika bis zum
Pazifik, der Aufstieg zur dominierenden Weltmacht war nicht
ihr Ziel, sondern das Ergebnis unvorhersehbarer globaler
Veränderungen. So fanden sich Römer und Amerikaner
schließlich geographisch in Regionen und politisch in Positio-

nen, in die sie ursprünglich gar nicht kommen wollten, die sie dann aber gern einnahmen und fest behaupteten. Beide passen so wenig in das Zerrbild ihrer Feinde wie in das Idealbild ihrer Verehrer: Sie waren weder Welteroberer noch Weltmächte wider Willen.

IV. NEUROTISCHE RIESEN

Im übrigen bin ich der Meinung,
daß Karthago zerstört werden muß.
MARCUS PORCIUS CATO

Ich versichere Ihnen, dies wird nicht ein
halbherziger Feldzug, und wir werden kein anderes
Ergebnis annehmen als den Sieg.
GEORGE W. BUSH

Einzige Weltmacht zu sein ist ein schwindelerregender Zustand: Von keinem anderen Staat gefährdet, allen Ländern
der Welt überlegen, fast in jeder Beziehung der Stärkere,
von vielen gehaßt, von vielen um Schutz angefleht, auch
von Freunden weniger geliebt als benutzt, aber Rechenschaft
schuldig nur sich selbst. Einzige Weltmacht zu sein ist eine
Charakterprobe ohne Beispiel: Vorsicht, Einsicht und Rücksicht erscheinen kaum mehr nötig, denn selbst schwere Fehler erzeugen nur leichten Schaden. Höchste Verantwortung
ist geboten, aber fast jede Willkür ist möglich. Was immer
man tut, die Welt muß es hinnehmen, denn die Macht erlaubt nicht nur beinahe alles, sie rechtfertigt es am Ende
auch. Kein Regime, gleich welcher Art, erträgt diese Stellung, ohne sich zu verändern, auch keine Nation steht lange
über allen anderen Nationen, ohne Schaden zu nehmen.

Weder die Römer noch die Amerikaner haben sich den Verlockungen und Verpflichtungen ihres Status als einzige Weltmächte entziehen können, beide wollten es auch nicht. Mit

den Jahren 190 vor Christus und 1991 nach Christus begannen neue Abschnitte in ihrem Verhältnis zur Außenwelt, sie wurden herrischer und gewalttätiger, aber sie stifteten auch Frieden und sorgten für geordnete Verhältnisse.

1. Korinth, Numantia, Karthago

Rom begann mit einer Außenpolitik, hinter der viel guter Wille stand. Der Senat bemühte sich im hellenistischen Osten um Regelungen, die Amerikaner vielleicht ein *benign Empire* genannt hätten, eine wohlwollende Herrschaft: Sie will das Wohl der Beherrschten, um die Sicherheit und die Macht der Herrschenden zu erhalten; alle dürfen nach ihrer Fasson selig werden, solange sie gehorchen. Zwei Jahrzehnte lang lief dieser Versuch, zu Anfang ganz gut, doch mit der Zeit immer schlechter; die Griechen gewöhnten sich zu wenig ans Gehorchen und die Römer zu sehr ans Befehlen. Als mit Perseus der Anschein einer breiten Revolte entstand, flüchtete »die gereizte Weltmacht« (Klaus Bringmann) in die Gewalt, überzog Makedonien mit Krieg, exekutierte und deportierte alle, die sie für die Wurzel der Aufsässigkeit hielt.

Strenge Kontrolle löste gut gemeinte Aufsicht ab, aber auch das half wieder nur für zwei Jahrzehnte. Die willkürlich geteilten Makedonen ließen sich von einem Abenteurer überwältigen, der sich als Sohn des Perseus ausgab, zum König aufschwang und ein schwaches römisches Heer schlug. Einem stärkeren Aufgebot erlag er schnell, doch mit der Niederwerfung eines Aufstands mochte sich der Senat nicht mehr begnügen. Viermal hatte Rom gegen Makedonien zu Felde ziehen müssen, durch Fernsteuerung ließ sich das Land nicht kontrollieren, Rom tat, was es bis dahin beharrlich vermieden hatte. Es machte Makedonien zur Provinz und unterwarf erstmals auch im Osten ein Gebiet seiner direkten Herrschaft.

Im Schatten des Kleinkriegs in Makedonien entwickelte sich auf der Peleponnes ein Konflikt, den schwer begreiflicher

Starrsinn beider Seiten zur Katastrophe eskalieren ließ. Der
Achäische Bund stritt sich wie eh und je mit seinem Zwangs-
mitglied Sparta, der Senat befahl, nicht nur Sparta müsse
aus dem Bund ausscheiden, sondern noch vier weitere Städte,
darunter das bedeutende Korinth. Der Entscheid sollte die
Achäer wie zuvor die Makedonier teilen und als politische
Größe schwächen. Der Senat ging von der Forderung nicht ab,
die Achäer weigerten sich zu folgen. Drei römische Gesandtschaften wurden niedergeschrien, bedrängt, getäuscht. Die
Römer mahnten zur Vernunft, die populistischen Führer des
Bundes mobilisierten den Römerhaß der Menge und beschlossen den Krieg gegen Sparta in dem klaren Bewußtsein,
daß dies auch Krieg gegen Rom bedeutete.

Der Konsul Lucius Mummius machte dem Widerstand,
dem sich weitere Städte angeschlossen hatten, schnell ein
Ende. Die Führer wurden hingerichtet, der Achäische Bund
und die anderen aufständischen Bünde aufgelöst, die demokratischen Verfassungen außer Kraft gesetzt und die aufsässigen Gemeinden dem Statthalter der Provinz Macedonia unterstellt. Rom hatte die Geduld verloren mit einem Land, das
nicht zur Ruhe kam und deshalb zur Ruhe gezwungen werden mußte. Und damit kein Grieche mehr in Zweifel käme,
was Rebellion gegen Rom für Folgen habe, ließ der Senat Korinth, die zweite Stadt des Landes nach Athen, zerstören und
die Einwohner versklaven.

Auch in Spanien und Afrika stieß die römische Politik in
der Mitte des 2. Jahrhunderts an Grenzen. Für Spanien fehlte
jegliche Vorstellung von einer politischen Ordnung, die das
Land mit der römischen Herrschaft hatte versöhnen können.
Militärische Aufsicht, Ausbeutung der reichen Silbergruben
und bestenfalls halbherzige Maßnahmen, um die Habgier der
Statthalter einzuschränken, mehr leistete Rom nicht. Nach
schweren Kämpfen erzwang es im Jahr 178 einen Frieden, der
25 Jahre hielt, dann aber in einen zwanzigjährigen Krieg
überging, der zum Furchtbarsten der römischen Kriegsge-
schichte gehört. In Spanien erlitten die Römer ihr Vietnam:

Kämpfe, die immer erbitterter, brutaler und hinterhältiger
wurden, wie alle Partisanenkriege. Sie erlebten den Verfall
von Treu und Glauben, die Anmaßungen der Schreibtisch-
Strategen, das Versagen mancher Frontgeneräle, die Auflösung der militärischen Disziplin und die Verweigerung des
Wehrdienstes – zeitweise waren nicht einmal genügend höhere Offiziere zu mobilisieren. Nicht mehr auf Sieg, auf Vernichtung des Gegners ging die römische Kriegführung, die
der jüngere Scipio im Jahr 133 mit der Eroberung und Verwüstung der Festung Numantia zum tödlichen Ende brachte.
Rom hatte auch in Spanien, was es im Osten hatte, die Ruhe
des politischen Friedhofs.

Karthago war Roms gefährlichster Feind gewesen, aber es
bereitete ihm die geringsten Sorgen. Der Kontrollmechanis-
mus, den der Senat nach dem Sieg über Hannibal im Jahr 201
geschaffen hatte, hielt ein halbes Jahrhundert, länger und
besser als alle Ordnungsversuche in Spanien und im hellenistischen Osten. Er ruhte auf zwei Säulen. Der Zweite Punische Krieg war in römischen Augen Hannibals Krieg gewesen, und nachdem der gefährliche Mann im Jahr 196 ins Exil
gedrängt worden war, hatte Rom es nur noch mit der regierenden Kaufmannschaft zu tun, die sich streng loyal verhielt.
Sie versagte sich machtpolitischen Ehrgeiz, beschränkte sich
auf das, was sie am besten konnte, Landwirtschaft und Handel, wurde dabei bald wieder reich, wollte ihre Kriegsschul-
den sogar vorfristig tilgen und leistete Bündnishilfen korrekt
bis zum Perseus-Krieg. Karthago tat alles, um in Rom nicht
mehr als Bedrohung wahrgenommen zu werden.

Die zweite Säule hieß Massinissa. Der Numiderkönig war
ein Bündel von Energie, noch mit 90 Jahren emsig bemüht,
sein Reich zu erweitern. Er bildete ein Gegengewicht zu Karthago, so daß in Afrika ein Gleichgewicht entstand, das Rom
zweifach nützlich war. Es schmälerte die Macht der Karthager
und machte den Senat zum Schiedsrichter bei Streitigkeiten.
Rom hatte die Kontrolle und mußte nicht befürchten, sie zu
verlieren.

Dennoch begann das Thema Karthago den Senat zu beschäftigen. Der greise Cato, der früher eine sinnlose Kriegserklärung an Rhodos verhindert hatte, entwickelte sich zum
unermüdlichen Kriegstreiber. Jede Rede, gleich worüber,
schloß er mit dem Votum, im übrigen sei er der Meinung,
Karthago müsse zerstört werden. Der alte Feind sei reich
geworden, werde daher wieder mächtig und damit erneut zu
einer Gefahr – »nur drei Tage Seefahrt von Rom entfernt!«.
Da war sie wieder, die Sorge vor der Seemacht, die Italien bedrohe. Als die Karthager die Geduld mit Massinissa verloren
und dessen Übergriffe zurückschlugen, ohne Rom um Erlaubnis zur Kriegführung zu fragen, hatten sie den Friedensvertrag von 201 verletzt. Der Senat bekam einen Grund, den
Krieg zu erklären. Was dann folgte, war eine hinterhältig
vollstreckte Exekution.

Sobald Rom Ernst machte mit dem Krieg und sich die Legionen auf die Überfahrt nach Afrika vorbereiteten, kapitulierten die Karthager bedingungslos. Leben, Freiheit, Land,
beweglicher Besitz und Verfassung wurden ihnen zuge-
sichert. Darauf lieferten sie ihre Waffen ab und stellten Geiseln. Danach erst nannte der Konsul die entscheidende Bedingung: Sie müßten ihre Stadt räumen und sich achtzig Stadien,
etwa fünfzehn Kilometer entfernt vom Meer ansiedeln. Das
war das wirtschaftliche und damit auch das politische Todes-
urteil. Drei Jahre lang wehrten sich die Karthager, verteidigten ihre Stadt von Haus zu Haus, bis die letzten Kämpfer in
den Flammen des Asklepios-Tempels umkamen. Die Überlebenden wurden auf dem Sklavenmarkt verkauft, die Stadt
wurde dem Erdboden gleichgemacht und der Boden den Un-
terirdischen geweiht: Hier sollten niemals wieder Menschen
leben.

Vernichtung und Verfluchung, Rom verlor die Maßstäbe.
Nicht wirtschaftliche Absichten, die manche Historiker vermuten, trieben es, auch nicht bloße Furcht, die auf Beseiti-
gung einer Gefahr drängt, sondern Angst, Wut und Verzweiflung. Rom verfuhr damals überall ähnlich. Wie es Karthago

auslöschte, zerstörte es Korinth und verbrannte die Erde um
das spanische Numantia. Die römische Politik nahm barbari-
sche Züge an.

Sie war getrieben von der Erbitterung darüber, daß die
konziliante Form der Herrschaft nicht dankbar angenommen worden war. Dazu kam das Unverständnis, weshalb das
so war. Außerdem Selbstzweifel, weil die siegesgewohnten
Legionen keineswegs immer siegten. Moral und Kampfkraft
verfielen, Rückschläge und sogar schwere Niederlagen wurden von allen Fronten gemeldet, also Wut über die Feinde,
mit denen man nicht fertig wurde, und Wut über sich selbst,
weil man mit ihnen nicht fertig wurde. Die Feldherren, die
schließlich siegten, mußten die Disziplin wiederherstellen,
bevor sie ins Gefecht gehen konnten.

Da breitete sich ferner Ratlosigkeit aus. Auch die Besten in
Roms politischer Führung zeigten keine Wege, die Wider-
spenstigen zu zähmen, statt sie umzubringen. Die Opposition
im Senat verlangte lediglich korrekte Form gegenüber Karthago, und Scipio Aemilianus, der die Stadt erobert hatte,
führte den Senatsbefehl zur gänzlichen Zerstörung getreulich aus. Ihm kamen die Tränen, als er sah, was er tat, und er
dachte darüber nach, wie Städte, Völker und Reiche untergin-
gen, die Assyrer, Meder, Perser und zuletzt die Makedonen.
Am Ende langen Sinnens sprach er den Vers der Ilias (6,448):
»Einst wird kommen der Tag, da das heilige Ilion hinsinkt.«
Scipio weinte, weil er Rom einst wie Karthago hinsinken sah,
ihn bewegte nicht die falsche und grausame Politik, die er exekutierte, sondern der »Wechsel des Glücks«, dem Menschen
wie Reiche unterworfen sind.

Da brach schließlich die Hemmungslosigkeit derer hervor,
die niemanden mehr zu fürchten hatten und meinten, sich
nun alles leisten zu können. Nach dem Sieg bei Pydna im Jahr
168, als mit Perseus der letzte Schein einer Gegenmacht ver-
flogen war, brutalisierte sich die römische Politik nicht nur,
sondern steigerte sich zu selbstherrlicher Zwecklosigkeit:
Rom tötete Gegner, die keine Gefahr mehr waren – Karthago

wurde zum Opfer eines historischen Komplexes. Es strafte diplomatische Kränkung wie eine Majestätsbeleidigung – in Korinth waren die römischen Gesandten ausgepfiffen worden. Es strebte nach Erhaltung seiner Macht allein um der Macht willen – alle Welt sollte sehen, daß Roms Herrschaft unantastbar war.

2. Irak und Afghanistan

Wie Rom führte auch die Allein-Weltmacht Amerika zunächst eine gemäßigte Außenpolitik. Anders als Rom wurde sie jedoch sogleich vor eine unerwartete Herausforderung gestellt: Amerikas langjähriger stiller Partner im Nahen Osten, Saddam Hussein, annektierte das ölreiche Kuweit. Wenn man das hingehen ließe, fürchtete man in Washington, werde der irakische Diktator auch Saudi-Arabien an sich reißen und dann zum Herrn über den größten Teil des Öls der Region.

Präsident George Bush senior sah sich genötigt zu handeln, wollte es aber nicht allein tun. Er erwirkte ein Mandat der Vereinten Nationen, sein Außenminister James Baker brachte in zäher Kleinarbeit eine fast globale Koalition zusammen, dennoch wurde der Golfkrieg ein Feldzug Amerikas, vier Fünftel der Truppen waren Amerikaner, der größte Aufmarsch seit dem Vietnamkrieg. Innenpolitischen Rückhalt erhielt der Präsident, weil ein Aggressor bestraft werden sollte, die Vereinten Nationen ihren Segen gaben und weil es ums Öl ging.

Nach sechs Wochen Krieg und ungeheurem Materialeinsatz gab Saddam auf und Bush ebenfalls. Der Präsident verzichtete darauf, den Diktator zu entmachten und die gequälten Minderheiten, Kurden und Schiiten, zu schützen. Amerikanisches Leben sollte geschont werden, ein Häuserkampf in Bagdad schreckte die vietnam-erfahrene Generation. Das Kriegsziel, die Befreiung Kuweits, war erreicht, und mehr erlaubte das UN-Mandat nicht. Die Einheit des Irak sollte bewahrt bleiben, um unabsehbare Wirkungen auf die gesamte Region zu vermeiden. »Problemlos«, erklärte Bush, hätte man in Bagdad einmarschieren können – »aber was dann?« Die außergewöhnliche Koalition, die den Krieg im UN-Auftrag führte, wäre auseinandergefallen, die »USA wären zu einer Besatzungsmacht in einem arabischen Land geworden ... die Weltmeinung hätte die USA in Grund und Boden verdammt«.

Das Amerika des Bush senior legte Wert darauf, nicht als selbsternannter Weltpolizist zu handeln, sondern in Übereinstimmung mit den Vereinten Nationen und der Weltmeinung. Zugleich aber erklärte Außenminister James Baker dem Kongreß: »Wir müssen uns für eine Führungsrolle der USA stark machen, nicht weil wir sie unbedingt wollen, sondern weil einfach kein anderer da ist, der sie ausfüllen kann.« Das war richtig und zugleich Ausdruck amerikanischen Selbstgefühls: Wir allein sind es, die in der Welt Ordnung schaffen und halten können. Der Golfkrieg bewirkte, was das Ende des Kalten Krieges noch nicht bewirkt hatte: Amerika wurde sich seiner Stellung als einzige aktionsfähige Weltmacht bewußt. Der Präsident proklamierte auch sogleich eine neue Weltordnung. Sie klang so ideal und illusionär wie alle früheren Proklamationen dieser Art: »Eine Welt, in der die Herrschaft des Rechts die Herrschaft des Dschungels ablöst. Eine Welt, in der die Nationen die gemeinsame Verantwortung für Freiheit und Gerechtigkeit anerkennen. Eine Welt, in der die Starken die Rechte der Schwachen respektieren.«

Die Amerikaner feierten den Sieg im Golfkrieg, doch die meisten faßten weniger die Ordnung der Welt als die des eigenen Landes ins Auge: Präsident Reagan hatte Amerika »krankgerüstet« (Christian Hacke), es war das höchstverschuldete Land der Welt mit sträflich großen Versäumnissen in der Wirtschafts-, Sozial-, Bildungs- und Gesundheitspolitik. George Bush fehlte dafür der Sinn, deshalb verlor er die Wahl des Jahres 1992. »America first« sagten seine Gegner oder »Come Home, America«. Der neue Präsident Bill Clin-

ton erhob die Wirtschaftspolitik zur Hauptsache: »Geduldiges
Investitionskapital tritt an die Stelle von Feuerkraft, die Entwicklung ziviler Produktion nimmt die Stelle militärischer
Innovation ein, und die Eroberung ausländischer Märkte er-
setzt die militärischen Garnisonen auf fremdem Boden« (Edward Luttwak).

Amerika verhielt sich nach dem Kalten und dem Golfkrieg,
wie es sich nach allen Kriegen verhalten hatte, es strebte »zurück zur Normalität« – allerdings weit weniger als früher.
Der Wehretat wurde gekürzt, die Zahl der aktiven Soldaten
verringert, die Ausgaben für militärische Forschung und Entwicklung erheblich reduziert, aber im Vergleich zu anderen
Ländern blieben die Ausgaben für Verteidigung hoch und
stiegen in der zweiten Hälfte der neunziger Jahre wieder
an. Und in der öffentlichen Meinung gehörten militärische
Stärke, internationale Führungsrolle und die Förderung von
Demokratie und Menschenrechten nun auch zur Normalität.

Präsident Clinton drängte nicht zu außenpolitischen Taten,
mußte aber tätig werden, weil die Konflikte sich verschärften
und niemand sie beilegen konnte und mochte. Wenn möglich
handelte Clinton nicht allein, sondern im Verband, im Rahmen der UNO oder NATO, aber fast alles wurde amerikanische Politik mit irgendeiner Umkleidung. So wurde Haiti
zum amerikanischen Protektorat, Saddam Hussein mit Bomben an seine Waffenstillstandspflichten erinnert, Israelis und
Palästinenser beinahe zum Frieden gebracht, Nord-Korea
zum Verzicht auf atomare Bewaffnung gedrängt, Bosnien
durch Teilung und Besetzung zur Ruhe genötigt und der ser-
bische Diktator Milosevic zur Räumung des Kosovo gezwungen. Es war der erste Krieg, den die NATO führte, und dabei
zeigte, daß militärisch allein Amerika handlungsfähig war.

Unter dem Druck der Verhältnisse und der republikanischen
Opposition war Bill Clinton vom Innen- zum Außenpolitiker
geworden. Zu Beginn seiner Amtszeit hatte er geglaubt, innere Erneuerung sei Voraussetzung für internationale Führungsrolle, in seiner zweiten Amtszeit meinte der Präsident,

»daß eine Großmacht sich durch ihre Macht nach außen definiert und nicht durch gesellschaftliche Stärke im Inneren«. Auch Clintons »gemäßigte Außenpolitik« (Ernst-Otto Czempiel) war Machtpolitik. Auch dieser Präsident, der sich in der Nachfolge der inneren Erneuerer Lyndon B. Johnson und Jimmy Carter sah, dachte nicht daran, Amerikas Weltrang und Weltrolle einzuschränken.

Sie systematisch zu erweitern und zu einer festen Vorherrschaft Amerikas auszubauen war das Programm seines Nachfolgers George W. Bush junior. Der neue Präsident wehrte sich von Anfang an gegen alles, was Amerikas Macht und politische Bewegungsfreiheit beschränken könnte: gegen Organisationen wie die Vereinten Nationen und die NATO, die Rücksicht auf Partner verlangen; gegen Verträge, die Amerikas Rüstung begrenzen; gegen internationale Abkommen, die durch Umweltgebote Amerikas Industrie behindern; gegen einen internationalen Strafgerichtshof, der Verbrechen gegen die Menschenrechte und Kriegsverbrechen ahndet.

Wer die Welt zu führen beansprucht, kann der Welt seine Soldaten nicht unterordnen, auch wenn 120 Staaten den Gerichtshof tragen und wenn es um die Verteidigung höchster amerikanischer Werte geht. Die vehemente, fast militante Ablehnung dieses Gerichts ließ die Veränderung erkennen, die das amerikanische Selbstgefühl durchmachte: Die Vereinigten Staaten haben globale Aufgaben, die niemand sonst erfüllen kann, deshalb steht Amerika über allen Staaten der Welt – auch über der Weltorganisation der Vereinten Nationen.

Das gleiche herrschaftliche Selbstgefühl, nicht nur strategische Erwägungen, bestimmte die Vereinigten Staaten, ihre Sicherheit nur noch allein zu schaffen. Bush junior erhob die Entwicklung eines Raketenabwehrsystems zur sicherheitspolitischen Hauptaufgabe. Er erschütterte damit die Grundlage des Weltfriedens, der seit Jahrzehnten auf der Verwundbarkeit aller Atomwaffenbesitzer beruht: Keiner wagt einen atomaren Überfall, weil ihm ein gleicher Gegenschlag droht. Wenn das neue System funktioniert, vernichtet es feindliche

Raketen im Anflug. Was einst die Ozeane taten, soll nun die
Technik schaffen, Amerika würde strategisch wieder zur Insel
und erreichte, was kein anderes Land erreicht und nur in alten
Heldensagen existiert: Unverwundbarkeit. Amerika kann dann
alle anderen schlagen, aber selbst nicht geschlagen werden.

Am 11. September 2001 zerstob der Traum von der absolu-
ten Sicherheit. Terroristen brachten die Zwillingstürme des
Welthandelszentrums in New York zum Einsturz und zer-
störten in Washington Teile des Pentagon. Dreitausend Menschen kamen um, Amerika war getroffen wie nie zuvor. Seit
1814 hatte kein Feind dem Land etwas angetan; der japanische
Überfall auf Pearl Harbor hatte 1941 einen 3000 Kilometer
entfernten Außenposten und noch keinen Bundesstaat verwüstet. Amerika erging es wie einem Soldaten, der zum
ersten Mal verwundet wird, er bekommt schmerzhaft zu fühlen, was er bisher nur wußte: Auch ihm kann etwas passieren.

Getroffen wurde das Land auch durch die Form des An-
griffs, er war nicht nur unerwartet, sondern unvorstellbar. Da
kamen nicht feindliche Raketen über die Ozeane, es kamen
von amerikanischen Flughäfen amerikanische Verkehrsflug-
zeuge mit amerikanischen Fluggästen, aber gesteuert von
mörderischen Selbstmördern und benutzt als lebende Raketen. Viele, die alles nur am Bildschirm sahen, meinten, einen
Science-fiction-Film vor sich zu haben. Das Unfaßbare steigerte den Schrecken. Getroffen wurde schließlich Amerikas
Selbstbewußtsein. Im Haus des Welthandels und im strategischen Gehirn der Hauptstadt hatten die Terroristen Ziele
gefunden, die sowohl die größte Wirtschafts- als auch die
größte Militärmacht symbolisierten: Ihr seid die Reichsten
und die Stärksten, aber das hilft euch nicht!

Präsident George W. Bush antwortete mit einer Kriegserklärung. Er proklamierte einen Krieg gegen den Terrorismus und brachte dafür eine weltweite Koalition zusammen.
Wirklich Krieg führen wollten die meisten anderen allerdings
nicht, es sei denn gegen die eigenen Terroristen oder Minderheiten, die man dazu ernannte. Bush aber brauchte Krieg.

Krieg, nicht nur Kampf, war das große Wort, das beweisen sollte: Die Regierung ist der großen Herausforderung des 11. September gewachsen. Krieg gegen den Terrorismus, nicht nur Kampf gegen die Terroristen, hob die neuen Feinde auf die Höhe der alten: Terrorismus eine Gefahr wie seinerzeit Nazismus, Militarismus, Kommunismus. Krieg gab der Präsidentschaft Bushs eine historische Aufgabe und versprach den Aufstieg in den Rang der großen Kriegspräsidenten Wilson und Roosevelt. Krieg erlaubte Einschränkungen der bürgerlichen Freiheitsrechte und eine Stärkung der präsidialen Macht. Und Krieg ermöglichte Krieg.

Der erste ging schnell zu Ende. Die fanatischen Islamisten, die Afghanistan beherrschten und der Terrororganisation Al-Qaida Heimstatt und Ausbildungslager boten, wurden verjagt. Ein übles Regime war beseitigt und ein Terroristennest zerstört, aber die Führer von Al-Qaida waren entkommen und der Terrorismus keineswegs besiegt. Nach dem Sieg in Afghanistan konnte die Regierung kaum mehr Erfolge im Krieg gegen den Terror melden, und, noch schlimmer, sie mußte mit neuen Anschlägen rechnen. Tatkraft war gefragt, und als Ziel bot der Irak sich an, dessen Diktator keine Ruhe gab. Er hielt sich nicht an die Auflagen der Vereinten Nationen, hatte 1998 deren Waffenkontrolleure aus dem Lande gewiesen und war weder durch wirtschaftliche Sanktionen noch durch Strafbombardements zur Räson zu bringen. Bushs enge Mitarbeiter, Vizepräsident Cheney, Verteidigungsminister Rumsfeld und dessen Stellvertreter Wolfowitz, hatten schon vor dem Terroranschlag am 11. September 2001 einen neuen Irak-Krieg im Auge. Sie wollten den Feldzug von Präsident Bush senior zu Ende führen und Saddam Hussein zur Strecke bringen, der 11. September gab die Möglichkeit. Schon wenige Tage danach schlug Rumsfeld dem Präsidenten vor, »die Gelegenheit, die die Terroranschläge geliefert hatten, zu nutzen, um Saddam direkt anzugreifen« (Bob Woodward).

Bush ließ sich überzeugen und verkündete zur Rechtfertigung eine neue Verteidigungsdoktrin. Sie erklärte das Recht zum Präemptiv-Krieg, also, wie Senator Robert Byrd kritisch erläuterte, das »Recht, eine Nation anzugreifen, die keine unmittelbare Bedrohung darstellt, aber in Zukunft zur Bedrohung werden könnte«. Krieg auf Verdacht war allerdings mit dem Recht auf Selbstverteidigung nicht zu vereinbaren und mit dem Völkerrecht auch sonst nicht.

Spätestens im Sommer 2001 scheint sich Präsident Bush zum Krieg gegen den Irak entschlossen zu haben. Saddam entwickele Massenvernichtungswaffen, hieß es zur Begründung, und stehe mit Al-Qaida im Bunde. »Die Terroristische Bedrohung Amerikas und der Welt wird in dem Augenblick verringert sein, in dem Saddam Hussein entwaffnet ist«, erklärte Bush bei Kriegsbeginn. Beide Behauptungen, Saddams Verbindung zu Al-Qaida und die Existenz von Massenvernichtungswaffen, wirkten wenig glaubhaft und erwiesen sich später als unwahr. Der Terrorismus verringerte sich nach der Entwaffnung Saddams nicht, sondern verstärkte sich und hielt Einzug im Irak.

Auf den ersten Blick erinnert hier nichts an Roms Vorgehen gegen Karthago. Rom griff eine reiche Kaufmannsstadt an, Amerika einen verbrecherischen Diktator. Rom zerstörte Karthago und versklavte die Karthager, Amerika plant den Wiederaufbau des Irak und möchte die Iraker für sich gewinnen. Die Römer kamen als unerbittliche Feinde, die Amerikaner galten auch vielen Irakern als Befreier. Die Römer nahmen das karthagische Land in Besitz, die Amerikaner versprachen, den Irak nach getaner Arbeit am demokratischen Neubeginn wieder zu verlassen.

Gleich oder doch ähnlich erscheint aber dreierlei: die unbeirrbare Entschlossenheit zum Krieg, die hochgradige Erregung, in welcher der Entschluß zum Krieg gefaßt wurde, und die Selbstherrlichkeit einer Macht, die tun kann, was sie will. Wie der römische Senat trotz der bedingungslosen Kapitulation Karthagos daran festhielt, der Stadt das Leben zu nehmen, sei es durch Verpflanzung ins Binnenland, sei es durch Zerstörung, so war George Bush auf keine Weise davon ab-

zuhalten, Saddam Hussein zu entmachten und den Irak in
seine Gewalt zu bringen. Weder die Warnungen der Nahost-
fachleute, die fast alle Schwierigkeiten voraussagten, die dann
eintraten, noch die starken Zweifel und die Kritik in aller Welt
vermochten es, ihn an der systematischen Vorbereitung und
dann der Eröffnung des Krieges zu hindern.

Wie der end- und erfolglose spanische Krieg Rom zer-
mürbte, so trieben die Terrormorde von New York und Washington Amerika in höchste Erregung. Wie die Römer sich
einbildeten, Karthago bedrohe sie, so gerieten die Amerikaner
in einen Zustand, in dem manche sich einbildeten und viele
sich einreden ließen, der Irak gefährde die Sicherheit der Vereinigten Staaten. Der kluge, selbstkritische Senator William
Fulbright hatte diesen Zustand schon dreißig Jahre vorher
beschrieben, es war ein prophetischer Text aus historischer
Erfahrung.

»Solange die Dinge gut gingen, unsere Probleme klar und
begrenzt waren und wir mit ihnen fertigwerden konnten, gab
es in den USA all die Jahre hindurch immer einen Hang zur
Vernunft und Mäßigung. Aber immer dann, wenn die Gründe
für eine unglückliche Lage nicht völlig klar waren, oder auch
einfach dann, wenn das Volk durch ein Ereignis oder einen
Meinungsmacher in einen Zustand hochgradiger Erregung
versetzt wurde, führte das dazu, daß unser puritanischer Geist
zum Durchbruch kam und uns die Welt im Zerrspiegel eines
harten und zornigen Moralismus erblicken ließ.«

Nach dem 11. September kam dieser Geist zum Durchbruch. Da war Angst, die nach Schutz rief, Wut, die Rache
verlangte, verletzter Stolz, der Genugtuung forderte – Amerika war mit Gefühlen aufgeladen, die seine Politiker zu Taten trieben und ihnen Taten erlaubten, die Volk und Kongreß
sonst nicht gestatteten.

Wie der römische Senat keine fremde Macht zu fürchten
brauchte, die ihm Einhalt gebieten konnte, so war sich die
Bush-Regierung sicher, daß ihr niemand in den Arm fallen
konnte, wenn sie den Irak angriff. Selten ist ein Krieg so un-

befangen offen vor aller Welt weit über ein halbes Jahr lang
vorbereitet worden, selten auch mit solcher Mißachtung, ja
Verachtung der Weltmeinung, auf die der Vater des Präsidenten bei seinem Irak-Feldzug noch großen Wert gelegt hatte.
Die meisten Regierungen und die Mehrheit in allen Ländern
lehnten den Krieg des Sohnes Bush ab; auch wer ihn unterstützte, tat es, von Ausnahmen abgesehen, mehr aus Berech-
nung als aus Überzeugung: Man wollte es sich mit der Supermacht nicht verderben.

Oderint dum metuant – mögen sie uns hassen, Hauptsache,
sie fürchten uns! George W. Bush betrachtete gewiß nicht
Kaiser Caligula als sein Vorbild, aber er verhielt sich so. Auch
die Vereinten Nationen beachtete und beteiligte er nur so
lange, wie sie ihm zustimmten. Als sie es nicht mehr taten,
erklärte der Präsident, der Sicherheitsrat sei seiner Verantwortung nicht gerecht geworden, sandte Saddam Hussein
ein Ultimatum und setzte drei Tage später seine Soldaten
in Marsch. Spätestens jetzt hatte er die große und ehrliche
Teilnahme verspielt, die Amerika fast in aller Welt nach dem
11. September erfahren hatte.

Angst und grenzenlose Übermacht ergeben eine explosive
Mischung. Sie trieb Rom zu einer Brutalisierung und Amerika zu einer Militarisierung seiner Politik, die für beide einen
neuen historischen Abschnitt ankündigten.

3. Nutzen und Nachteil der Übermacht

Mit der Beförderung zur einzigen Weltmacht erging es
Römern und Amerikanern, wie es ihnen auf ihrem ganzen
Weg dahin ergangen war: Sie mußten erst werden, was sie
waren. Beide brauchten einige Zeit, um sich ihrer neuen Stellung ganz bewußt zu werden, beide wußten auch nicht recht,
was sie damit anfangen sollten. Sie waren keine zielstrebigen
Imperialisten, die wenigstens eine allgemeine Vorstellung
davon haben, wozu sie andere Länder unterwerfen. Roms und

Amerikas Eroberungen hatten sich im wesentlichen aus der Defensive ergeben, ihnen fehlte daher ein Herrschaftskonzept, es waren Eroberungen, sonst nichts.

Wahrung der Übermacht

Beiden fiel daher zunächst nicht mehr ein, als festzuhalten, was sie hatten. Das hatten sie auch früher getan, aber jetzt bestanden die Gründe nicht mehr, die sie zur Besetzung überseeischer Gebiete veranlaßt hatten, kein Staat besaß mehr die Kraft, Rom oder Amerika in Gefahr zu bringen. Doch weder im römischen noch im amerikanischen Senat scheint je ein Rückzug auf die eigene Insel erwogen worden zu sein. Die Römer blieben, wo sie waren, und zwangen unter ihre Herrschaft zurück, was sich ihr zu entziehen suchte. Auch die Amerikaner blieben, wo sie sich im Ringen mit der Sowjetunion festgesetzt hatten. Die meisten Stationierungsrechte, Stützpunkte und Bündnisse verdankten dem Ost-West-Kampf ihre Existenz und waren entbehrlich geworden, aber beinahe nichts wurde geräumt, nur manches reduziert. Auch nach dem Ende des Weltkommunismus verhielt sich Amerika, als müsse es immer noch den Weltkommunismus eindämmen.

Etwas anderes zu erwarten widerspräche aller historischen Erfahrung. Macht gebietet Wahrung der Macht, Wahrung der Macht gebietet Vorsorge. Römer und Amerikaner verwandten viel Aufmerksamkeit darauf, keinen Rivalen aufkommen zu lassen, der sie in ihrer einzigartigen Stellung gefährden oder gar ablösen könnte. Für Rom hieß das, schon Staaten von mittlerer Größe kleinhalten und, wenn sie ein wenig größer wurden, wieder kleinmachen. Pergamon gab ein Beispiel. Es stand so stark unter römischem Druck, daß der König nichts Wesentliches mehr zu tun wagte, ohne das Einverständnis des Senats zu haben. Er schickte jeweils Männer nach Rom, die dort über die Angelegenheiten berichteten, »über die wir im Zweifel sind«. Denn wenn ein Unternehmen

Erfolg habe, werde der Neid der Römer ihn zunichte machen und Haß und Verdacht gegen Pergamon erregen. Falls das Unternehmen scheitere, käme man erst recht in Schwierigkeiten, denn es würde den Römern »ein Vergnügen sein, unser Unglück zu sehen«. Pergamons letzter König zog die Konsequenz, er sah keine Zukunft mehr für sein Reich und vererbte es testamentarisch den Römern. Er war nicht der einzige König, der nur noch diesen Ausweg fand.

Den syrischen Herrscher Antiochos hatte der Senat auf sein Kernland beschränkt, seine Rüstung begrenzt und seinen Sohn als Geisel genommen. Als Antiochos IV. folgte der Sohn seinem Vater auf den Thron und versuchte, im Süden zu gewinnen, was sein Vater im Westen an die Römer verloren hatte. Als er Ägypten seinem Reich angliedern wollte, verbot es ihm der Senat. Als sich die Juden gegen Antiochos erhoben, unterstützte Rom den Aufstand und die Bildung eines selbständigen Judenstaates und garantierte dessen Bestand. Im Jahr 163 schickte der Senat eine Kommission nach Syrien, um nach verbotenen Waffen zu suchen. Sie fand mehr Kriegsschiffe, als der Friedensvertrag erlaubte, entdeckte Kriegselefanten, die der Vertrag ganz untersagte, befahl und überwachte dann die Verbrennung der Schiffe und die Verstümmelung der Elefanten, denen man die Fußsehnen durchschnitt. Das Schauspiel öffentlicher Demütigung führte zu Unruhen, bei denen ein Kommissionsmitglied umkam. Doch es war das letzte Aufbäumen. In der Folgezeit brauchte Rom kaum mehr zu tun, als die ständigen Thronstreitigkeiten in Syrien und Ägypten zu nutzen. Einmischung in die inneren Angelegenheiten genügte zur Kontrolle, und die einstigen Großmächte versanken in Belanglosigkeit.

Die römische Praxis gab es in Washington auch als Theorie. Am 8. März 1992 berichtete die New York Times über einen Plan des Pentagon: »Unser erstes Ziel ist es, das Wiedererstehen eines neuen Rivalen zu verhindern, sei es auf dem Gebiet der ehemaligen Sowjetunion oder anderswo, der eine Bedrohung der Art darstellt, wie sie früher von der Sowjetunion

ausging.« Eine globale Gegenmacht durfte nicht wieder entstehen. Damit Rußland es nicht würde, stützten die Vereinigten Staaten die ehemaligen Sowjetrepubliken, die selbständig
geworden waren, besonders die Ukraine. Später dehnten sie
die NATO auf Moskaus frühere Klientelstaaten und sogar auf
die ehemaligen Sowjetrepubliken im Baltikum aus. Damit
China nicht zu einer »feindlichen Hegemonialmacht« heran-
wächst oder dabei wenigstens in Grenzen bleibt, hält Amerika
seine Positionen in Japan, Süd-Korea, Taiwan und den Philippinen fest.

In der Pentagon-Studie wird verlangt, »jede feindliche
Macht daran zu hindern, eine Region zu beherrschen, deren
Ressourcen unter gefestigten Verhältnissen ausreichen würde,
globale Macht zu schaffen«. Kann das auch für Europa gelten?
Eine feindliche Macht ist es nicht und wird es nicht werden,
aber als ökonomischer Rivale könnte es Amerika globale Konkurrenz machen. Um so wichtiger ist es für Washington, politisch und militärisch Herr in Europa zu bleiben. Die Ost-
Erweiterung der NATO hatte auch hier einen Zweck und ebenso das ständige Drängen, die Türkei in die Europäische Union
aufzunehmen. Mit fast siebzig Millionen Türken werden
keine Vereinigten Staaten von Europa entstehen, die den Vereinigten Staaten in Amerika gefährliche Konkurrenz machen.

Unentbehrliche Bedingung dafür, Nummer eins in der Welt
zu bleiben, war für Römer und Amerikaner militärische Überlegenheit über den Rest der Welt. Die Römer sorgten auch
nach der Niederwerfung der hellenistischen Großmächte dafür, daß die Legionen ihre Schlagkraft behielten, obwohl das
eine politische und gesellschaftliche Veränderung verlangte.
Kein Bauer, der sein Feld bestellen mußte, konnte viele Jahre
Dienst in fernen Ländern tun. Aus dem Milizheer wurde allmählich ein Berufsheer und aus dem militärischen ein milita-
ristischer Staat. Heerführer bestimmten die Politik mehr als
Politiker.

Für die insulare Wirtschaftsmacht Amerika war es selbstverständlich, ihre Streitkräfte nach jedem Krieg bis auf das

Allernotwendigste abzubauen. Im Kampf mit der Sowjet-
union war sie notgedrungen auch zur ersten Militärmacht der
Welt geworden, aber mußte sie es nach deren Ende bleiben?
Sie blieb es und widerlegte die Vorstellung, wirtschaftliche
Kraft habe militärische Stärke als entscheidenden Faktor ab-
gelöst, der Marketing-Stratege als der Feldherr der Zukunft.
Auch unter dem Wirtschafts-Präsidenten Clinton blieb der
Wehr-Etat höher als in den meisten Ländern, unter Bush junior stieg er von knapp 300 auf knapp 400 Milliarden Dollar
pro Jahr. Militärisch, und das heißt vor allem militärtechnisch
uneinholbar zu bleiben ist unbestrittener Grundsatz amerikanischer Politik, ganz gleich wer regiert.

Strategisch folgten Römer und Amerikaner der gleichen
Notwendigkeit, sie schufen sich die Möglichkeit, in kurzer
Zeit in fernsten Ländern einzugreifen. Die Legionen mar-
schierten über die Römerstraßen von Italien durch Südfrankreich nach Spanien und von Dalmatien durch die Balkanhalbinsel nach Byzanz. Amerika schickt seine Flugzeugträger,
Fernbomber und Ferntransporter um den Erdball. Beide wurden zu den einzigen Weltmächten ihrer Zeit, weil sie als einzige jeden Platz der Welt militärisch erreichen konnten.

Folgen der Übermacht

Militärische Übermacht neigt dazu, sich militärischer Mittel
zu bedienen. Sie sind vorhanden, laden zur Benutzung ein und
scheinen schnell und einfach zum Erfolg zu führen. Die spanischen Kriege und noch mehr die Auslöschung Karthagos,
das sich schon ergeben hatte, zeigten diese Neigung in Rom.
In Amerika wurde sie erkennbar, als Präsident Bush junior
den Kampf gegen den Terrorismus vor allem als Krieg mit
Bombern und Soldaten führte. Aber das war nur das jüngste
Beispiel. »Nachdem das Gegengewicht der Sowjetunion weg-
gefallen war, konnten die USA praktisch an jedem Ort und zu
jedem Zeitpunkt ihrer Wahl eingreifen – eine Tatsache, die
sich in der starken Zunahme militärischer Interventionen in

Übersee widerspiegelte«, schrieb Robert Kagan, Kenner der
Außenpolitik Washingtons durch Forschung und lange Tätigkeit im Außenministerium.

Nicht nur der Umgang mit den Feinden, auch das Verhältnis zu den Verbündeten änderte sich. Es war ein Vorgang von
fast physikalischer Gesetzmäßigkeit: Weil es das Gegengewicht einer anderen Großmacht nicht mehr gab, nahm das
Gewicht der verbliebenen Großmacht zu und das ihrer Verbündeten ab. Rom nutzte die früher unentbehrlichen Bundesgenossen noch als Hilfstruppen, aber es war nicht mehr
auf sie angewiesen. Nicht rechtlich, aber politisch änderte
sich das Verhältnis. Von Autonomie und Freiheit blieb gerade
so viel, wie Roms Unwille und Unfähigkeit zu direkter Herrschaft zuließen. Außenpolitisch durften die Verbündeten fast
nichts mehr, innenpolitisch konnten sie ihre Angelegenheiten selbst regeln, Rom griff nur ein, wenn die Ordnung so
stark gestört war, daß seine Herrschaft gefährdet erschien.
Die Alleinmacht tat ihre Wirkung: Ein nicht geplanter, vielleicht nicht einmal bewußter Prozeß verwandelte Verbündete
in Untertanen.

Ein Streitgespräch zweier achäischer Politiker illustrierte
die Veränderung aus der Sicht der Verbündeten. Der eine
meinte: »In der Politik kommt es auf zweierlei an, auf die
Ehre und den Nutzen. Wer die Kraft hat, seine Ehre zu wahren, muß es tun; wer das nicht kann, soll sich bescheiden und
auf seinen Vorteil achten. Das eine wie das andere zu verfeh-
len ist schlechte Politik. Und deren macht sich schuldig, wer
zu jedem Befehl bedingungslos Ja sagt, ihn dann aber widerwillig und murrend befolgt. Deshalb gibt es für uns nur zwei
Möglichkeiten: Entweder wird bewiesen, daß wir imstande
sind, Nein zu sagen, oder aber, wenn niemand wagt, das zu
behaupten, müssen wir bereitwillig auf alle Wünsche der Römer eingehen.«

Der Führer der anderen Partei zog die umgekehrte Konsequenz: »Ich bin nicht so weltfremd, um nicht den Unterschied
zwischen der Macht Roms und unserer Macht zu erkennen.

Aber jede Übermacht hat von Natur aus die Neigung, immer schärfer die zu unterdrücken, die ihr unterlegen sind. Was ist da unser Interesse? Sollen wir dieser Neigung nichts entgegensetzen, sie gar noch unterstützen, damit wir möglichst bald nur noch nach der Pfeife der Römer tanzen? Oder ist es im Gegenteil unser Interesse, uns ihnen zu widersetzen, solange wir dazu in der Lage sind? Wir können das, denn wir haben uns als zuverlässige Verbündete der Römer glänzend bewährt« (Polybios 24,14–15).

Wenn man hier Amerikaner statt Römer schriebe, hätte man einen aktuellen Streit europäischer Politiker über ihr Verhältnis zu Amerika. Darin vollzog sich nach dem Ende der Sowjetunion der gleiche Prozeß wie zwischen Römern und Griechen. Im Kalten Krieg brauchten nicht nur die Westeuropäer die Vereinigten Staaten, Amerika brauchte auch seine NATO-Verbündeten; selbst die Deutschen, noch eben die Erzfeinde, mußten wiederbewaffnet werden, um das sowjetische Übergewicht auszugleichen. Dafür leisteten, meinte man in Washington, die Europäer nie genug, die Forderung nach *burden sharing*, nach besserer Verteilung der militärischen Lasten, zog sich als Dauerthema durch die Jahrzehnte.

Nach der Auflösung der Sowjetunion und des Warschauer Pakts war die Atlantische Allianz ein Bündnis ohne Feind, sie blieb politisch nötig für Washington, um Europa unter Aufsicht zu halten, erschien ihm militärisch nur noch nützlich als Helfer gegen seine neuen Feinde, die Terroristen und Atombombenbauer in aller Welt. So drängte es auf einen Umbau der NATO, aus einem Instrument zur Verteidigung Westeuropas sollte ein Werkzeug für die globale Politik Amerikas werden, nützlich, aber nicht unbedingt nötig. Der Kosovo-Krieg belehrte die Amerikaner, daß die europäischen NATO-Mitkämpfer sogar eher hinderlich als nützlich sein können. Ihr militärischer Anteil war gering, ihr politischer Anspruch aber hoch, beide Seiten fühlten sich nachher enttäuscht, die einen, weil sie nicht allein führen konnten, die anderen, weil sie nicht immer mitentscheiden durften.

Die Regierung Bush junior zog die Konsequenz. Die europäischen NATO-Mitglieder steigerten sich nach dem 11. September zur höchsten Bekundung ihrer Hilfebereitschaft und erklärten, was noch nie erklärt worden war, den Bündnisfall. Die Amerikaner dankten höflich, lehnten aber das Angebot ab, sie wollten ihre Kriege lieber allein führen, unbehindert von den militärisch entbehrlichen Europäern. Aus der Allianz wurde eine Vorratskammer, aus der sich das Pentagon herausnahm, was es für seine Zwecke brauchte. Verteidigungsminister Donald Rumsfeld fand dafür die Formel, nicht die Koalition bestimme die Aufgabe, sondern die Aufgabe bestimme die Koalition, wobei der Minister nicht aussprach, aber voraussetzte, daß die Vereinigten Staaten bestimmen, was die Aufgabe ist. Noch klarer als bei Rom wird hier der Wandel erkennbar. Im Kampf mit der Sowjetunion war Amerika der Hegemon, seit dem Ende der Sowjetunion akzeptiert es nur noch die Rolle des Herrn.

Wem keiner in den Arm fallen kann, der hält es immer weniger für nötig, andere um ihr Einverständnis zu bitten oder um Rat zu fragen, er entscheidet und handelt allein. Unilateralismus heißt das Modewort dafür. Die Römer kannten gar nichts anderes. Seit sie im Jahr 338 vor Christus den Latinischen Bund aufgelöst hatten, waren sie nie wieder Mitglied eines multilateralen Zusammenschlusses. Ihr Bündnissystem hatte die klassische Form eines Herrschaftssystems: Alle waren Rom verpflichtet, aber untereinander nicht verbunden. Amerika erstrebt erst, was Rom längst hatte. Nach dem Kalten Krieg, schrieb Robert Kagan, wurde seine Politik »gegenüber dem Rest der Welt immer unilateraler«.

Wer Krieg machen kann, wann er will, glaubt sich bald auch im Recht, Krieg zu machen. Gerechte Kriege führten Römer und Amerikaner ihrer Vorstellung nach schon immer; seit sie sich über allen anderen Staaten wähnten, verfestigte sich diese Überzeugung. Der Anspruch von Bush junior, auf bloßen Verdacht böser Absichten hin andere mit Krieg zu überziehen, entspricht der römischen Praxis. Roms Kriege, meist fixiert auf einen erst möglichen Gegner, waren großenteils Präventivkriege. Bush holte nach, was für Rom immer selbstverständlich war.

Je weniger Rücksicht ein Land auf andere nehmen muß, desto weniger Außenpolitik muß es treiben; die Innenpolitik bestimmt zunehmend oder fast ganz das Verhältnis zur Außenwelt. Seit dem Jahr 65/4 vor Christus, dem endgültigen Sieg über König Mithridates von Pontos (nördliches Kleinasien), hatte die römische Republik fast keine Außenpolitik mehr, die von außen angestoßen wurde. Die großen Feldzüge der Zeit waren innenpolitisch veranlaßt. Um sich gegen Rivalen zu behaupten oder durchzusetzen, beschafften sich die starken Gestalten militärische Kommandos, Pompeius unterwarf den Osten, Caesar eroberte Gallien, Crassus zog gegen die Parther. So erscheint es folgerichtig, daß die Machtkämpfe in Bürgerkriege übergingen, es waren, wie zu allen Zeiten, die schlimmsten Kriege. Sie mobilisierten die größten Armeen, forderten die meisten Blutopfer und verheerten, im genauen Wortsinn, weite Teile des römischen Herrschaftsgebiets.

Wer Allmacht, soweit es das gibt, beschreiben wollte, könnte sich dieses erste vorchristliche Jahrhundert als Beispiel wählen: Sechzig Jahre lang, nur zeitweise unterbrochen, Krieg von Römern gegen Römer – einen solchen politischen Luxus vermochte sich nur ein Staat zu leisten, der so stark war, daß er sich nur mit sich selbst beschäftigen konnte. Dieser unglaubliche Zustand, nicht sehr viel mehr Außenpolitik treiben zu müssen, als Rom selbst es für nötig erachtete, hielt in der Kaiserzeit noch beinahe zweihundert Jahre an. Erst in den siebziger und achtziger Jahren des 2. Jahrhunderts mußte sich Kaiser Mark Aurel der Markomannen erwehren, der Vorboten der Völkerwanderung.

Einen Bürgerkrieg – oder gar eine Serie von Bürgerkriegen – können sich die Vereinigten Staaten nicht leisten, ohne ihre Stellung als Nummer eins in der Welt zu riskieren. Auch sonst braucht Amerika mehr Außenpolitik als Rom, denn es kann seine Verbündeten, und schon gar nicht Großmächte wie China, Rußland oder Indien, als Untertanen behandeln. Mit dem September 2001 kam eine Herausforderung hinzu, die Rom nicht kannte: ein aggressiver Feind, den es nicht wie feindliche Länder besiegen, besetzen und zur Ruhe zwingen kann. Die über viele Länder verteilten Terroristen können nur durch Zusammenarbeit mit vielen Ländern bekämpft werden, Amerika braucht dafür gutwillige und energische Helfer, die es nicht kommandieren kann, sondern gewinnen muß. Mit dem Irakkrieg erfuhr die Außenpolitik sogar eine Hochkonjunktur, im Wahlkampf 2004 wurde sie zu einem Hauptthema, aber dieser Krieg entsprang nicht einer außenpolitischen Notwendigkeit, die Regierung Bush brach ihn vom Zaun, nicht zuletzt aus innenpolitischen Zwängen und Erwägungen.

Dennoch hat sich seit dem Ende der Sowjetunion die Abhängigkeit Washingtons von der Außenpolitik stark verringert. Die Supermacht mit Atomraketen globaler Reichweite war ein Gegner anderen Formats als die Verschwörernetzwerke der Terroristen. Nach 1991 gewannen Wirtschafts- und Innenpolitik noch mehr Gewicht, als sie sonst schon in Amerika haben. Die Wahl Clintons, der auf die Wirtschaft schwor, und die Abwahl des Golfkrieg-Siegers Bush senior zeigten, daß die Mehrheit der Amerikaner nicht einer neuen Weltordnung nachlaufen, sondern ihr Haus in Ordnung bringen wollte. Im Jahr 2001 veröffentlichte Henry Kissinger ein Buch mit dem Titel »Does America Need a Foreign Policy?« Das Interesse seiner Landsleute an außenpolitischen Fragen, meinte der Autor, befinde sich »auf einem nie dagewesenen Tiefpunkt«. Die Präsidentenwahl von 1999 »war die dritte in Folge, bei der sich die Kandidaten im Wahlkampf kaum mit Außenpolitik befaßten.« Gerade in den neunziger Jahren habe nicht strategische Planung, sondern eine Reihe von Augenblicksentscheidungen das Außenverhältnis bestimmt, Entscheidungen, »mit denen in erster Linie die Wählerschaft zufriedengestellt werden sollte«.

Im Kongreß gab es Abgeordnete, die sich rühmten, keinen Paß zu haben: Was in der Welt geschieht, geht uns nichts an. Bush senior brauchte für seinen Irak-Krieg eine »Zweite

Front« aus »Zensur und Propaganda« (so ein Buchtitel), um
nach anfänglicher Zurückhaltung schließlich eine Zustim-
mungsmehrheit von 80 Prozent zu erreichen. Sein Sohn
hätte den zweiten Krieg gegen Saddam Hussein nicht beginnen können, wenn ihm nicht der Schrecken des 11. September starken Rückenwind gegeben hätte. Es bedurfte einer
neuen Gefahr: Terrorismus und Massenvernichtungswaffen
in Schurkenhänden mußten die Dimension der Atomgroß-
macht Sowjetunion bekommen.

Der Vorrang der Innen- vor der Außenpolitik hat in den
Vereinigten Staaten Tradition, Kenner nennen einen Erfah-
rungswert von 90 Prozent. Messen kann man das nicht, erkennbar ist, daß nach 1991 Amerikas Außenpolitik amerikanischer wurde: Das nationale Interesse, was jeweils dafür
gehalten oder erklärt wird, also ein Produkt der Innenpolitik,
bildete den entscheidenden Maßstab; Rücksicht auf die übrige
Menschheit, vom Schutz der Umwelt bis zur Entwicklungshilfe, traten zurück.

Wer übermächtig ist, wird hochmütig, er muß es werden.
Unmittelbar nach dem Sieg bei Pydna, als Rom die letzte
Großmacht im Mittelmeerraum geschlagen hatte, schickte
der Senat Gaius Popilius Laenas zu König Antiochos IV., der
kurz vor der Eroberung Ägyptens stand. Der König kannte
Popilius aus seiner Geiselzeit in Rom und wollte ihn begrü-
ßen, doch der wehrte ab: Erst müsse er ein Schreiben des Senats lesen; darin stand, Antiochos habe den Feldzug gegen
Ägypten sofort abzubrechen. Der König war schockiert: Darüber müsse er erst einmal mit seinen Beratern sprechen. Darauf nahm der Römer einen Stock, zog im Sand einen Kreis
um Antiochos und erklärte, er dürfe diesen Kreis erst verlassen, wenn er sich entschieden habe. Der Herrscher eines immer noch ansehnlichen Reiches zögerte nur kurz, bis er sich
bereit fand, alles zu tun, was der Senat anordnete. Nun ergriff
Popilius seine Hand und begrüßte ihn aufs freundlichste.

Madeleine Albright ging nie soweit. Doch wenn Clintons
Außenministerin fast überall, wohin sie kam, öffentlich

mahnte, warnte, belehrte, zensierte und zu verstehen gab, Unfolgsamkeit werde Konsequenzen haben, dann erinnerte sie an einen Prokonsul. Donald Rumsfeld sah sich schon einen großen Schritt weiter auf dem Wege zur Allmacht und zögerte nie, es die Alliierten spüren zu lassen. Amerikanische Botschafter fühlen sich zuweilen wie Statthalter und teilen ihre Kritik und Zurechtweisungen öffentlich mit, bleiben aber weit hinter dem römischen Gesandten zurück, der im Jahr 164 in den wichtigsten Städten des Pergamenischen Reiches bekanntmachen ließ: Jeder Bürger Pergamons, der Beschwerden über seinen König habe, solle sie vor ein römisches Tribunal bringen, das zehn Tage lang in Sardes bereit stehe.

Lasten der Übermacht

Freuden und Mühen der Macht sind oft schwer zu trennen. Der Lust, immer der erste zu sein, folgt der Zwang, es sein zu müssen, Kräfte werden verschwendet, mit denen sich Besseres anfangen ließe. Roms militärische Pflichten ruinierten das staatstragende Bauerntum, Amerikas ausufernder Wehretat gefährdete schon unter Reagan Wirtschaft, Währung und dringende soziale Aufgaben. Die Satelliten und Verbündeten wurden halb oder ganz entbehrlich und verursachten trotzdem immer neuen Ärger. Der Numiderkönig Jugurtha hielt Rom zehn Jahre lang zum Narren, bestach Senatoren, ließ mitten in Rom einen Rivalen ermorden, und erst nach mehrjährigem Krieg und peinlichen Schlappen gelang es, ihn zu besiegen und zu fangen. Manche Vasallen gehorchten nicht wie die Achäer in ihrem Dauerzank mit Sparta und wie Chirac und Schröder bei der Vorbereitung des Irak-Krieges. Andere stritten sich wie die Griechen des Altertums untereinander und wie die Griechen der Gegenwart mit den Türken – immer mußten Römer und Amerikaner vermitteln.

Schwerer wogen ihre Lasten als Schutzmächte. Die Römer hatten für Sicherheit zu sorgen, wo es früher andere getan hatten. Sie lösten die Makedonen als Wacht gegen die Barbaren des Nordens und Rhodos als Seepolizei gegen die Piraten ab. Die lokalen Abwehrkräfte waren oft zu schwach, die Legionen gingen ins Feld, wurden mehrfach schwer geschlagen. Im Jahr 114 kamen Kelten bis Delphi und plünderten es. In Sardinien war immer noch allein die Küste völlig sicher, in Sizilien brachten revoltierende Sklavenmassen die halbe Insel in ihre Gewalt, in Spanien flackerten Aufstände und Grenzkämpfe auf, erst zu Augustus' Zeit befand sich die ganze iberische Halbinsel fest in römischer Hand.

Amerikas Friedenspflichten sind global, sie aufzuzählen ist schwieriger, als zu suchen, wo die Vereinigten Staaten nicht engagiert sind – als offizieller oder stiller Schlichter, als Garantiemacht für die innere und äußere Stabilität, als Retter in Bürgerkriegen. Gebraucht zu werden und als Schutzmacht erwünscht zu sein, begründet berechtigten Stolz, aber verleitet auch zur Überanstrengung. Immer neu wird in Washington darüber nachgedacht und gestritten, was nötig sei, was man anderen übertragen könne und was man sich selbst überlassen solle.

Römer wie Amerikaner bekamen auch die Kehrseite zu spüren, einen tiefen Haß. In den Jahren 91 bis 88 besetzte Mithridates, König von Pontos im nördlichen Kleinasien, die römische Provinz Asia und danach Griechenland, er wurde als Befreier begrüßt und versuchte, Roms Untertanen an sich zu binden, indem er zur Rache an Rom aufrief und half, Rache zu nehmen: In Asia wurden 80000 und in Griechenland 20000 Römer und Italiker erschlagen. Auch wenn es nicht so viele waren, Massenmorde waren es, die – obwohl organisiert – die tiefe Erbitterung enthüllten, die sich angestaut hatte. Gegen erpresserische Statthalter, brutale Steuerpächter und betrügerische Geschäftsleute jeder Art, die allesamt, weil wenig kontrolliert, aber mit der römischen Staatsmacht im Rücken, die Länder aussaugten.

Amerikanische Einrichtungen im Ausland gleichen belagerten Festungen, die Kette terroristischer Anschläge auf Botschaften, Amerika-Häuser, Militäranlagen, ja auch auf

Vergnügungsstätten wurde in den letzten Jahrzehnten immer länger und dichter. Der Massenmord vom 11. September 2001 bildete im Prinzip nichts Neues, sondern den schrecklichen Höhepunkt einer Woge des Hasses. Der Anschlag war, wie im Fall des Mithridates, von einer kleinen Gruppe organisiert, aber der Beifall, nicht nur klammheimlich, den er und der mutmaßliche Anstifter Osama bin Laden in muslimischen Ländern fanden, lassen keinen Zweifel: Hinter der Untat Einzelner standen die Gefühle vieler. Von einer bestimmten Größe der Macht an sind Ressentiments unvermeidliche Begleiter, Haß jedoch, wie ihn Römer und Amerikaner erfuhren, war die Folge ihres Machtgebarens.

Das Gefühl der Übermacht

Nach dem Sieg bei Pydna im Jahr 168 war Rom nicht nur Herr der Welt, sondern fühlte und benahm sich auch so. Das Verhältnis zu den Verbündeten regelte sich ausschließlich nach Befehl und Gehorsam, den Maßstab für die Politik gab allein das Eigeninteresse Roms, seine Sicherheit, seine Macht, sein Vorteil. Die Römer hatten es leichter als die Amerikaner, Imperialisten zu werden, sie kannten die Rücksichten, Bindungen und Verpflichtungen nicht, die Amerika als wesentliches Element seiner Außenpolitik betrachtete. Doch der Schock des 11. September, die Erfahrung eigener Verletzbarkeit trieb die Vereinigten Staaten in die Nähe Roms. Sie befreiten sich von den inneren Hemmungen und äußeren Hemmnissen, die ihre Handlungsfähigkeit eingeschränkt hatten. Sie unterdrückten ihr Bedürfnis nach Legitimation und den Wunsch nach der Nestwärme der Bündnisgemeinschaft und schoben fast alles beiseite, das sich ihren Absichten nicht fügte: UNO, NATO, Rüstungsbegrenzungsverträge, internationale Abkommen. Amerika ließ sich nicht mehr aufhalten zu tun, wozu es fähig war, es paßte seine Politik seiner Macht an. Es fühlte sich nicht wie Rom als Herr der Welt, wohl aber als Herr, der über allen Staaten der Welt steht.

Weltmächte ohne Gegenmächte sind eine Klasse für sich; für sie gilt nicht, was für andere gilt. Sie akzeptieren Gleichheit mit niemandem, aber sie ernennen einen treuen Gefolgsmann schnell zum Freund oder *amicus populi Romani*. Sie haben keine Feinde, sondern kennen nur Rebellen, Terroristen und Schurkenstaaten. Sie kämpfen nicht, sondern strafen. Sie führen nicht Krieg, sondern schaffen Frieden. Sie sind aufrichtig empört, wenn Vasallen sich nicht wie Vasallen verhalten.

Aber Weltmächte haben auch niemals Ruhe. Sie allein verfügen über die Macht und die Mittel, Gewalttäter zu zähmen und Bedrohte zu retten. Sie sind dauernd gefordert und können sich nur manchmal leisten, die Bitten, Wünsche, Hilferufe und Appelle an ihre Frieden bringende Kraft abzuweisen. Reagieren sie nicht, gerät ihre Glaubwürdigkeit in Gefahr, reagieren sie immer, verzetteln und überfordern sie sich. Sie müssen meist mehr, als sie auf die Dauer können, aber sie können mehr, als sie dürfen, und deshalb erliegen sie fast immer der Versuchung, vor der Senator William Fulbright Amerika schon 1966 warnte: »Macht neigt dazu, sich mit Tugend zu verwechseln.«

V. IMPERIUM UND EMPIRE

*Seit dem römischen Reich hat es in der Weltgeschichte
kein Land gegeben, das so übermächtig war, kulturell,
wirtschaftlich, technisch und militärisch.*
CHARLES KRAUTHAMMER

Was wird aus Weltmächten, die alle anderen Staaten, Bünde
und Mächte unerreichbar überragen? Zweierlei Zukunft ist
möglich: Entweder entwickeln sie sich zum Herrscher der
Welt oder sie werden allmählich von anderen eingeholt und
sind dann nur noch Weltmacht, aber nicht mehr die einzige,
alle anderen überragende.

1. Imperium Romanum

Rom nahm den Weg zur Weltherrschaft, aber das geschah
ohne Absicht, dauerte anderthalb Jahrhunderte und kostete
das Blut verheerender Bürgerkriege, denn der römische Staat
mußte sich von Grund auf verwandeln: Aus der Adelsrepublik mußte eine Monarchie werden und aus dem Stadtstaat
mit verstreutem Kolonialbesitz ein Weltreich.

Eine Adelsrepublik lebt von der Gleichheit ihrer Mitglieder
und deren Einordnung in das gemeinsame Ganze, aber beides,
die Gleichheit wie die Einordnung, gelangen immer weniger.
In den Provinzen herrschten die Nobiles fast wie Könige, und
fast wie Könige wurden sie als Heerführer und Kommissare
in den hellenistischen Ländern behandelt, mit Standbildern

und Altären wie Götter verehrt. Draußen konnten sie beinahe alles tun, was sie wollten, zu Hause sollten sie wieder einer unter vielen sein, beargwöhnt von neidischen Standesgenossen. Draußen konnten sie aus der Kriegsbeute der Besiegten und durch Erpressung der Untertanen riesige Vermögen anhäufen, zu Hause sollten sie nach alter Väter Sitte streng, maßvoll und bescheiden bleiben. Gesetze gegen den Luxus – wieviel darf ein Gastmahl kosten und wieviel Schmuck eine Frau tragen? – blieben wirkungslos wie immer, wenn der Staat dem Leben mit Vorschriften beikommen will. Draußen lernten sie Vergnügungen kennen und durften sich ihnen ungehemmt hingeben, zu Hause wachten die Zensoren über die guten Sitten. Draußen begegneten sie der griechischen Aufklärung und der Relativierung aller Werte, zu Hause sollten sie immer noch glauben und denken wie einst die Vorfahren. Ihr Selbstgefühl stieg durch die großen Aufgaben, die sie in fernen Ländern bewältigten, und ihre persönliche Macht wuchs durch die Ergebenheit ihrer Heere, die zu Berufsarmeen geworden waren, mehr ihrem Feldherrn verbunden als dem Staat.

So wurde das erste Jahrhundert vor Christus zur Zeit der großen Gestalten, des Marius und Sulla, des Pompeius und Caesar, des Antonius und Octavian. Und es wurde zugleich zur Zeit des Zerfalls der ungeschriebenen Gesetze, deren Befolgung Rom groß gemacht hatte. Unter den Ansprüchen des einzelnen ging die gemeinsame Sache, die res publica, allmählich zu Grunde. Schon bevor Rom zur Monarchie wurde, entschieden einzelne über seine Verfassung. Lucius Cornelius Sulla, der Sieger im ersten Bürgerkrieg, machte sich zum Diktator auf Zeit und restaurierte die Republik, aber der künstliche Bau hielt nicht lange. Caesar, der Sieger im zweiten Bürgerkrieg, machte sich zum Diktator auf Lebenszeit und zerstörte die Republik, aber wurde ermordet. Octavian, der Sieger im dritten Bürgerkrieg, restaurierte die Republik und errichtete teils neben, teils über ihr die Monarchie.

Roms erster Kaiser gab sich als der erste Bürger, der Princeps. Er schuf kein Sonderrecht für den Monarchen, sondern übernahm dauerhaft die Befugnisse zweier republikanischer Ämter, des prokonsularischen Imperiums und des Volkstribunats; damit sicherte er sich den Oberbefehl über die Heere der Grenzprovinzen und alle wesentliche Initiative und Entscheidung im Staat. Octavian, der seit 27 Augustus, der Erhabene, genannt wurde, war Roms größter Staatsmann, denn er überwand den Gegensatz zwischen Republik und Reich, an dem der Staat zu zerbrechen drohte. Er bändigte und pflegte die Republik, aber übernahm die Aufgaben, denen sie nicht gewachsen war, es war der wichtigere Teil, der auch die Machtmittel enthielt. Augustus rettete Rom und gab ihm ein zweites Leben, indem er das Unvereinbare, den Stadtstaat und dessen weltweite Eroberungen, zu einem Reich zusammenfügte.

Augustus brachte zum Abschluß, was – wie alles Römische – in einem langen Prozeß sich herausgebildet hatte. Das Imperium entstand aus offensiver Verteidigung, die zu Eroberungen führte, aber nicht zu staatlicher Form. Exzesse wie die Zerstörung von Karthago und Korinth blieben die Ausnahme, jedenfalls in diesem Ausmaß, aber das Verhältnis zu den Unterworfenen war durch und durch destruktiv, es hatte kein Ziel, kein Konzept und keine Moral. Die Provinzen dienten der Ausbeutung, die Reformversuche galten nur der Verfassung der Stadt Rom.

Nach wie vor wollte der Senat herrschen, ohne zu regieren, doch eben damit hatte er Reiche und Städte unregierbar werden lassen. Die vier Kantone Makedoniens gerieten ins Chaos, Rom mußte selbst für Ordnung sorgen und errichtete seine erste Provinz im Osten. Im Jahr 133 vererbte der letzte König von Pergamon den Römern sein Reich, der Senat brauchte fast ein Jahr, um über die Annahme des Geschenks zu entscheiden. Inzwischen bemächtigte sich ein Usurpator des Landes, Sklaven erhoben sich, die Armen revoltierten, weder Roms Gesandte noch befreundete Nachbarstaaten be-

wältigten das Chaos, Rom mußte sich seine Erbschaft erobern
und dort selbst für Ordnung sorgen. »Asia« wurde seine
zweite Provinz im Osten.

Immer häufiger geriet es in ähnliche Zwangslagen. Durch
Erbschaften, die es, wie in Bithynien, nicht Bürger- oder
Nachbarschaftskriegen überlassen durfte. Durch herrschafts-
lose Verhältnisse, die ganze Länder zur Heimat von Piraten
werden ließen und Rom nötigten, sie unter Kontrolle zu nehmen, so wurden Kilikien (südöstliches Kleinasien), Kreta und
Cyrenaika Provinzen. Durch Unruhen in Südfrankreich, wo
Kelten und Ligurer den Landweg von Italien nach Spanien
bedrohten, so entstand die Provinz, die heute noch Provence
heißt. Schließlich durch die großen Eroberer: Pompeius unterwarf den Osten bis nach Syrien und Caesar Gallien. Dabei
ging es nicht mehr um Sicherheit, obwohl Caesar es ständig
behauptete, sondern um Ausdehnung der Herrschaft, die
dann provinzielle Organisation verlangte.

Bis zu Pompeius und Caesar war die Errichtung von Provinzen nirgendwo das Ziel, sondern nur ein letzter Notbehelf
in Ländern, die man nicht sich selbst überlassen konnte, weil
sie nicht zur Ruhe kamen oder weil sie zu Heimstätten ständiger Unruhe geworden waren. Doch der Notbehelf erwies
sich immer öfter als notwendig. Rom hatte das politische
Leben in vielen Regionen erstickt und war nun gezwungen,
selbst stabile Verhältnisse zu schaffen. Dabei entstand ein
Flickenteppich aus Provinzen, die keine Einheit bildeten und
auch nicht bilden sollten, aber schon zu Elementen einer Einheit wurden. Ein Imperium entstand, das niemand plante und
wollte. Ihrer Herrschaft und ihres Glanzes waren sich die Römer wohl bewußt und stolz darauf, aber daß Herrschaft mehr
ist als Aufsicht und Ausbeutung und daß sie eine politische
Form braucht und am Ende eine staatliche Gestalt – all das
lag auch Mitte des 1. Jahrhunderts noch außerhalb der Vorstellung.

Pompeius und Caesar waren Imperialisten, was nicht heißt,
daß ein Imperium ihr Ziel war, sie schufen nur weitere Voraus-

setzungen dafür. Erst Augustus erfaßte Roms Herrschaftsgebiet als ein Ganzes, das eine Ordnung, Organisation und
Rechtfertigung brauchte und eine Form haben mußte, ein
abgerundetes Territorium und feste Grenzen. Augustus traf
Vorkehrungen dafür, daß die Provinzen nicht weiter privatem
Gewinnstreben ausgeliefert, sondern verwaltet wurden. Er
ergänzte das Recht des Eroberers durch die Fürsorge des Frie-
densstifters. Nach den Verwüstungen der ewigen Bürgerkriege herrschte eine überwältigende Sehnsucht nach Frieden
und gesicherten Verhältnissen. Beides gewährte Augustus,
Römer und Provinzen dankten es ihm, die Pax Augusta legitimierte die Alleinherrschaft.

2. American Empire?

Rom mußte sich, nachdem es zur einzigen, alle beherrschen-
den Weltmacht aufgestiegen war, verwandeln. Müssen die
Vereinigten Staaten das ebenfalls und vielleicht ebenso, nachdem sie einen vergleichbaren Status erreicht haben? In Amerika hat darüber eine lebhafte Debatte begonnen, die um die
gleichen Veränderungen kreist, die Rom durchlief: Wird aus
der Vormacht großer Bündnisse ein Imperium? Aus der Republik eine Monarchie?

Gefragt wird: Ist Amerika ein Empire oder jedenfalls ein
Empire im Entstehen? Soll es ein Empire werden oder muß es
sich einer Entwicklung dazu widersetzen? Bisher war Empire
ein Unwort, aber kann ein amerikanisches Empire vielleicht
nützlich oder sogar nötig sein? Bisher war auch Pax Americana ein verpönter Begriff, aber ist ein Frieden, den Amerika
erzwingt, nicht ein Segen? Bisher war es eine Beleidigung,
wenn andere die Amerikaner Imperialisten nannten, aber
trifft es vielleicht einen Sachverhalt, der auch seine guten
Seiten hat? All das mündet in die entscheidende Frage: Kann
Amerika Republik und Demokratie bleiben, wenn es ein Empire wird? Oder schließt eines das andere aus?

Soweit hier nicht nur um Worte gestritten wird, handelt es sich um Fragen von gleicher Bedeutung und gleichem Ernst wie in der großen Debatte zu Beginn des Zweiten Weltkriegs. Heute geht es wie damals darum, wie Amerika Amerika bleiben kann: indem es fortschreitet auf dem Weg, den es eingeschlagen hat, oder indem es innehält und sich auf die Grundsätze besinnt, denen es bisher gefolgt ist? Damals wurde gestritten, ob sich die Nation durch Eingreifen in die Welt oder durch Abstand von der Welt bewahren kann, heute steht nicht mehr ein Eingreifen in die Weltpolitik zur Debatte, sondern deren Beherrschung – das ist eine Dimension mehr.

Die Advokaten eines American Empire sagen, eine anarchische Welt mit Terroristen, Schurkenstaaten und Massenvernichtungswaffen verlange eine global dominierende Kraft, und das könne nur Amerika sein. Amerikaner können sich, so Robert Kagan, »eine stabile und erfolgreiche Weltordnung« nur vorstellen, wenn »in deren Zentrum die USA stehen« und wenn sie »mit militärischer Macht verteidigt wird, besonders amerikanischer Macht«. Der Vergleich mit Rom bietet sich an. Robert Kaplan, ein welterfahrener Journalist, ermuntert die Führer Amerikas, die alten Historiker zu lesen »für hilfreiche Hinweise, wie man die Welt steuern muß«. Kaplan schreckt sogar vor Kaiser Tiberius nicht zurück, obwohl er »so etwas wie ein Despot« gewesen sei, denn er »verband Diplomatie mit Gewaltanwendung, um einen Frieden zu bewahren, der nützlich war für Rom«.

Wie Präsident Bush junior der gewachsenen Macht seine Politik anpasst, so passen Professoren und Publizisten der Macht die Sprache an und damit das Denken. Henry Kissinger warnt: »Die Straße zum Empire führt zum inneren Niedergang, denn mit der Zeit höhlt der Anspruch der Allmacht die innenpolitische Zurückhaltung aus. Kein Reich hat die Straße zum Cäsarismus, zur Autokratie, vermieden – es sei denn, es hat, wie das Britische Weltreich, die Macht abgegeben, bevor dieser Prozeß einsetzen konnte.« Kurz danach der entscheidende Satz: »Ein bewußtes Streben nach Hegemonie ist der sicherste Weg zur Zerstörung der Werte, die Amerika groß gemacht haben.«

Dem »europäischen« Amerikaner halten die geborenen Amerikaner entgegen, was sie schon mit der Muttermilch aufgenommen haben: Amerika ist grundlegend anders als alles, was je auf der Welt war. Amerika werde Republik und Empire durchaus vereinen können, denn ein amerikanisches Imperium werde, anders als alle früheren, ein wohlwollendes Empire sein, das nicht unterdrückt, sondern beglückt. Ein anderer »europäischer« Amerikaner, Zbigniew Brzezinski, zweifelt: »Nie zuvor hat eine wirklich im Volk verankerte Demokratie die internationale Politik dominiert. Machtstreben verträgt sich im Grunde ebensowenig mit demokratischer Gesinnung wie die wirtschaftlichen Kosten und menschlichen Opfer, die zu seiner Ausübung nötig sind. Eine demokratische Gesellschaft läßt sich nicht so leicht für imperialistische Zwecke einspannen.«

Über den Ausgang des Streits, also über die künftige Entwicklung der Vereinigten Staaten, lassen sich nur Mutmaßungen anstellen. Die vergleichende Begleitung der römischen und der amerikanischen Geschichte hat hier ein Ende. Was aus Rom wurde, wissen wir, das Reich der Kaiser, das Augustus begründet hatte, bestand noch über vierhundert Jahre, seine oströmische Fortsetzung, das Reich von Byzanz, dann noch weitere zwölfhundert Jahre, bis die Türken 1453 Konstantinopel einnahmen und in Istanbul verwandelten. Was aus den Vereinigten Staaten von Amerika wird, wissen wir nicht, als einzige Weltmacht sind sie knapp fünfzehn Jahre bekannt. Sie stehen erst am Anfang eines Weges, dessen Länge und Verlauf niemand kennt, es ist nicht einmal sicher, ob er immer noch aufwärts oder allmählich abwärts gehen wird. Vergleichbar sind heute nur das Amerika der Gegenwart und das Rom der Kaiserzeit. Dabei kann es sich nur um eine Momentaufnahme handeln, in der die ersten beiden Jahrhunderte des Imperium Romanum neben dem American Empire zu Anfang des 21. Jahrhunderts stehen. Aber was ist dieses Empire?

Amerikas gegenwärtige Macht erstreckt sich auf alles, was man den »Westen« nennt. Zunächst Europa, so weit die Nato reicht, dann die Erbschaft des Britischen Weltreiches, vor allem Kanada, Australien und Neuseeland. Hinzu gehören ferner die Türkei und Israel sowie Japan, Süd-Korea und die Philippinen. Allen diesen Ländern garantiert Amerika ihre Sicherheit und erhält dafür ihre feste Loyalität. Fast alle sind ihm als überzeugte und bewährte Demokratien verbunden und bilden, was man das American Empire nennen kann: eine von Washington geführte und dominierte Gemeinschaft, die von amerikanischer Übermacht, von Sicherheitsinteressen und einem gleichen politisch-wirtschaftlichen »System« zusammengehalten wird.

In einem weiteren Sinne umfaßt Amerikas Empire viele Staaten auf fast allen Erdteilen: Die Länder Lateinamerikas in sehr unterschiedlichem Maß der Verflechtung und Verpflichtung, in der arabischen Welt Jordanien, Ägypten, die Golfstaaten und wohl immer noch Saudi-Arabien. In Südostasien darf man Thailand, Malaysia und Singapur hinzurechnen. Dieser äußere Kreis wird nicht durch Überzeugungen, sondern durch Interessen zusammengehalten. Seine Mitglieder sind größtenteils wirtschaftlich und technisch mehr oder minder auf Amerika angewiesen, viele verkauften militärische Stützpunkte, manche brauchen Rückhalt gegen ihre Nachbarn und Feinde. Während der innere Kreis des Empire von festen Bindungen lebt, sind diese Interessen meist flüchtig und können sich schnell ändern.

3. Ähnlichkeiten

Anspruch und Grenzen

Offenkundig gibt es Ähnlichkeiten zwischen den Vereinigten Staaten von heute und dem römischen Reich seit Augustus. Da ist zunächst ein universaler Anspruch, der jedoch im Widerspruch steht zur politischen Reichweite. Vergil ließ im

National-Epos Roms den Göttervater Jupiter sagen, er habe den Römern ein Imperium sine fine gegeben, eine Herrschaft ohne Grenzen (Aeneis 1,279). Doch das war Dichtung und nicht Wahrheit, schon Augustus, der Gründervater des Kaiserreiches, zog Grenzen. Er hatte als Eroberer begonnen, unterwarf sogar mehr Völker als seine Vorgänger und Nachfolger, füllte territoriale Lücken und rundete das Reichsgebiet zu einem großen Ganzen. Doch dabei ließ er es. Er verzichtete auf den Rachefeldzug gegen die Parther, den Caesar vorbereitet hatte, und begnügte sich mit einem symbolischen Sieg, der Rückgabe der verlorenen römischen Feldzeichen. Er verzichtete auf die Elbgrenze und ließ das Reich an Rhein und Donau enden. Er hatte durch bittere Erfahrung gelernt, was alle Großreiche lernen müssen: Unbegrenzte Ausdehnung führt zur Überdehnung, die militärischen, finanziellen und auch politischen Kräfte reichen nicht mehr, die Macht wächst nicht, sondern schwindet.

Der Anspruch auf Weltherrschaft hielt sich jedoch. Alle Kaiser empfanden und präsentierten sich als Herrscher des gesamten Erdkreises, auch die friedfertigsten versuchten, hier und da ein Stück hinzuzugewinnen, um den Anspruch zu demonstrieren. Hundert Jahre nach Augustus erlag Kaiser Trajan noch einmal dem Traum, Alexanders Werk zu vollenden und Roms Imperium auf Persien oder sogar bis nach Indien auszudehnen. Sein Nachfolger Hadrian korrigierte die Anmaßung sogleich, von wenigen Ausnahmen abgesehen hielten sich auch alle späteren Kaiser in den Grenzen, die Augustus gezogen hatte. Das Imperium Romanum war ein Weltreich, das wußte, wie weit seine Welt reichte.

Amerikas Missionsauftrag kennt keine Grenzen, die Welt wird erst vollkommen, wenn sie denkt und lebt wie Amerika. Aber das ist Ideologie und nicht Wirklichkeit. Auch Woodrow Wilson sprach zwar von der Welt, die safe for democracy gemacht werden solle, aber seine Politik beschränkte sich unvermeidlich auf Europa. Seit Franklin Roosevelt erweiterten die Präsidenten Amerikas Macht auf alle Kontinente, doch

obwohl niemals Grenzen gezogen wurden, bestanden und bestehen sie.

Rußland, Indien, Indonesien und China bleiben tabu für
Washington, selbst Chinas Interessenzone muß es beachten
und kann in das atomwaffenverdächtige Nord-Korea so wenig einmarschieren wie 1950. Von Afrika hält es kluge Distanz, jedes größere Engagement würde mehr Kräfte ver-
schlingen als Gewinn einbringen. Wie Roms Imperium kann
Amerikas Empire nur einen Teil der Welt umfassen, aber wie
in Rom blieb der universale Anspruch erhalten, er bestimmt
die praktische Politik nicht, aber kann mobilisiert werden, um
praktische Politik zu beflügeln und zu rechtfertigen. Amerika
sei »keine imperiale Macht«, sondern eine »Macht der Befreiung«, sagte Präsident Bush junior, es sei »berufen«, die »Welt
zu verändern«.

Die Grenzen der römischen und der amerikanischen Macht
waren und sind fließend. Die römischen reichten über das
Reichsgebiet hinaus und schlossen einen Gürtel von Klientelstaaten ein, die Rom oder dem Kaiser persönlich verpflichtet
waren und als Barrieren gegen die Einfälle der Barbaren dienten. Der Althistoriker Ernst Kornemann sprach von den »unsichtbaren« Grenzen des Imperiums, das könnte auch vom
Empire Amerikas gesagt werden: Was dazugehört, ist gar
nicht immer feststellbar und ändert sich leicht. Rom wie Washington erwuchsen daraus ähnliche Probleme.

Auf die Angehörigen ihres Reiches konnten sich die Römer
im allgemeinen verlassen, ebenso die Amerikaner auf ihre
Verbündeten. Der Aufsicht bedurfte, was außerhalb lag. Dabei bauten beide auf die lokalen Machthaber, die Römer auf
Könige, Fürsten und Häuptlinge, die Amerikaner ebenfalls
auf Könige, wo es sie noch gibt, sonst auf autoritäre, zuweilen
despotische Herrscher. Vasallen dieser Art sind meist unsi-
chere Kantonisten. Als Statthalter einer Fremdmacht werden
sie von »nationaler« Opposition bedroht, als Vertreter ihrer
»Nation« sind sie leicht versucht oder genötigt, gegen die

Fremdmacht zu rebellieren, als Könige müssen sie mit anderen Thronprätendenten und als Diktatoren mit Revolten rechnen.

Kaiser und Präsidenten standen und stehen vor gleichen Entscheidungen: Wen sollen sie stützen, wen stürzen? Wen in die Liste der reges amici eintragen und mit dem Bürgerrecht beehren, wen zum Partner und Freund Amerikas ernennen? Wen scharf vermahnen, wen davonjagen? Rom setzte Könige ab und ein, Amerika entmachtet unliebsame Machthaber, von Fidel Castro (wo es mißlang) über Salvador Allende bis zu Saddam Hussein. Manchmal genügt ein Machtwort, manches erledigt die CIA, für manches brauchen Amerikaner wie die Römer Soldaten. Allerdings sind die Klientelstaaten Amerikas meist stärker als die der Römer, mit Saudi-Arabien oder Ägypten kann Washington nicht umspringen wie Kaiser Caligula mit dem mauretanischen König Ptolemaios, den er zuerst als treuen Diener feierte und dann als Hochverräter hinrichten ließ. Gewisse Ähnlichkeit zeigt allerdings die Karriere des panamesischen Präsidenten Noriega, die wegen Drogenhandel und vor allem wegen Aufsässigkeit in einem US-Gefängnis endete.

Militärische Macht

In allen Imperien der Weltgeschichte ruht die Macht auf dem Militär, so auch in Rom und Amerika. Die Soldaten haben nicht das erste, wohl aber das letzte Wort, wenn die anderen Herrschaftsmittel versagen. In Rom galt das sogar für die Innenpolitik, die Legionen garantierten die Herrschaft der Kaiser, Gegenkaiser gelangten nur auf ihren Thron, wenn sie die stärkeren Legionen hatten. In Amerika ist es nur militärischer Ruhm, nicht militärische Macht, die Generäle Präsident werden läßt, ein Unterschied, dessen Bedeutung kaum zu überschätzen ist.

Imperien brauchen stehende Heere. Rom hatte endlose Grenzen zu schützen, was seit dem Ende des 2. Jahrhunderts

zur Hauptaufgabe des Staates wurde und das Heer zur Hauptmacht im Staat werden ließ. Amerika sorgt, gleich wer regiert, dafür, militärisch uneinholbar zu bleiben. In 130 Ländern verfügte es Anfang des 21. Jahrhunderts über rund
750 militärische Niederlassungen, seine ständig weiterent-
wickelte Militärtechnik bringt wahre Wunderwerke hervor.
Aber selbst im technischen Zeitalter ist Technik nicht alles.
Sie garantiert den schnellen Sieg, nicht aber die militärische
Sicherung des Sieges. Um ein Land zu besetzen und dauerhaft
zu kontrollieren, sind wie zu allen Zeiten Soldaten nötig, die
den Kleinkrieg bestehen, Wache schieben, Kontrolle fahren,
Partisanen aufspüren. In Afghanistan und im Irak wurden die
Stärken wie die Schwächen der amerikanischen Militärmacht
überdeutlich.

Wichtiger noch als die Waffen sind die Menschen, Wehrkraft ist eine Frage der Rekrutierung. Rom und Amerika gingen hier im Laufe der Zeiten den gleichen Weg. Er führte von
der Wehrpflicht des Staatsbürgers zum Wehrdienst des kleinen Mannes, der beim Militär Auskommen und Aufstieg erhoffte. Und schließlich zur Suche nach Hilfsvölkern. Dem Le-
gionär der frühen römischen Republik, der sich auf eigene
Kosten ausrüstete, folgten ärmere, die das nicht konnten,
aber gebraucht wurden, später dienten römische Bürger aus
den Provinzen und dann nicht-römische Provinzbewohner,
die nach 25 Jahren Militärzeit römische Bürger wurden. In
der späten Kaiserzeit verteidigten großenteils Germanen unter germanischen Heerführern das Reich gegen Germanen.

Das war eine Entwicklung von mindestens sechshundert
Jahren. Im 19. Jahrhundert und in den beiden Weltkriegen
kämpften Amerikaner aller sozialen Schichten, danach wuchs
der Anteil der ärmeren und besonders der farbigen. Seit dem
Ende des Kalten Krieges bemüht sich Washington um nicht-
amerikanische Helfer. Es versucht, die Nato in ein Werkzeug
für seine Politik umzugestalten und wirbt Hilfstruppen zur
Besetzung Afghanistans und des Irak in Europa, Lateinamerika, Indien, Japan und Korea.

Zivile Macht

Herrschaft beruht nicht nur auf Gewalt und der Drohung mit Gewalt, langfristig ist wirksamer, was der Politologe Joseph S. Nye soft power nennt, die weiche Gewalt, die wirtschaftlich und technisch Abhängigkeiten schafft und kulturell überzeugt oder gar überwältigt. Die Vereinigten Staaten produzieren mehr als ein Viertel dessen, was in der Welt produziert wird. Sie können rüsten, ohne ihre wirtschaftliche Potenz zu verringern, ihre Verteidigungsausgaben sind so groß wie die der nächsten zwölf oder sogar fünfzehn Staaten zusammen. Sie bewahren auch ihren technischen Verstand und die geniale Fähigkeit, Technik nutzbar zu machen.

Ökonomie und Technik waren und blieben die stärksten und bevorzugten Machtmittel der Amerikaner, hier liegt nach wie vor ein wesentlicher Unterschied zu den Römern. Wie schon bei der Eroberung des eigenen Kontinents nehmen die USA zunächst Dollars und greifen zu Kugeln erst, wenn wirtschaftlicher Druck nicht genügt. Sanktionen sind fast immer das erste, das amerikanischen Politikern einfällt, wenn sie etwas verhindern oder durchsetzen oder eine Untat bestrafen wollen. Anders als das römische Imperium bindet Amerikas Empire seine Verbündeten und Vasallen mit halb unsichtbaren Fäden ökonomischer und technischer Abhängigkeit an sich.

Erstaunlich gleich erscheinen hingegen die Wirkungen römischer und amerikanischer Kultur. Das römische Imperium gründete sich jenseits militärischer Kontrolle auf die städtische Lebensform und lebte im Westteil des Reiches von der Bindekraft der lateinischen Sprache. Tacitus hat beschrieben, wie die Römer unterentwickelte Völkerschaften zwangen, drängten und lockten, Städte zu bauen und sich der Zivilisation zu erfreuen, er schilderte es am Beispiel seines Schwiegervaters Agricola: »Um die verstreut wohnenden, rohen und darum leicht zum Krieg geneigten Menschen durch Wohlleben an Ruhe und Frieden zu gewöhnen, forderte er sie persönlich auf, Tempel, Marktplätze und Häuser zu errichten, und half ihnen dabei mit Staatsmitteln. Er ließ sogar die Söhne von Adligen in die höhere Bildung einführen – eben hatten sie sich noch geweigert, die römische Sprache zu lernen, nun strebten sie nach lateinischer Beredsamkeit. Auch unsere Kleidung wurde beliebt und die Toga gebräuchlich. Allmählich verfiel man den Verlockungen des Lasters: Säulenhallen, Bädern und glanzvollen Gelagen. Bei den Unerfahrenen hieß das Kultur, aber war doch Teil der Knechtschaft« (Tacitus Agricola 21). Was Tacitus nur als Herrschaftsmethode beschrieb, war zugleich Kultivierung durch Romanisierung.

Der Roman way of life tat vor zweitausend Jahren, was heute der American way of life teils versucht, teils erreicht. Ein Lebensstil fasziniert, der im einen Fall von künstlichen Bädern bis zu den Feinheiten der Redekunst sich erstreckte, im anderen von McDonald's bis Harvard. Die Grenzen, die Amerika in vielen Ländern politisch gesetzt sind, überwindet es oft kulturell. Etwa ein Viertel der Weltbevölkerung spricht englisch oder kann sich darin verständigen, in mindestens 48 Staaten ist Englisch Amtssprache, in allen globalen und in den meisten internationalen Organisationen ist es Arbeitssprache, in der internationalen Wirtschaft ist es Geschäftssprache, an manchen Universitäten in Deutschland ist es Unterrichtssprache, zuweilen sogar die einzige, und in der Wirtschaft wurde es weltweit zur lingua franca. Mit der Sprache umkreisen amerikanische Filme, Fernsehserien, Songs den Erdkreis, begleitet von Jazz, Pop, Jeans, Cola und Hamburger, oft verärgert abgewehrt, weit häufiger begeistert aufgenommen als der wahre Ausdruck der Zeit. Amerika ist Weltmacht nicht nur, weil es jeden Winkel der Welt militärisch erreichen kann, sondern auch, weil es ihn mit den Erzeugnissen seiner Alltags-Kultur schon erreicht hat. Soft power ist eine stärkere Kraft als hard power, Verführung erfolgreicher als Vergewaltigung, aber ersetzen kann sie politische Macht nicht.

Wohlstandsinseln

Das Imperium Romanum war eine große Wohlstandsinsel innerhalb der antiken Welt, das American Empire im engeren Wortsinn ist es für die ganze Welt. Was immer es an Elend und Mißständen innerhalb des »Westens« gibt, der Arme hier ist immer noch wohlhabend im Vergleich zu den Elendszonen in Asien, Afrika und Lateinamerika. Die Bewohner der ärmsten römischen Provinzen standen sich meist besser als die Völkerschaften jenseits des Limes.

Wohlstandsgebiete wirken wie Magnete, wer draußen ist, will hinein. Not treibt ihn oder der Wunsch nach besserem Leben, Abenteuerlust oder die phantastischen Geschichten von den paradiesischen Verhältnissen jenseits der Sperrmauer. Und wenn die Not unerträglich wird, ist jedes Mittel recht, Gewalt oder List, Sturm auf die Grenze oder die Suche nach Schleichwegen ins gelobte Land. Die Regenten dort geraten unter Druck. Sie wollen die Eindringlinge fernhalten und erfahren, daß sie es nur in begrenztem Maße können. Sie müssen entscheiden, wieweit die Zuwanderer eine Bereicherung sind und wann sie zum Sprengsatz werden. Sie begegnen einer überlegenen Vitalität, die sie gleichermaßen brauchen und fürchten und die mit der Zeit die eigene Gesellschaft oder sogar den Staat verändert. Das römische Kaiserreich hat diesen Prozeß vom Anfang bis zum bitteren Ende durchlaufen, das amerikanische Empire erlebt erst Anfänge.

Die Germanen, die über die Rhein- und Donaugrenze ins römische Reich einsickerten, bildeten keine Gefahr, der Staat behielt die Kontrolle und zog sogar seinen Nutzen, indem er kräftige und furchtlose junge Männer zu Soldaten machte. Mit der Zeit veränderte sich aber der Charakter der Armee, die römischen Züge schwanden, die barbarischen verstärkten sich, sie taten es um so mehr, je dringender die Armee gegen die Germanen gebraucht wurde, die sich zu großen Stämmen zusammenschlossen und gegen die Reichsgrenzen anrannten.

Der Staat militarisierte sich, die sich barbarisierende Armee barbarisierte allmählich auch den Staat.

Der Verfall der antiken Kultur hatte viele Ursachen, der Zwang, das Reich im Norden und dann auch im Osten und Süden gegen immer neu andringende Feinde zu schützen, trug in hohem Maße zum Niedergang bei. Immerhin handelte es sich bei den Einfällen im 3. und 4. Jahrhundert noch um große Raub- und Plünderungszüge, mit ihrer Beute verließen die Eindringlinge das Land wieder. Seit dem 5. Jahrhundert aber blieben sie, setzten sich fest, wanderten manchmal weiter, um sich in anderen Provinzen festzusetzen. Der Rechtsform nach bestand das Reich fort, doch auf seinem Boden entstanden germanische Staaten oder staatenähnliche Gebilde. Aus römischer Sicht handelte es sich um Soldatensiedlungen in kaiserlichem Dienst und um Könige im Range eines römischen Generals. Politisch aber war der Westteil des Imperiums an sein Ende gekommen, die ungeheure Anziehungskraft der Wohlstands- und Kulturregion war ihm zum Schicksal geworden.

Die amerikanisch-europäische Wohlstandszone ist militärisch nicht bedroht, ihr Problem ist die schleichende Einwanderung. An den Grenzen der Vereinigten Staaten zu Mexiko und an den Außengrenzen der Europäischen Union spielen sich Kämpfe und Tragödien ab, wie wir sie ebenso an den Grenzen des römischen Reiches vermuten können. Die Mexikaner, die ins nördliche Nachbarland einwandern oder eindringen, vollziehen dabei eine Reconquista, sie erobern schrittweise das Land zurück, das die USA ihnen in der Mitte des 19. Jahrhunderts abgenommen haben. Sogar die Methode ist zum Teil die gleiche. US-Siedler hatten zuerst legal, dann illegal, das mexikanische Texas okkupiert, dort die Mehrheit gebildet und in einem Aufstand, unterstützt von Washington, 1836 die Unabhängigkeit erkämpft. Jetzt sickern, teils legal, teils illegal Mexikaner (und andere Lateinamerikaner) in die ehemals mexikanischen Gebiete ein, bilden dort regionale Machtfaktoren, in Los Angeles schon fast die Hälfte der Bewohner. Unter mexikanischen Fahnen demonstrieren sie für soziale Forderungen, verlangen Spanisch als zweite Landessprache und schaffen ein Problem, das die Vereinigten Staaten noch nie hatten: Als erste Einwanderungsgruppe sind sie zu großen Teilen nicht mehr bereit, sich zu assimilieren.

Um die Jahreswende 2003/2004 schätzten Kenner die Zahl der Illegalen in den Vereinigten Staaten auf acht oder sogar zehn Millionen und allein in Deutschland auf eine Million. Hier wie dort wird zwischen Nutzen und Nachteil abgewogen: »Wenn alle Arbeiter, die keine Papiere besitzen, auf einen Schlag das Land verließen, könnten wir dichtmachen«, sagte der Präsident der amerikanischen Handelskammer (FAZ, 9. 1. 2004). Für die weitere Zukunft wäre aber, wie seinerzeit in Rom, zu bedenken: Wird es noch das gleiche Amerika sein, wenn Mitte des Jahrhunderts der Anteil der Weißen bis auf sechzig Prozent gesunken sein wird? Ähnliche Fragen stellen sich für Europa. Was wird es bedeuten, wenn 2015 bis 2020 die Türkei Mitglied der Union wird? Wäre der Vergleich mit der Ansiedlung germanischer Stämme im römischen Reich allzu gewagt?

Dem Nachteil steht der Nutzen entgegen. Die Grenzgänger übernehmen großenteils die lower jobs, die Arbeiten, die von den Wohlstandsbürgern nicht mehr geleistet werden. Den entscheidenden Gewinn schafft die Attraktivität für die besten Köpfe aller Länder und Kontinente. Die Welthauptstadt am Tiber wurde ein kulturelles Zentrum, amerikanische Spitzenuniversitäten und Forschungsstätten ziehen hochbegabte Wissenschaftler zu sich, Amerikas Stärke ist nicht zuletzt die Stärke seiner Anziehungskraft.

Frieden

Jedes Imperium ist genötigt, innerhalb seiner Grenzen für Frieden zu sorgen, Herrschaft duldet keine Untertanen, die Krieg gegeneinander führen. Meistens wird der Frieden durch Unterdrückung erkauft, die Sowjetunion gab das jüngste Beispiel: Sie garantierte Ruhe in ihrem Machtbereich, doch die Lasten ihrer Herrschaft wogen zu schwer, um auf die Dauer ertragen zu werden. Nach ihrem Ende brach an vielen Stellen Krieg oder Bürgerkrieg aus.

Das römische Kaiserreich und die Vereinigten Staaten bildeten segensreiche Ausnahmen im Kreise der Imperien, sie schufen und sicherten lange Frieden und blieben doch für die Unterworfenen und Abhängigen erträglich. Rom legitimierte seine Herrschaft und Amerika rechtfertigt seine Macht und den Machtgebrauch mit der Aufgabe, Rebellen, Aggressoren und Terroristen niederzuzwingen. Die Kaiser ließen keine bewaffnete Auseinandersetzung im Reich zu, Amerika lehnt zwar ab, Weltpolizist zu sein, muß und will die Rolle aber oft übernehmen. Nur amerikanische Präsidenten, Minister oder Sonderbotschafter haben Aussicht, streitende Parteien allein durch ihr Wort zur Ruhe zu bringen oder wenigstens durch geduldige Vermittlung. Israel und Palästina liefern die meisten Beispiele für Erfolg und Mißerfolg. Aber auch wo sie scheiterten, blieben die Vereinigten Staaten die letzte Hoffnung, Massenmord und -vertreibung zu beenden, Annexionen rückgängig zu machen, unerträgliche Regime zu stürzen, Frieden zu erzwingen.

Von Amerikanern könnte stammen, was einst der römische Feldherr Cerialis aufständischen Galliern zurief: »Wenn, was die Götter verhüten mögen, die Römer vertrieben werden, was anderes würde daraus entstehen als Kriege aller Völker untereinander!« Roms Herrschaft könne nicht zerstört werden ohne den Ruin der Zerstörer (Tacitus Historien 4,74,3).

Unbegrenzt blieb jedoch Roms wie Amerikas Frieden nicht. Die Pax Romana schützte das Imperium vor inneren und äußeren Feinden, hatte aber ein Ende, wenn der Kaiser selbst auf Krieg ausging, entweder wie Trajan zu großer Eroberung oder zum Kampf mit einem Gegenkaiser; in den fünfzig Jahren von 235 bis 284 riefen die Grenzarmeen über vierzig Kaiser aus, die mit den Waffen ausfochten, wer der Herrscher sein sollte.

Die Pax Americana schützte den Westen gegen den sowjetischen Osten und garantierte den – ohnehin nicht gefährdeten – Frieden innerhalb der westlichen Welt. Sie hatte ein Ende, wenn die Amerikaner selbst einen Krieg begannen, manchmal zur Abwehr oder Rückgängigmachung einer Aggression wie in Korea 1950 und im Irak 1991, manchmal zur Beendigung eines Bürgerkrieges wie im Kosovo 1999, manchmal zur »Befreiung« und »Demokratisierung« eines Landes, die Beispiele Vietnam und Irak 2003 zeigten, daß die Vereinigten Staaten Kriege nicht nur verhindern oder beenden, sondern auch verursachen. Imperien schaffen Frieden so lange, wie sie selbst Frieden halten, anders war es bei Rom nicht, und anders kann es nicht sein, wenn Richter und Polizist identisch sind.

4. Unterschiede

Imperium und Demokratie

Die Vereinigten Staaten waren allezeit eine behinderte Imperialmacht. So wenig es in ihrer Geschichte an Gewalttätigkeit fehlte, so wenig fehlte es an Opposition dagegen. Der Kolonialkrieg auf den Philippinen 1898 stieß auf die gleiche Mischung aus moralischen Skrupeln, politischen Bedenken und Überdruß wie später der Vietnamkrieg. In den ersten Weltkrieg gerieten die Amerikaner nicht ohne Schuld, aber wider Willen, und in den zweiten mußten sie von Roosevelt erst mühsam hineinmanipuliert werden. Nur die Vorstellung, Amerika selbst sei lebensgefährlich bedroht, ließ die Bereitschaft wachsen, gegen Hitler in den Kampf zu gehen. Nur die Furcht vor der weltrevolutionären Sowjetunion mit Interkontinentalraketen erklärt die jahrzehntelange Ausdauer im Kalten Krieg. Es bedurfte dramatischer Überfälle auf Amerika, um die Nation geschlossen hinter ihrem Präsidenten zu einen, wie es nach Pearl Harbor und dem 11. September 2001 geschah.

Die Amerikaner ziehen bereitwillig in den Krieg, wenn sie in Gefahr sind oder glauben, es zu sein. Sie sind dann zu gro-

ßen Anstrengungen und Opfern fähig, aber nur so lange, wie
die Gefahr anhält, danach streben sie ungeduldig zur Rück-
kehr in die »Normalität«. Vielleicht ist das die »normale«
Einstellung des Menschen zum Krieg. Aber es gibt gewichtige
Unterschiede, der Vergleich mit Rom läßt die Haltung der
Amerikaner besonders deutlich hervortreten.

Auch die römische Volksversammlung sträubte sich 264
und 190 vor Christus, Kriege zu beschließen, die nicht, jedenfalls für jedermann erkennbar, eine Gefahr abwenden sollten.
Doch in beiden Fällen gelang es interessierten Senatsgruppen,
den Widerstand bald zu überwinden. Was immer dabei den
Ausschlag gab, die Römer waren Krieg gewöhnt, die Amerikaner sind es nicht. Die Römer führten Krieg mit der Härte eines
Kriegervolkes, ohne Rücksicht auf Verluste, wenn militärische
Notwendigkeit es gebot. Die Amerikaner stellen ihre ganze
Kriegführung darauf ab, ihre Leute zu schonen, hohe Verluste
in einem Krieg, dessen Sinn nicht jedermann einleuchtet, gefährden die nächsten Wahlen. Die römischen Imperatoren
konnten sich imperiale Kriege leisten, amerikanische Präsidenten brauchen schon einen gewaltigen Propaganda-Appa-
rat, um auch nur Landesverteidigung zu begründen.

Am Ende läuft alles auf den Unterschied zwischen Monarchie und Demokratie hinaus. Um ein Imperium zu schaffen
und zu lenken, bedarf es einer konsequent imperialen Einstellung. Für die römischen Kaiser war Weltherrschaft Amts-
pflicht und Amtslegitimation. In Amerika ist höchst umstritten, ob man ein Empire ist oder werden soll, schon die Rolle
eines Weltpolizisten, so nötig sie oft erscheint, wird mehr ge-
scheut als angenommen. So stolz auch der Durchschnitts-
amerikaner ist, der ersten Nation der Welt anzugehören, und
so entschieden er wünscht, den ersten Platz zu behalten – dafür in den Krieg zu ziehen, immer neue Milliarden für Besatzung und nation building in anderen Erdteilen zu geben und
in den Ruf eines Neukolonialisten zu geraten, widerstrebt der
Mehrheit und auch Teilen der politischen Elite. Amerika hat
den Willen zur Macht, aber nicht, oder nur gebrochen, den

Willen zu imperialer Herrschaft, der das kaiserliche Rom auszeichnete.

Auch römische Kaiser konnten, obwohl göttlich verehrt, nicht alles befehlen, was sie wünschten; auch der Souverän mußte Rücksicht üben auf politische Kräfte diesseits und jenseits der Grenzen, aber er stieß nicht auf Schranken, die amerikanische Präsidenten hemmen. Rom hatte keine Gewaltenteilung, also keine Opposition als legale Einrichtung, keine unabhängigen Gerichte mit der Pflicht, sogar den Präsidenten zu kontrollieren, keine freie Presse mit dem Ehrgeiz, der Regierung auf die Finger zu sehen, keine machtvollen Wirtschaftsorganisationen mit eigenen und oft internationalen Interessen. Ein starker Präsident kann sich in Ausnahmezeiten gegen alle Widerstände durchsetzen, aber kaum auf Dauer, bisher jedenfalls war die amerikanische Demokratie zu ihrem Glück außerstande, kontinuierlich zielstrebig imperiale Politik zu verfolgen. Bisher hat diese Demokratie vielerlei Einschränkungen und Deformationen erdulden müssen, doch mit der Zeit setzten sich die Selbstheilungskräfte durch und brachten das meiste wieder einigermaßen ins verfassungsgemäße Lot.

Herrschaft und Vorherrschaft

Die Welt der Antike umfaßte den Mittelmeerraum, Westeuropa und den Balkan, die Welt unserer Tage umfaßt den ganzen Globus. Rom befand sich in der angenehmen Lage, nur für sein Imperium sorgen zu müssen, kein Kaiser hatte den Ehrgeiz oder fühlte sich verpflichtet, einen Hunnensturm in Innerasien einzudämmen oder Streitigkeiten in China beizulegen. Amerika ist wirtschaftlich, technisch, strategisch und politisch weltweit engagiert und verfügt über globale Macht, so wird von ihm erwartet und es erwartet zuweilen von sich selbst, daß es auf allen Kontinenten Aggressoren niederzwingt, Völkermord verhindert, Bürgerkriege beendet. Aber das geht weit über seine Kräfte.

Rom hatte vierhundert Jahre lang keine gleich starke und gleich ehrgeizige Gegenmacht, Amerika sieht seine künftigen Rivalen bereits vor sich, China, später Indien, vielleicht ein wieder erstarktes Rußland. Sein wirtschaftlicher und technischer Vorrang ist gefährdet oder schwindet bereits, in Ostasien und Europa wachsen Konkurrenten heran. »Amerika als die führende Weltmacht hat nur eine kurze historische Chance«, schreibt Brzezinski, nicht viel mehr als eine Generation bleibe ihm Zeit, seine Stellung überall auf der Welt zu festigen, um künftigen Herausforderungen möglichst lange gewachsen zu sein.

Wichtiger noch erscheint der Unterschied der Herrschaftsformen. Die Römer machten aus den riesigen Territorien, über die sie Macht hatten, ein Reich, das sie zentral regierten und einheitlich verwalteten. Die Amerikaner haben gar keine Provinzen, die sie nötigen oder ihnen ermöglichen könnten, zu einem Reich zusammengefaßt zu werden. Washington kann die Europäer, Kanadier, Australier und Japaner nicht mit Prokonsuln regieren, um sie dann nach gehöriger Einübung Bürger der Vereinigten Staaten werden zu lassen.

Die Römer regierten ein Reich, bürokratisierten es am Ende bis zum spätantiken Zwangsstaat. Die Amerikaner müssen herrschen, ohne zu regieren, müssen sehen, wie sie ihre Ziele ohne staatliche Befugnisse durchsetzen. Wie sie verhindern, was ihren Interessen zuwiderläuft, wie sie Folgsamkeit erreichen, wenn strategische Entscheidungen anstehen. Römer wie Amerikaner brauchten und brauchen oft die Unterstützung anderer Völker, die einen konnten befehlen, die anderen müssen überreden und belohnen, drängen und drohen. Rom legte Steuern auf, Amerika fordert burden sharing, Lastenausgleich. Die Kaiser hoben die auxilia, die fremden Hilfstruppen, aus, exerzierten sie nach römischen Regeln und gliederten sie ihren Legionen an. Die amerikanischen Generäle drängten zwar auf Angleichung der verbündeten Streitkräfte an amerikanisches Reglement und US-Technik, aber es bleiben fremde, anders erzogene Verbände; ob und wieweit sie zur Verfügung stehen, wird nicht in Washington entschieden, sondern in den nationalen Hauptstädten. Die Verbündeten können auch einmal nein sagen, im römischen Imperium gab es das nicht.

Fluch oder Segen

Polybios fragte gegen Ende seines Lebens, ob Roms Herrschaft ein Fluch oder ein Segen für die Menschheit sei. Es war beides, zuerst ein Fluch und dann ein Segen. Auf zweihundert Jahre Unterwerfung und Unterdrückung folgten mehr als zwei Jahrhunderte fast ungestörten Gedeihens. Das erste und noch mehr das zweite Jahrhundert gehören zu den glücklichsten Epochen der Weltgeschichte.

Den besten Maßstab für die Kraft eines Imperiums gibt die Zufriedenheit seiner Untertanen. Die Leistung des römischen Kaiserreichs lag darin, daß es die Unterworfenen mit der römischen Herrschaft aussöhnte. Sie wollten lieber unfrei in Frieden und Wohlstand leben, als wie früher friedlos, frei und arm sein. Aber das war nicht alles. Rom ist gelungen, was ganz selten gelingt: Es schuf nicht nur ein Imperium, sondern pflanzte einer Vielzahl unterworfener Völker die Überzeugung ein, daß es eine andere staatliche Ordnung gar nicht gebe. Das Imperium schien nicht nur als die einzig mögliche, sondern als die einzig denkbare Form, den Menschen zuteil werden zu lassen, was sie zum Leben brauchten: Frieden, Sicherheit, Gerechtigkeit, ungestörte Verehrung aller Götter, sofern auch dem Kaiser geopfert wurde, und schließlich mit der Zeit auch politische Teilhabe.

In einem Prozeß von zweihundert Jahren ebnete sich der Unterschied zwischen den Bewohnern Italiens und der Provinzen, also zwischen Siegern und Besiegten, ein; im Jahr 212 waren beinahe alle, die im römischen Reich lebten, auch römische Bürger. Schon hundert Jahre nach Augustus kamen die Kaiser aus Spanien, später aus Syrien, Afrika, Illyrien. Parallel dazu vollzog sich der zweite (schon beschriebene)

Prozeß, die Urbanisierung und Latinisierung der Reichsge-
biete, die nicht schon griechisch urbanisiert waren. Die städtische Lebensform schuf die hohe einheitliche Zivilisation,
die wir in den archäologischen Resten rund um das westliche
Mittelmeer finden. Nicht mehr die Legionen hielten dieses
Imperium zusammen, sie schützten es nur noch nach außen,
Kultur im weitesten Sinn des Wortes schuf die dauerhafte
Grundlage eines Reiches, das nicht zuletzt deshalb unterging,
weil alle, die außerhalb seiner Grenzen lebten, daran teilha-
ben wollten.

Die Amerikaner betrachten es sogar als ihre historische
Mission, der Welt Frieden, Freiheit und Glück zu bringen. Im
letzten halben Jahrhundert waren sie auch sehr erfolgreich.
Westeuropa und seit 1990 auch das östliche Mitteleuropa
bleiben überzeugt, ohne die Amerikaner nicht auskommen zu
können. Obwohl es eine sowjetische Gefahr nicht mehr gibt,
fühlen sie sich sicher nur unter amerikanischem Schutz. Das
gleiche gilt für Japan, Süd-Korea und Taiwan, die für ihre Sicherheit tatsächlich amerikanischen Rückhalt brauchen. Das
Ende des sowjetischen Kommunismus erschien einem amerikanischen Gelehrten schon als das Ende der Geschichte, die
nun ihrem seligen Endzustand zustrebt, der von den Grund-
werten Amerikas bestimmt wird, von Demokratie, freier
Wirtschaft und Menschenrechten. Aber das war ein Traum.
Große Teile Asiens, nicht nur islamisch geprägte, auch Afrikas
und Lateinamerikas verharren in Abstand oder sogar Abwehr
gegenüber der erdrückenden Supermacht Amerika und deren
ideologischer Botschaft. Auch deren soft power ändert daran
wenig. Man kann Cola trinken und in Harvard studieren und
dennoch den US-Imperialismus hassen. Die Engländer verloren ihre Kolonien oft an Freiheitskämpfer, die an der London
School of Economics ausgebildet worden waren. Amerikas
Stärke ist nach wie vor auch seine Schwäche. Es bleibt zu unbeirrbar überzeugt von sich, um zu verstehen, daß andere von
Grund auf anders denken und empfinden, weil sie von anderen und älteren Kulturen geprägt sind.

Reich und Hegemonie

Die Unterschiede erscheinen größer als die Ähnlichkeiten. Hier ein Imperium in der Gestalt eines großen Staates, dort ein großer Staat mit imperialer Macht über viele Länder. Hier eine zentrale Regierung und gleichartige Verwaltungsformen, dort ein Geflecht zwischenstaatlicher, ökonomischer, strategischer und kultureller Beziehungen. Hier ein Kaiser, der sich für das Ganze verantwortlich fühlt oder zur Verantwortung genötigt ist, dort ein Präsident und eine politische Klasse, die – von Weltbeglückungs-Idealen abgesehen – allein ihrer Nation verpflichtet sind. Hier eine gemeinsame Staatsbürgerschaft und der Stolz darauf, dort gleiche Werte und gemeinsame Interessen, deren Beständigkeit nicht durchweg gesichert erscheint. Hier ein unbedingter Herrschaftswille, gesteigert bis zum Herrscherkult, dort demokratische Beschränkung imperialer Versuchungen und Möglichkeiten.

Um sich wie Rom zum monarchischen Weltherrscher zu verwandeln, fehlen Amerika die Voraussetzungen. Die Vereinigten Staaten verfügen zwar über eine erdumspannende Macht, wie sie noch kein Land jemals hatte, aber Macht ist nicht Herrschaft. Die Welt von heute ist zu groß und vielfältig, um von einem beherrscht zu werden. Und die künftigen Konkurrenten, die in absehbarer Zeit Gleichrangigkeit mit Amerika erreichen werden, sind bereits erkennbar. Wo Amerika herrscht, kann es das nur indirekt, seine Verbündeten sind keine Satelliten. Zu den äußeren Hemmnissen kommen die inneren Hemmungen. Verfassung und Tradition, ebenso die insulare Selbstbezogenheit der großen Mehrheit zwischen den Küstenregionen, erlauben nur ein Informal Empire, die lockere, Kräfte sparende und Ruf wahrende Vorherrschaft. Innen- wie außenpolitische Notwendigkeit stimmen überein: Sich freihalten von direkter Verantwortung, von Regierungs-, Verwaltungs- und Fürsorgepflichten, ist nicht nur die bequemste Politik, sondern die einzig mögliche. Hier zeigt sich der Unterschied zu Rom am klarsten. Die Römer mußten

Herrschaft organisieren, um Weltmacht zu bleiben, die Vereinigten Staaten müssen auf direkte Herrschaft verzichten, um ihre Weltmachtrolle weiter zu spielen.

Amerikas Problem ist seine problematische Größe. Es ist zu stark, um sich in eine überstaatliche Ordnung einzufügen, es ist aber nicht stark genug, um selbst die Welt zu ordnen. In den Augen der Welt wiederum ist Amerika unentbehrlich und unerträglich – unentbehrlich, weil ohne seine heilsame Kraft noch viel mehr Chaos herrschen würde, unerträglich, weil es fast alles kann und daher allzu schnell glaubt, daß es fast alles darf. Damit verwirrt sich auch sein Selbstbild. Die Macht begründet berechtigten Stolz und schafft zugleich Gefahren für die Demokratie. Wie einst die römische Republik an der Überforderung durch das Weltreich zugrunde ging, so muß Amerika fürchten, über seiner Macht in der Welt sich selbst zu verlieren.

Sein Empire, wenn man es denn so nennt, kann nur ein Empire light sein. Amerika erreicht lediglich die erste Stufe der Weltmacht. Es kann gegen den Protest der Weltmeinung so ziemlich alles tun, was es will, auch Großstaaten sind außerstande, es zu hindern. Die zweite Stufe der Weltmacht, auf der das römische Kaiserreich stand, bleibt Amerika unerreichbar: Es kann nicht alle zwingen zu tun, was es will. Ein Imperium wie das römische zu schaffen, ist ihm versagt. Auch der Pax Americana fehlt die Kraft, Jahrhunderte zu wirken wie die Pax Romana.

Wie man das gegenwärtige Amerika nennt, Empire oder Superpower oder französisch Hyperpuissance, hängt davon ab, wie die Amerikaner sich selbst verstehen oder wie sie sich verhalten werden, mehr als Imperialisten oder mehr als Ordnungsstifter. Der Vergleich mit Rom führt zu einer anderen Parallele, die vielleicht weiter in die Zukunft weist. Es ist die eigenartigste und wohl historisch beispiellose Ähnlichkeit zwischen Römern und Amerikanern: ihr Verhältnis zu den Griechen und Europäern.

VI. ANTIKE UND ABENDLAND

*Die Barbaren, die anstelle der Gesetze immer die Befehle
ihrer Herren hatten, sollen sich an ihren Königen erfreuen.
Die Griechen gestalten zwar ihr eigenes Schicksal,
aber sie denken wie ihr (Römer). Einstmals haben sie auch
nach der Herrschaft gegriffen, jetzt wünschen sie,
daß die Herrschaft dort bleibt, wo sie ist. Sie sind zufrieden
damit, daß ihre Freiheit durch eure Waffen geschützt wird,
da sie es mit den eigenen nicht können.*
Aus der Rede der rhodischen Gesandten
an den römischen Senat im Jahr 189 v. Chr.
(Livius 37,54,24–25)

Einige Monate nach der Schlacht bei Pydna und der Gefangen-
nahme des Königs Perseus trat der siegreiche Konsul Lucius
Aemilius Paullus eine Bildungsreise durch ganz Griechenland an. Begleitet von einem Sohn und einem pergamensi-
schen Prinzen besuchte er die berühmten Stätten, das Orakel
in Delphi, Aulis, wo einst Agamemnon nach Troja aufgebrochen war, und dann Athen. Dort opferte er der Athena auf der
Akropolis, betrachtete die Sehenswürdigkeiten und trug der
Bürgerschaft einen Wunsch vor: Sie möge ihm für die Erziehung seiner Kinder den Philosophen mitgeben, den sie am
höchsten achtete, ferner einen Maler, der seinen bevorste-
henden Triumph verherrlichen solle. Natürlich wurde der
Wunsch erfüllt. Der Konsul reiste weiter nach Argos, Epidau-
ros und Sparta und schließlich nach Olympia, wo er ergriffen
die Zeus-Statue des Phidias bewunderte. Er habe viel erwar-

tet, sagte er, aber die Wirklichkeit habe seine Vorstellungen weit übertroffen.

Aemilius Paullus war ein gebildeter Mann. Aus der Siegesbeute des Perseus nahm er sich die königliche Bibliothek, seine Verehrung für den Geist der Hellenen war echt, aber ebenso echt war sein Sinn für Macht. Welch eine Arroganz lag in dem »Wunsch« an die Athener: Gebt mir eure Besten! Welch ein Anspruch in der Annahme, Athens meist geachteter Philosoph werde selbstverständlich nach Rom umziehen, um dort Hauslehrer in einer adligen Familie zu werden. Welch ein Hochmut in der Erwartung, Athens begabtester Maler werde es als Ehre betrachten, einen römischen Triumphator zu feiern.

All das spielte sich vor dem Hintergrund römischer Strafgerichte ab. Athen, das treu bei Rom gestanden hatte, war nicht betroffen, aber es waren Griechen, die exekutiert, versklavt und deportiert wurden, während der Feldherr die Kunst der Griechen bewunderte. Roms Nationaldichter Vergil hat den Kontrast später in die viel zitierten Verse gebracht (Aeneis 6,847 ff.), andere sollten die besseren Statuen aus dem Marmor hauen; die Kunst des Römers sei es, die Welt zu regieren. Roms feinsinnigster Poet Horaz sah es umgekehrt: *Graecia capta ferum victorem cepit et artis intulit agresti Latio* (Epistulae 2,1,156 f.): Das mit dem Schwert eroberte Griechenland eroberte den rohen Sieger mit seinem Geist, denn es brachte die Künste und Wissenschaften ins bäuerische Latium.

So war es. Römische Dichtung, Philosophie und Wissenschaft begannen als Übersetzung oder Bearbeitung griechischer Werke. Der Begründer der römischen Literatur, Livius Andronicus, war ein kriegsgefangener Grieche aus Tarent, neben Dramen und Tragödien übertrug er die Odyssee ins Lateinische. Plautus und Terenz folgten der zeitgenössischen griechischen Komödie. Cicero ging auf Platons Spuren, seine Schrift über den Staat, »de re publica«, sollte wie Platons Staatsschrift »Politeia« sein, Ciceros »de legibus«, die Gesetze,

sollten Platons »Gesetzen«, den »Nomoi«, entsprechen. Das
Glück des Horaz bestand aus einem kleinen Landgut, das ihn
ernährte, und einem »Hauch des griechischen Musengei-
stes«, der ihn zum Dichter werden ließ. Fabius Pictor, der erste Römer, der römische Geschichte schrieb, tat es auf griechisch: Er wollte Rom der Welt vorstellen. Den mythischen
Anschluß an die griechische Welt stifteten die Dichter. Sie gaben Romulus, dem Stadtgründer Roms, den Trojaner Äneas
zum Ahnherrn. Wie Odysseus irrte Äneas nach dem Fall
Trojas jahrelang über die Meere, bis er in Italien eine neue
Heimat fand. Die griechische Odyssee erhielt mit der Aeneis
eine römische Parallele, und die Römer wurden zu Brüdern
der Griechen.

Die Nähe der Römer zu den Griechen war eine Wahlver-
wandtschaft, die Nähe der Amerikaner zu den Europäern war
eine Blutsverwandtschaft, was allerlei Unterschiede begründete. Gewählten Vätern eifert man nach, von den natürlichen
sucht man sich zu lösen. Die Amerikaner brauchten nicht
Nähe, sondern Abstand zu Europa, um ihrer selbst gewiß zu
werden. Sie verehrten ihre eigenen, ihre Gründungsväter, die
an europäischer Bildung keinem Europäer nachstanden. Doch
die große Mehrheit, die Farmer, Squatter, Jäger, Cowboys und
Goldsucher, bedurfte kultureller Entwicklungshilfe wie das
»bäuerische Latium« des Horaz. So begann auch hier die Literatur mit Nachahmung, mit Übersetzungen, Bearbeitungen
und Nachdrucken europäischer Werke. James Cooper gab seinen ersten Roman als das Werk eines englischen Autors aus.
Wie in der lateinischen Literatur allmählich römische The-
men in die griechischen Gewänder gekleidet wurden, so beschrieb Amerika sich in Formen, die Europa entlehnt waren.
Der Drang nach Eigenständigkeit zeigte sich zuerst in der Literatur, mit Edgar Allan Poe bekam Amerika seinen ersten
Dichter, der in die Weltliteratur einging.

In der Musik, Malerei, Architektur und Bildhauerei hingegen blieben die Vereinigten Staaten durch das ganze 19. Jahrhundert von Europa abhängig. Wie Aemilius Paullus einen

griechischen Maler für seinen Triumph brauchte, so beauftragten die Bürger von Virginia einen französischen Bild-
hauer, als sie ein Standbild von George Washington haben
wollten. In der Wissenschaft interessierte ihre Anwendung in
Amerika weit mehr als ihre Grundlagen. Vorbild für die Universitäten wurde großenteils die deutsche Universität. Wer
eine erstklassige Ausbildung haben wollte, studierte in Europa, wie Cicero und Caesar ihre rhetorische Ausbildung in
Griechenland vollendeten.

In der ersten Hälfte des 20. Jahrhunderts kamen die Amerikaner dort an, wo sich die Römer zur Zeit des Augustus befanden. Beide hatten sich von ihren Vorbildern emanzipiert,
sie blieben für deren Einfluß weiterhin offen, aber sie waren
selbständig und eigenständig geworden. Sie lagen hinter
Griechen und Europäern nicht mehr zurück, sondern hatten
Gleichrangigkeit erreicht; ihre besten Leistungen wurden
Teil der Weltkultur.

Das Lehrer-Schüler-Verhältnis, die Spannung zwischen
Geist und Macht, wirkte jedoch nach. Römer und Griechen
begegneten sich mit den gleichen widersprüchlichen Gefühlen, mit denen sich Amerikaner und Europäer heute noch betrachten. Die Römer sahen auf zur Kultur der Griechen und
sahen hinab auf die *Graeculi*, die Griechlein, die politisch
nichts zustande brachten als kleinliche Rivalitäten in ihrem
engen Land. Selbst die bedeutenden Taten der Athener in alter Zeit, meinte Sallust (Catilina 8), würden als die allergröß-
ten nur deshalb gefeiert, weil die besten Köpfe der Griechen
sie rühmten – in Rom hingegen wollten die besten Köpfe lieber handeln als reden.

Auch die Amerikaner schwankten zwischen Verehrung
und Verachtung. Mehr als ein Jahrhundert versuchten sie, es
Europa gleichzutun in Kunst, Wissenschaft und kultiviertem
Lebensstil, zugleich verabscheuten sie die moralisch verkom-
mene, in feudaler Unfreiheit gefangene und in ewige Kriege
verstrickte Alte Welt. Schon seit ihren Anfängen betrachteten sie sich als Missionare der republikanischen Freiheit, aber

empfanden zugleich, was ihnen fehlte. Ganze Schlösser ließen reiche Amerikaner Stein für Stein über den Atlantik schleppen und originalgetreu wieder aufbauen. Wie die Römer griechische Kunst massenhaft raubten, kauften Amerikaner massenhaft europäische Kunst. Bis zum Zweiten Weltkrieg gingen Amerikaner nach Europa, um alte Kultur und die neuesten Strömungen kennenzulernen, nach dem Zweiten Weltkrieg wurden sie Herr halb Europas und schütteln seitdem die Köpfe über die Uneinigkeit und Unfähigkeit der Völkerschaften dort, politische Form und Kraft zu entwickeln.

Römer und Amerikaner im Bewußtsein ihrer Macht, Griechen und Europäer im Stolz auf ihre Kultur, jeder im Gefühl, dem anderen überlegen zu sein, jeder voller Ressentiment im Gefühl seiner Unterlegenheit. Die Rollen hatten sich vertauscht. Die geistigen Väter, Griechen und Europäer, waren politisch zu den Kindern geworden, die einstigen Kinder, Römer und Amerikaner, waren zu Vätern geworden, die ihre unreifen Söhne vor den Gefahren der Welt schützten und ständig mahnen mußten, erwachsen zu werden und die Sachen selbst in die Hand zu nehmen. Charles de Gaulle wollte es nicht wahrhaben und nannte Amerika beharrlich die Tochter Europas.

Doch damit enden die Parallelen. Denn die Amerikaner wurden kulturell stärker als die Römer, und die Europäer blieben politisch nicht so schwach wie die Griechen. Die Amerikaner erlangten, was den Römern versagt blieb, sie begannen in der zweiten Hälfte des 20. Jahrhunderts Europa auf vielen Gebieten zu übertreffen. Hitler half ihrer Wissenschaft an die Weltspitze, indem er viele der Besten austrieb, der Name Einstein steht für eine lange Reihe. Auch das Europa der Nachkriegszeit verliert große Talente, weil Amerika Forschungsbedingungen bietet, die zur Übersiedlung nötigen. Amerika führt in den meisten Wissenschaften, hat die meisten Nobelpreisträger, und wer der Welt zur Kenntnis gelangen will, muß englisch schreiben. In Europa werden mehr amerikanische Bücher übersetzt als europäische Bücher in Amerika; amerikanische Filme und Fernseh-Serien überschwemmen

Europa, umgekehrt finden europäische Künstlerkarrieren ihren Höhepunkt in New York.

Europa hat ein Problem der Amerikanisierung, Griechenland hatte weit weniger Sorge wegen einer drohenden Romanisierung. Roms kulturelle Ausdehnung beschränkte sich im wesentlichen auf die nicht-griechische Welt, Gallien, England, Spanien, Nordafrika, den westlichen Balkan; nur dort prägte Roms Vorbild das Leben und bestimmte Sprache und Zukunft. Der hellenistische Osten des Reiches blieb hellenistisch, sogar Roms eigene, welthistorische Leistung, das römische Recht, fand dort lange nur in Teilen Aufnahme, bis Justinian es im 6. Jahrhundert kodifizieren ließ. Während die amerikanische Massenkultur in all ihren Erscheinungsformen den Globus überschwemmt, zog das römische Massenvergnügen, die Gladiatorenkämpfe, zunächst nur dort ein, wo römische Veteranen angesiedelt worden waren; erst in der Kaiserzeit fand es auch im Osten Anklang, am wenigsten in Griechenland. Die Gebildeten dort, anders als in Rom, verabscheuten das Gemetzel. Am aufschlußreichsten ist der Sprachgebrauch. Während Englisch zur ersten Fremdsprache in Europa wurde, sprachen die Griechen auch als römische Untertanen nicht Latein. Die römische Oberschicht sprach hingegen seit dem 2. Jahrhundert vor Christus griechisch.

Politisch hingegen befindet sich Europa heute in besserer Lage als die Griechen zur Zeit der römischen Welteroberung. Die großen Staaten Europas sind weit stärker als die griechischen Stadtstaaten, stärker auch als die griechischen Städtebünde. Die Griechen waren noch weniger einig als die Europaer, die sich zu einer Union zusammengeschlossen haben. So wenig handlungsfähig sie militärisch und außenpolitisch ist, die Griechen hatten nichts Vergleichbares und konnten es nicht haben, weil Rom es nicht geduldet hätte. Die Griechen hatten keine Chance gegen Rom, die Europäer können Selbstbehauptung wenigstens ins Auge fassen.

Von den politischen Gezeiten weitgehend unabhängig blieb die Verwandtschaft. Sie bewies und erhielt sich in der Gleichheit oder doch Ähnlichkeit der Lebensformen. Römer und Griechen wohnten in Städten, Städte waren ihre Staaten, urban war ihre Kultur. So stark sich ihre Verfassungen unterschieden, innere und äußere Freiheit galt beiden als selbstverständlich; es war mehr als eine zündende Parole, als die Römer die Freiheit der Griechen als ihr Kriegsziel verkündeten. Für ihre eigene Freiheit hätten sie jederzeit auch gekämpft, und Verständnis für einen Freiheitswillen konnte Cato erwarten, als er dem Senat eine Kriegserklärung an die Rhodier ausredete: Sie wollten ihre Freiheit bewahren. Livius (37,54,24–25) ließ bei anderer Gelegenheit rhodische Gesandte zum Senat sagen: »Die Barbaren hatten anstelle der Gesetze immer die Befehle ihrer Herren … Die Griechen denken wie ihr und sind zufrieden, daß ihre Freiheit von euren Waffen geschützt wird.«

Das gleiche Bekenntnis wiederholten mit etwas anderen Worten Europäer jahrzehntelang gegenüber Amerika. Der schwülstige Ausdruck Wertegemeinschaft benennt eine Wahrheit. Amerikaner und Europäer trennt vieles, und seit Amerika als einzige Weltmacht agiert, wuchs vieles noch, das sie trennt. Aber beide entstammen denselben kulturellen Wurzeln und leben in einer Zivilisation, die sie mehr und tiefer miteinander verbindet als mit jedem anderen Teil der Welt.

Die römisch-griechische Gemeinsamkeit verdichtete sich, obwohl die einen über die anderen herrschten, zur Symbiose. Kaiser Hadrian baute sich ein Klein-Athen in seinen Palast in Tivoli, Kaiser Mark Aurel schrieb seine »Selbstbetrachtungen« griechisch. Aelius Aristides, der größte griechische Redner des 2. Jahrhunderts, hielt die größte Lobrede auf Rom, sie schloß mit der Bitte an die Götter: »Sie mögen gnädig gewähren, daß dieses Reich und diese Stadt auf ewig gedeihen und nicht eher vergehen, als glühendes Eisen auf dem Meer schwimmt und die Blätter im Frühling nicht mehr sprießen.«

Soweit es historische Ewigkeit gibt, hat Rom sie erreicht. Ohne Rom gäbe es weder Europa noch Amerika, beide erinnern sich dieser Herkunft immer weniger, aber »man kann von einem Erbe zehren, ohne viel davon zu wissen« (Werner Dahlheim). Roms weltgeschichtliches Erbe war nicht Rom allein, es war die Antike, und die Antike war Hellas und Rom. Amerikas Erbe wird nicht allein Amerika sein, sondern das Abendland, also Europa und Amerika. Roms weltgeschichtliche Leistung lag in seinem Reich, das »zur politischen Hülle der griechischen Zivilisation und ihr Halt und ihre Stütze nach außen« wurde (Alfred Heuss). Amerikas weltgeschichtliche Leistung könnte gleicher Art sein. In einer künftigen Welt, in der andere Kulturen sich gegen den »Westen« behaupten, stärken und vordringen, werden Amerikaner und Europäer genötigt sein, sich ihrer Verwandtschaft stärker bewußt zu werden und zusammenzurücken, auch wenn sie politisch oft uneins sind und sich in Stil und Lebensauffassung vielfach unterscheiden. Amerika würde zu einem neuen Rom – nicht durch ein Rom-ähnliches Empire, das es nicht schaffen kann und wohl auch nicht will, sondern weil es die Zivilisation des Abendlandes schützt und gemeinsam mit Europa bewahrt.

NACHWORT

Ein Vergleich über eine Distanz von 2000 Jahren ist ein riskantes Unternehmen; um so dankbarer bin ich für das Interesse und die Ermutigung, die ich bei dieser Arbeit immer wieder erfahren habe. Jürgen Kocka und Hartmut Kaelble luden mich schon im Winter 1999 zum Vortrag in ihr Colloquium für Vergleichende Geschichte Europas. Knud Krakau, Willi Paul Adams und Manfred Berg ließen mich im Kennedy-Institut der Freien Universität Berlin berichten, und Alexander Demandt empfing mich im althistorischen Gesprächskreis der Freien und Humboldt-Universität. Fragen, Ergänzungen und Kritik haben mir jedesmal weitergeholfen.

Bestätigung für das Vorhaben, Korrekturen, Literatur und Literaturhinweise erhielt ich von Ernst-Otto Czempiel, Christian Hacke, Ekkehart Krippendorff und Hans-Ulrich Wehler. Ihnen schulde ich nicht nur Dank, ich bin ihnen dankbar – nicht zuletzt für ihre Freundlichkeit. Das Glück bescherte mir mit Christoph Selzer einen Lektor, der sich dieses Projekts engagiert und mit fundierter Sachkenntnis annahm.

Am meisten hat mir Werner Dahlheim geholfen. Er begleitete die Arbeit seit ihren Anfängen buchstäblich mit Rat und Tat, empfahl mir, was ich lesen mußte, gab es mir und war allezeit zur Auskunft bereit, wenn mich nach fast 50 Jahren die Erinnerung an Einzelheiten aus der Alten Geschichte verließ. Vor allem konnte ich mit ihm nicht nur über Rom sprechen, sondern auch über Amerika, also über das Thema dieses Buches, den Vergleich zwischen zwei der erstaunlichsten Hervorbringungen der Weltgeschichte.

HINWEISE UND NACHWEISE

Diese Hinweise beschränken sich auf die wichtigste (nicht die einzige) Literatur, die mir bei der Abfassung dieses Buches geholfen hat. Die Nachweise belegen Zitate aus der amerikanischen Geschichte, die antiken Quellen sind wegen ihrer Kürze meist im Text vermerkt.

Für das Verständnis der römischen Geschichte bleibt in der modernen Literatur unentbehrlich und unerreicht Alfred Heuss, *Römische Geschichte*, Braunschweig 1960, Paderborn 1998. Die gedankenreichste Charakterisierung der Römer stammt ebenfalls von Heuss: Karl Büchner (Hrsg.), *Latein und Europa. Traditionen und Renaissancen*, Stuttgart 1978, Alfred Heuss, »Die Römer: eine Bilanz«. Einen knappen, gut lesbaren, auf das Wesentliche konzentrierten Überblick über die gesamte römische (und antike) Geschichte gibt Werner Dahlheim, *Die Antike*, Paderborn 1994. Die neueste, ausführliche, eingängig geschriebene *Geschichte der römischen Republik* legte Klaus Bringmann vor, München 2002.

Den Forschungsstand und eine umfangreiche Bibliographie geben Jochen Bleicken *Geschichte der römischen Republik*, 5. Auflage, München 1999, sowie Werner Dahlheim, *Geschichte der römischen Kaiserzeit*, 3. im Forschungsteil stark erweiterte Auflage, München 2003.

Eine Gesamtgeschichte der Vereinigten Staaten, von den Anfängen bis zum Beginn des Kalten Krieges, geben informativ und vielseitig Merle Curti, Richard H. Shryok, Thomas C. Cochran, Fred H. Harrington, *An American History*, New York 1950, im selben Jahr zweibändig auch deutsch: *Geschichte Amerikas*, Frankfurt a.M. Für die folgende Periode bis in die Nixon-Zeit bleibt als Standardwerk Erich Angermann, *Die*

Vereinigten Staaten seit 1917, München 1995 in 9. Auflage.
Hilfreich für Geschichte und alle Lebensbereiche (außer
Militär und Strategie) Willi Paul Adams/Peter Lösche (Hrsg.)
unter Mitarbeit von Anja Ostermann, *Länderbericht USA*,
Bonn 1998, 3. aktualisierte und neu bearbeitete Auflage. Das
Werk gibt die wichtigste Literatur und verweist auf die ame-
rikanischen Bibliographien.

Aus der Fülle der Arbeiten über die amerikanische Außenpolitik erweist sich die kürzeste als eine der besten: Detlef
Junker (lange Direktor des Deutschen Historischen Instituts
in Washington), *Von der Weltmacht zur Supermacht*, Mann-
heim/Leipzig/Wien/Zürich 1995. Auf 100 Seiten ist alles
Wesentliche in prägnanter Form zu erfahren. Eine politologi-
sche Analyse schrieb Ekkehart Krippendorf, *Die amerikanische Strategie. Entscheidungsprozeß und Instrumentarium
der amerikanischen Außenpolitik*, Frankfurt a.M. 1970, darin
eine 14 Seiten lange Liste des Einsatzes bewaffneter US-
Streitkräfte in Übersee, 1798–1945. Sehr anregend liest sich
Louis Halle, *American Foreign Policy. Theory and Reality*,
London 1960. Zu einseitig, aber lesenswert ist die kleine Arbeit von Ernst Fraenkel *Weltmacht wider Willen*, Berlin 1957.
Die ideologischen Antriebe der amerikanischen Außenpolitik
hat Knud Krakau herausgearbeitet: *Missionsbewußtsein und
Völkerrechtsdoktrin in den Vereinigten Staaten von Amerika*, Frankfurt a.M. und Berlin 1967. Krakau erörterte kürz-
lich viele Gesichtspunkte zur Beantwortung einer Frage, die
in diesem Buch eine Rolle spielt: »Der Eintritt der USA in
die Weltgeschichte« in Holm Sundhausen und Hans-Joachim
Torke (Hrsg.), *1917/18 als Epochengrenze*, Wiesbaden 2000.

2000 JAHRE ABSTAND

John Quincy Adams' Gespräch mit dem englischen Gesandten
ist zitiert nach Hans-Ulrich Wehler, *Grundzüge der amerikanischen Außenpolitik 1750–1900*, Frankfurt a.M. 1984, S. 105.

Die Federalist Papers sind in der Originalfassung herausgegeben von Clinton Rossiter, *The Federalist Papers*, New American Library of World Literature, New York 1961. Eine deutsche Übersetzung samt Einleitung und ausführlichem Kommentar: Angela Adams und Willi Paul Adams, *Die Federalist-Artikel*, Paderborn 1994.

Henry Kissingers Mahnung zur Geschlossenheit des Westens: *New York Times* 12. 3. 1974. Paul Kennedy, der 1987 den Abstieg Amerikas vorausgesagt hatte, spricht heute von einer historisch beispiellosen Macht der Vereinigten Staaten, *Der Spiegel* 46/1998, ähnliche Äußerungen auch anderswo. Robert Byrds Satz über die bedeutenden Senate fiel bei seiner Vereidigung als Geschworener im Prozeß gegen Präsident Clinton. Klaus Harpprechts Vergleich zwischen Rom und Washington: *Zeit Magazin* 44/3, 1972, dort auch der Bericht über Nixon zwischen Säulen. Die Alfred Herrhausen-Gesellschaft ist Herausgeber von: *Pax Americana*, München 1998, darin die zitierten Passagen von James A. Baker, »Die USA und die Ordnung der Welt«, ferner Christian Meier, »Von der ›Pax Romana‹ zur ›Pax Americana‹«.

INSULANER

Literatur

Zur amerikanischen Außenpolitik des 19. Jahrhunderts ist ein zweites Werk von Hans-Ulrich Wehler zu nennen: *Der Aufstieg des amerikanischen Imperialismus, Studien zur Entwicklung des Imperium Americanum 1865–1900*, Göttingen 1987 in 2. Auflage. Preisgekrönt und grundlegend bleibt Walter LaFeber, *The New Empire. An Interpretation of American Expansion 1860–1898*, zuerst 1963 für die American Historical Society, 1967 als Cornell Paperback in New York. Interessant zu lesen, weil noch von einem Zeitzeugen verfaßt, der die Empfindungen und Auseinandersetzungen um 1900 spüren läßt, ist Archibald Cary Coolidge, *Die Vereinigten*

Staaten als Weltmacht. Eine Betrachtung über internationale Politik, Berlin 1908. Der Harvard-Historiker stellte den Deutschen sein Land vor, das in die Gruppe der Weltmächte eintrat. Dem amerikanischen Traum vom unermeßlichen chinesischen Markt widmete Thomas J. McCormick: *China Market. America's Quest for Informal Empire 1893–1901*, Chicago 1967. Der kolonialistische Sündenfall, die Okkupation der Philippinen, sollte den Weg für den Chinahandel bahnen. So auch Wehler, *Der Aufstieg des amerikanischen Imperialismus*, S. 265 mit weiterer Literatur.

Zitatnachweise

Cato über die Alpen als die Mauern Italiens ist Fragment 4,10 in der neuen Edition mit Übersetzung von Hans Beck und Uwe Walter, *Die Frühen Römischen Historiker I. Von Fabius Pictor bis Cn. Gellius*, Darmstadt 2001. Das Gutachten des Senatsausschusses für Flottenfragen ist zitiert nach der Dokumentation in Detlef Junker, *Kampf um die Weltmacht. Die USA und das Dritte Reich 1933–1945*, Düsseldorf 1988, Seite 177 ff. Das Bonmot über die Sicherheit, »im Osten und Westen Fische« verdanke ich Junker, *Von der Weltmacht zur Supermacht*, S. 18.

Die Zitate der Präsidenten und Außenminister, betreffend die Besitzergreifung ganz Nordamerikas und die wachsende Distanz zu Europa finden sich in der genannten Literatur: *Geschichte Amerikas* S. 252, Coolidge S. 110, Wehler, *Grundzüge* S. 64, 105/6; Krakau, *Der Eintritt*. Golo Manns Lob für den »staatenbauenden Genius« steht im 8. Band der *Propyläen Weltgeschichte*, Frankfurt a.M./Berlin 1960, S. 411. Die Illustration der Mannschaftsstärke Roms und der Produktionskraft Amerikas entstammen Plutarch, *Pyrrhos* 14 und *Der Spiegel* 46/1998.

WELTEROBERER

Die Punischen und die Weltkriege

Die Entstehung des Ersten und des Zweiten Punischen Krieges gehört zu den Fragen der Alten Geschichte, die nie zur Befriedigung aller Kenner beantwortet wurden und es wohl auch nie werden. Die Quellen lassen unterschiedliche Deutungen zu, über die Bleicken a.a.O. Auskunft gibt. Ich folge bei der Vorgeschichte des ersten Krieges im wesentlichen dem langen Aufsatz von Alfred Heuss in der *Historischen Zeitschrift* 169 (1949), der 1970 als eigenes Buch im Akademie-Verlag Berlin nochmals erschien. Für den zweiten Krieg erscheint mir die Erklärung überzeugend, die Wilhelm Hoffmann im *Rheinischen Museum* 94 (1951) gegeben hat und die ich durch eine eigene Untersuchung bestätigt glaube: *Klio* 79 (1997). Hoffmanns Aufsatz ist nochmals gedruckt in *Wege der Forschung*, Karl Christ (Hrsg.), *Hannibal*, Darmstadt 1974. Dort weitere Untersuchungen zum römisch-karthagischen Verhältnis. Darüber findet man auch Einsichten und Quellenhinweise im ersten Band von Matthias Gelzer, *Vom römischen Staat*, Leipzig 1943.

Rom unterschied sich von allen Staaten seiner Zeit, weil es nicht nur Kriege gewann, sondern auch dauerhafte Herrschaft über die Besiegten begründete. Über das Hauptinstrument, die Provinzen, unterrichtet im Überblick und Detail Werner Dahlheim, *Gewalt und Herrschaft. Das provinziale Herrschaftssystem der römischen Republik*, Berlin. New York 1977. Raimund Schulz, *Herrschaft und Regierung. Roms Regiment in den Provinzen in der Zeit der Republik*, Paderborn 1997, hat die Arbeit überzeugend fortgeführt.

Amerikas Rolle in den beiden Weltkriegen und im Kalten Krieg blieb nicht nur im Ausland, sondern auch in Amerika selbst allezeit umstritten. Einer »konservativen« Betrachtung, weitgehend im Einklang mit der Regierungspolitik, folgte jeweils eine »revisionistische«, die diese Politik in Zweifel zog.

Nur die Bankiers und Exporteure hätten Amerika in den Ersten Weltkrieg gebracht, hieß es in den dreißiger Jahren. Roosevelt wurde unterstellt, er habe Japan zum Überfall auf Pearl Harbor genötigt oder gar provoziert. Nicht Moskau, schrieben einige, sondern die herausfordernde Politik Trumans sei schuld am Kalten Krieg. Erst allmählich gelang es jeweils einer dritten Gruppe von Historikern, eine Mitte zwischen beiden Positionen zu finden, die den Tatsachen meist am nächsten kommt.

Über Amerikas Eintritt in den Ersten Weltkrieg gibt Quellen-Auskunft James Brown Scott (Hrsg.), *President Wilson's Foreign Policy. Messages, Addresses, Papers*, New York 1918. Aufschlußreich sind auch die Memoiren des an seiner eigenen Regierung zweifelnden deutschen Botschafters in Washington: Graf Johann-Heinrich Bernstorff, *Deutschland und Amerika. Erinnerungen aus dem fünfjährigen Kriege*, Berlin 1920. Golo Manns Bemerkung über Ludendorff steht in seiner *Deutschen Geschichte des XX. Jahrhunderts*, Frankfurt a.M. 1958, S. 147. Der Satz des Politologen Wilson steht in: Dr. Woodrow Wilson, *Der Staat. Elemente historischer und praktischer Politik*, Leipzig–Berlin 1913, S. 412.

Für die Zeit zwischen den Weltkriegen und Amerikas Weg in den Zweiten Weltkrieg folge ich in allen wesentlichen Fragen zwei Büchern von Detlef Junker: *Der unteilbare Weltmarkt. Das ökonomische Interesse in der Außenpolitik der USA 1933–1941*, Stuttgart 1975. Der Autor setzt sich mit einer Tendenz der amerikanischen Geschichtsschreibung auseinander, die wirtschaftlichen Expansionismus für das Hauptmotiv der Außenpolitik hält und besonders von William Appleman Williams vertreten wird: *The Tragedy of American Diplomacy*, New York 1962. Besonders hilfreich war mir Detlef Junker, *Kampf um die Weltmacht. Die USA und das Dritte Reich 1933–1945*, Düsseldorf 1988. Die Zitate in dem Abschnitt »Die große Debatte« entstammen der umfangreichen Dokumentation dort. Ausführlich und informativ hat das Thema neuerdings bearbeitet Herbert Sirois, *Zwischen Illu-*

sion und Krieg: Deutschland und die USA 1933–1941, Paderborn 2000. Die Vorgeschichte des amerikanisch-japanischen
Krieges gibt in dankenswerter Ausführlichkeit Peter Herde,
Pearl Harbor. 7. Dezember 1941, Darmstadt 1980. Winston
Churchills Memoiren steuern manches bei zum Verständnis
für Roosevelts Weg in den Krieg: *Der Zweite Weltkrieg*, Bern
1954, Lizenzausgabe Berlin, Darmstadt, Wien 1960. Die »halb-
europäischen Großstaaten« habe ich von George Kennan
übernommen: »the two great semi-European powers Russia
and the United States«, *Survey A journal of Soviet and East
European Studies* No 58, Januar 1966, S. 126.

Roms Ostpolitik und der Kalte Krieg

Die Sorge der Griechen vor Rom, der »Wolke im Westen«,
ist überliefert von Polybios (5,109 und 9,32–39) und erläu-
tert von Jürgen Deininger, *Der politische Widerstand gegen
Rom in Griechenland 217–86 v. Chr.*, Berlin, New York 1971,
Seite 25 ff. Deiningers Buch gibt, was in der römischen Geschichte meist untergeht: die Sicht der Opfer römischer Unterwerfung.

Roms Beweggründe zu dieser Unterwerfung sind fast
ebenso umstritten wie die Ursachen der Punischen Kriege,
Überblick über die unterschiedlichen Auffassungen bei Bleicken. Weitgehende Einigkeit herrscht, wie mir scheint, daß
die Unterwerfung der hellenistischen Welt nicht die Absicht,
sondern die Folge von Kriegen war, die Rom zur Begleichung
einer offenen Rechnung mit Philipp und zur Vorbeugung
gegen eine Machtkonzentration Makedoniens und Syriens
unternahm. Die grundlegende Arbeit schrieb M. Holleaux,
*Rome, la Grèce et les monarchies hellénistiques au IIIe siècle
av. J.-C.*, Paris 1921.

Zitatnachweise

Die Kriegserklärung an Philipp V.: Polybios 16,34, die Charakterisierung des Flamininus Plutarch, *Titus* 2. Catos Rede zur Rettung der Rhodier vor einer Kriegserklärung: Beck/ Walter, *Die frühen römischen Historiker*, Fragment 5,3

Literatur

Über die Potsdamer Konferenz im Juli 1945 und den Beginn des Kalten Krieges (bis 1953) geben die Memoiren von Präsident Harry S. Truman sehr aufschlußreiche Auskünfte. Ganz gleich was die Kritik an seiner Darstellung der Ereignisse zurechtzurücken hat, seine Vorstellungen von der Sowjetunion, China und dem »Weltkommunismus« kommen sehr klar zum Ausdruck und erklären viel von der Politik des entscheidenden Mannes in entscheidenden Jahren. *Memoiren*, Band I, Bern 1955, Band II, Bern 1956.

Für den Geist dieser Zeit, besser den Kampfgeist, ist ein sprechendes Zeugnis James Burnham, *Die Strategie des Kalten Krieges*, Stuttgart 1950, der amerikanische Titel lautete *The Coming Defeat of Communism*, New York 1950. Unter den Versuchen, die gegensätzlichen Auffassungen über Entstehung und Führung des Kalten Krieges zusammenzuführen, sind zu nennen: Wilfried Loth, *Die Teilung der Welt: Geschichte des Kalten Krieges 1941–1955*, München 1990. John Lewis Gaddis, *We Now Know: Rethinking Cold War History*, New York 1997. Kontinuierlich verfolgt die amerikanische Außenpolitik Christian Hacke, seine Bände über die Regierungen seit John F. Kennedy liegen nun zusammengefaßt und in 2. aktualisierter und erweiterter Ausgabe vor: *Zur Weltmacht verdammt. Die amerikanische Außenpolitik von John F. Kennedy bis George W. Bush*, München 2002. Ein Buch, fair und kritisch gegenüber seinem Gegenstand, gut lesbar, die innenpolitische Seite der Außenpolitik im Blick, voller guter Zitate und bis in die Gegenwart reichend.

Zwei umfangreiche Sammelbände sind zwar dem amerikanisch-deutschen Verhältnis gewidmet, enthalten aber viel über Amerikas Verhältnis zur gesamten Außenwelt: Detlef Junker (Hrsg.) in Verbindung mit Philipp Gassert, Wilfried Mausbach und David B. Morris, *Die USA und Deutschland im Zeitalter des Kalten Krieges 1945–1990. Ein Handbuch.* 2 Bände, Stuttgart, München 2001. Dem von Wolfgang Krieger teils geschriebenen, teils verantworteten Abschnitt »Sicherheit« verdanke ich wichtige Informationen über die ersten Nachkriegsjahre. Ebenso seiner Schrift *Die Ursprünge der langfristigen Stationierung amerikanischer Streitkräfte in Europa, 1945–1951*, Stiftung Wissenschaft und Politik, Mai 1988

Aus der fast endlosen Memoiren-Literatur bleibt herausragend durch Niveau und historische Dimension: Henry A. Kissinger, *Memoiren 1968–1973*, München 1979, *1973–1974 Band 2*, München 1982. Überraschend aktuell wirkt noch heute der Band des maßgebenden Außenpolitikers Senator William Fulbright, *Die Arroganz der Macht*, Reinbek 1967.

Das sowjetische Ressentiment gegenüber dieser Arroganz zeigte sich, als Chruschtschow im Herbst 1962 Raketen auf Kuba stationieren ließ, die auf New York gerichtet waren. Der zitierte Satz, »ein bißchen von ihrer eigenen Medizin verabreichen«, steht in den Erinnerungen des Partei- und Regierungschefs: Strobe Talbott (Hrsg.), *Chruschtschow erinnert sich*, Reinbek 1971, S. 494. Seinen Blick über das Schwarze Meer und seine Sorge vor der Amerikareise berichtet sein Schwiegersohn Alexej Adschubej, *Gestürzte Hoffnung. Meine Erinnerungen an Chrustschow*, Berlin 1990, S. 283 ff.

Den Verfall des Leninismus als politische Kraft und den Glaubensverlust auch der Gläubigen, die 1989 im kampflosen Zusammenbruch des sowjetischen Imperium endeten, habe ich beschrieben in: *Das Ende des ideologischen Zeitalters. Die Europäisierung Europas*. Berlin 1981.

Zitatnachweise

John Foster Dulles zu Willy Brandt über ein ungebundenes
Deutschland: Willy Brandt, *Begegnungen und Einsichten*,
Hamburg 1976, S. 84. Dean Rusk über die Notwendigkeit,
sich um alles zu kümmern, zitiert nach Detlef Junker, *Von der
Weltmacht zur Supermacht*, S. 8. Reagan über einen neuen
Kreuzzug für die Freiheit und die Überwindung des Kommu-
nismus zitiert nach Christian Hacke a.a.O., S. 308.

Parallelstraßen

Die Charakterisierung der militärischen Zustände in Amerika während des 18. und 19. Jahrhunderts stützt sich auf die
entsprechenden Abschnitte der *Geschichte Amerikas,* von dort
stammen auch die Zitate. Die nicht »besonders friedfertige«
Veranlagung der Amerikaner Coolidge a.a.O. S. 86. Reagan
und Andropow: Ronald Reagan, *Erinnerungen. Ein amerikanisches Leben,* Berlin 1990, S. 623. Cicero über die Verteidigung der Verbündeten Gelzer a.a.O., S. 33 mit weiteren
Belegen. Die Angstmacher vor den Kriegen gegen Philipp
und Hitler: Livius 31, 7,7 und der frühere amerikanische
Botschafter in Frankreich William C. Bullitt: Junker, *Kampf
um die Weltmacht*, S. 143. Robert McNamara über Einigkeit des Volkes zitiert nach Hacke a.a.O. S. 196. Truman zu
Attlee über einen Rückzug aus Korea: *Memoiren* Band II,
S. 463. Cato über Hochmut: Beck/ Walter, *Die frühen römischen Historiker,* Fragment 5,3. Kein Ersatz für Sieg: Reagan zitiert nach Hacke a.a.O. S. 304; Bush junior *Frankfurter Allgemeine Zeitung* 21. 3. 2003. Susan P. Mattern
über Ehre und Rache in der Außenpolitik: *Rome and the
Enemy. Imperial Strategy in the Principate,* Berkeley 1999,
S. 194.

Heuss über das gute Gewissen der Römer: *Latein und
Europa,* S. 319. Mommsen über Roms Welteroberung: *Römische Geschichte* I, 9. Auflage Berlin 1903, S. 661. Präsident

McKinley über den Gang der Ereignisse, die den Menschen überwältigen, zitiert nach Louis J. Halle a.a.O. S. 188.

NEUROTISCHE RIESEN

Literatur

Der lange, schmerzvolle Prozeß, in dem die römische Republik allmählich der römischen Weltmacht erlag und in eine Monarchie überging, Thema dieses und des folgenden Kapitels, hat allezeit höchstes Interesse und vielerlei Deutungen erfahren, ausführlich referiert von Bleicken. In einer revidierten Neuausgabe ist das Standardwerk wieder zugänglich: Ronald Syme, *Die Römische Revolution. Machtkämpfe im antiken Rom*, herausgegeben von Christoph Selzer und Uwe Walter, mit einem Nachwort von Werner Dahlheim und einem Essay von Uwe Walter, Stuttgart 2003. Das englische Original erschien 1939 in Oxford. Karl Christ, *Krise und Untergang der römischen Republik*, 3. erweiterte Auflage, Darmstadt 1993.

Die einzigartige Stellung der Vereinigten Staaten nach dem Ende der Sowjetunion und ihre Politik seitdem hat viele amerikanische und ausländische Autoren beschäftigt und zu ganz unterschiedlichen Urteilen geführt. Die internationalen Konsequenzen behandeln die ehemaligen Sicherheitsberater Henry Kissinger, *Die Herausforderung Amerikas. Weltpolitik im 21. Jahrhundert*, München/Berlin 2002; Zbigniew Brzezinski, *Die einzige Weltmacht. Amerikas Strategie der Vorherrschaft*, Weinheim und Berlin 1997. Während die älteren Politiker die Macht und das Maß bewahren wollen, neigen jüngere zur Betonung des ersten: Robert Kagan, *Macht und Ohnmacht. Amerika und Europa in der neuen Weltordnung*, Berlin 2003. Chalmers Johnson, vor allem Kenner Ostasiens, tendiert in die entgegengesetzte Richtung: *Ein Imperium verfällt. Wann endet das Amerikanische Jahrhundert?* München 2000. Von Kagans Buch abgesehen sind die deutschen Titel mehr auf Effekt gerichtet als die amerikanischen. Deutsche und amerikanische Wissenschaftler trafen sich 1993 zu einer Bestandsaufnahme der amerikanischen Politik, also lange vor dem Terroranschlag des 11. September und der Präsidentschaft von Bush junior: Herbert Dittgen/Michael Minkenberg (Hrsg.), *Das amerikanische Dilemma. Die Vereinigten Staaten nach dem Ende des Ost-West-Konflikts,* Paderborn 1996. Ernst-Otto Czempiel erfaßt beide Phasen der amerikanischen Politik unter demselben Titel: *Weltpolitik im Umbruch* erschien 1991 und als neues Buch 2002 in München. Im ersten beschreibt Czempiel das Zurücktreten des Staates in der internationalen Politik und das Eindringen »gesellschaftlicher Akteure«, im zweiten sieht er die staatlichen Akteure wieder Krieg machen und übt heftige Kritik an Bushs Reaktion auf den 11. September. Diese Reaktion bis in die Einzelheiten zu erforschen, nahm sich Bob Woodward vor, *Bush at War, Amerika im Krieg,* Stuttgart/München, 3. Auflage 2003.

Zitatnachweise

Der berühmte Satz Catos, Karthago müsse zerstört werden, ist in dieser Form nicht antik, inhaltlich aber gesichert, Bleicken a.a.O., S. 163. Bush junior beschwor den Sieg über den Irak am 20. 3. 2003, *Frankfurter Allgemeine Zeitung* 21. 3. 2003. Wie sein Vater begründete, weshalb er auf den vollen Sieg verzichtete und nicht bis Bagdad marschieren ließ, hat Hacke a.a.O. S. 484–86 dokumentiert. Ebenso die Friedens-Utopie der ersten Clinton-Jahre in der Formulierung des Strategie-Fachmanns Edward Luttwak. Die Amerikaner zwischen Vernunft und Erregung, Fulbright a.a.O. S. 241. Die eindrucksvolle Rede des Senators Robert C. Byrd gegen Bushs Irak-Krieg, *Frankfurter Allgemeine Zeitung* 1. 3. 2003. McNamaras Satz, Amerika habe kein von Gott verliehenes Recht, andere Nationen zu formen, steht in seiner Selbstkritik über den Vietnam-Krieg, dokumentiert von Hacke a.a.O.

S. 196. Bushs Versicherung, die Entwaffnung Saddam Husseins verringere die Terrorgefahr, *Frankfurter Allgemeine Zeitung* 19. 3. 2003. Rumsfeld über den 11. September als Gelegenheit, Saddam Hussein anzugreifen: Woodward a.a.O. S. 65. Attalos von Pergamon unter römischem Druck, zitiert nach Bringmann, *Geschichte der römischen Republik*, S. 143. Der Pentagonstudie des Jahres 1992, keinen Rivalen aufkommen zu lassen, folgte 1996 das Gutachten einer »Kommission für Amerikas nationale Interessen«, die zu vitalen Interessen erklärte: Abwehr von Massenvernichtungswaffen, Verhinderung einer feindlichen Hegemonialmacht in Europa oder Asien und einer größeren feindlichen Macht an den US-Grenzen oder in Kontrolle der Ozeane. Zu den Mitgliedern der Kommission ohne amtlichen Auftrag gehörten einige Personen, die unter Bush junior in Schlüsselpositionen gelangten. Über den Wandel vom Miliz- zum Berufsheer und die politischen Folgen handelt Werner Dahlheim *Klio 74*, 1992. Robert Kagans Bemerkungen über zunehmenden Unilateralismus und Interventionismus nach dem Ende der Sowjetunion stehen a.a.O. S. 32 und 55. Henry Kissinger über das gesunkene außenpolitische Interesse a.a.O. S. 28 ff. Über die Regierungspropaganda im Golfkrieg von 1991 John R. MacArthur, *Die Schlacht der Lügen. Wie die USA den Golfkrieg verkauften*, München 1993. Fulbright über die Neigung, Macht mit Tugend zu verwechseln a.a.O. S. 9.

IMPERIUM UND EMPIRE

Literatur

Wenn seit Ende vergangenen Jahrhunderts Amerika mit Rom verglichen wird, so ist fast ohne Ausnahme das Reich der Kaiser gemeint, allerdings ohne Erklärung, auf welche Zeit man sich bezieht: auf das erfreuliche zweite Jahrhundert der »guten« Kaiser, das schreckliche der Soldatenkaiser oder den hierarchischen Verwaltungsstaat der Spätantike. Hier ist der erste Abschnitt gemeint und jeweils angemerkt, wenn spätere einbezogen werden. Die Fatalität des Vergleichs liegt darin, daß vielen oder den meisten bei Rom auch, oder nur, der Fall Roms einfällt und das Gegenteil des Zwecks erreicht wird: Wer Amerika neben Rom stellt, scheint nicht die Macht Amerikas im Auge zu haben, sondern dessen Untergang.

Die Debatte, ob die Vereinigten Staaten ein Empire seien oder werden sollten, gewinnt ihre Lebhaftigkeit nicht zuletzt daraus, daß weder Klarheit noch Einigkeit besteht, was eigentlich ein American Empire sein kann oder soll oder ist. Wichtige amerikanische und europäische Stimmen zu der Debatte sind hier versammelt in: Ulrich Speck und Natan Sznaider (Hrsg.), *Empire Amerika. Perspektiven einer neuen Weltordnung*, München 2003.

Zitatnachweise

Krauthammer über die unvergleichliche Macht Amerikas: *New York Times* 2. 4. 2002. Kagan über Amerika als Zentrum der Weltordnung a.a.O. S. 110. Kaplan für Lektüre der antiken Historiker *New York Herald Tribune* 2. 4. 2002. Kissinger über die Gefahr des Cäsarismus a.a.O. S. 371/2. Brzezinski über Demokratie und Imperialismus a.a.O. S. 300. Über die Weltsprache Englisch informiert Ulrich Ammon im Sonderheft des *Merkur* /617/618, September/Oktober 2000, »Europa oder Amerika. Zur Zukunft des Westens«. Brzezinski über die begrenzte Zeit, die Amerika als führender Weltmacht bleibt a.a.O. S. 303–306. Ernst Kornemann über die unsichtbaren Grenzen des römischen Kaiserreiches: *Gestalten und Reiche*, Wiesbaden 1943, S. 323.

ANTIKE UND ABENDLAND

Literatur

Für die Kultur und Zivilisation der Antike empfehlen sich ein ganz altes und ein ganz neues Werk. Ludwig Friedlaender, *Darstellungen aus der Sittengeschichte Roms in der Zeit von August bis zum Ausgang der Antonine*, Leipzig 1881. Hier findet man schon fast alles, das Neuere erst zu entdecken meinen. Bei Manfred Fuhrmann, *Geschichte der römischen Literatur*, Stuttgart 1999 findet man, was der Leser von heute außer dem Literarischen über Literatur wissen möchte. Von vergleichbarer Bedeutung für die amerikanische Kultur und Zivilisation ist Charles A. Beard and Mary R. Beard, *The Rise of American Civilisation*, New York, seit 1927 immer neu aufgelegt.

Das politische Dauerthema Amerika und Europa erhielt nach dem Ende des gemeinsamen Gegners Sowjetunion erhöhte und neue Bedeutung: Was hält uns zusammen, wenn uns nichts mehr bedroht? Der Irak-Krieg trennte Amerika sogar von den meisten Europäern. Die kluge Schrift von Robert Kagan und die engagierte von Ernst-Otto Czempiel markieren die entgegengesetzten Positionen. Der *Merkur* widmete dem Thema das genannte Sonderheft »Europa oder Amerika«. Im Juni 2001 trug Heft 151 der *vorgänge* den Titel »Im Sog des Westens« mit ähnlicher Thematik und einem Interview mit Egon Bahr »Wir müssen versuchen, uns zu emanzipieren«.

Zitatnachweise

Dahlheim über ein wenig bekanntes Erbe: *An der Wiege Europas. Städtische Freiheit im antiken Rom*, Frankfurt a. M. 1999, S. 17. Heuss über das römische Reich als politische Hülle der griechischen Zivilisation in *Latein und Europa*, S. 323.

ZEITTAFEL

Römische Geschichte

Um 470 v. Chr.	Befreiung von der etruskischen und der Königsherrschaft
387	Eroberung Roms durch die Kelten, »Wehe den Besiegten«!
367–287	Herausbildung der Adelsrepublik aus Patriziern und den führenden Familien der Plebejer
340–338	Unterwerfung von Latium
326–291	Kriege gegen die Samniten, die stärksten Gegner in Italien, 321 Niederlage des römischen Heeres, das waffenlos durch das »Caudinische Joch« ziehen mußte
280–272	Krieg gegen Pyrrhos, Samniten und Lukaner
264–241	Erster Punischer Krieg
237	Rom zwingt Karthago zur Abtretung Sardiniens
229	Krieg gegen die Seeräuber-Königin Teuta in Illyrien
237–218	Errichtung einer karthagischen Herrschaft in Spanien durch die Barkiden Hamilkar, Hasdrubal und Hannibal
227/6	Sizilien und Sardinien werden Provinzen, Amtsbezirke zweier Prätoren als Militärbefehlshaber. Hasdrubal wird genötigt, den Ebro als Nordgrenze seines Machtbereichs anzuerkennen

149–146 Dritter Punischer Krieg, Aufstand eines Usurpators in Makedonien und des Achäischen Bundes

146 Zerstörung Karthagos durch Scipio Aemilianus, Zerstörung Korinths. Das Gebiet Karthagos sowie Makedonien und Teile Griechenlands werden Provinzen

136–133 Erster sizilischer Sklavenkrieg

133 König Attalos III. von Pergamon vererbt Rom sein Reich

129 Errichtung der zweiten Provinz im Osten, Pergamon wird Asia

112–105 Krieg gegen Jugurtha, König von Numidien

113–101 Einfälle der Kimbern und Teutonen, nach Niederlagen von Marius schließlich besiegt

91–88 Aufstand der italischen Bundesgenossen, die sich das römische Bürgerrecht erzwingen. Ganz Italien außer Oberitalien ist nun »Rom«

88 Einfall von Mithridates, König von Pontos, nach Kleinasien und Griechenland, Massenmord an Römern und Italikern. Bis zum Jahr 64 Kriege gegen Mithridates

88 Lucius Cornelius Sulla marschiert auf Rom und entmachtet innenpolitische Gegner

83–79 Zweiter Marsch Sullas auf Rom, Bürgerkrieg und Diktatur Sullas

77–71 Krieg mit römischer Gegenregierung in Spanien

73–71 Sklavenaufstand in Italien unter Spartacus

67 Pompeius befreit das gesamte Mittelmeer von Piraten

86–63 Pompeius vertreibt Mithridates und ordnet den Osten

60	Erstes Triumvirat: Pompeius, Caesar und Crassus vereinigen sich zu einem Machtkartell
58–51	Caesar erobert Gallien
49–45	Bürgerkrieg Caesars gegen Pompeius und die Republikaner
44	Ermordung Caesars
43/2	Bürgerkrieg zwischen Caesar-Erben und Caesar-Mördern
33–31	Bürgerkrieg zwischen den Caesar-Erben Antonius und Octavian, Sieg Octavians 31 bei Actium
27	Begründung des Prinzipats, der republikanisch verkleideten Monarchie, Octavian erhält den Ehrentitel Augustus, der Erhabene
27–9 n. Chr.	Eroberungen bis zur Rhein- und Donaugrenze, Verzicht auf Eroberung des Partherreiches
77–84	Dauerhafte Festsetzung in England bis zur schottischen Grenze
98–180	Unter den vier »guten« Kaisern Trajan, Hadrian, Antoninus Pius und Mark Aurel durchlebt das Römische Reich seine glücklichste Epoche. Pflichtbewußte Herrscher übernehmen die Verantwortung für die Bevölkerung der Provinzen; deren Eliten erhalten das römische Bürgerrecht; die römische Herrschaft verliert den Charakter der Fremdherrschaft
115–117	Kaiser Trajan verschafft dem Reich die größte Ausdehnung und Überdehnung, die Provinzen Assyria und Mesopotamia (der heutige Irak) werden von seinem Nachfolger aufgegeben
161–180	Die Vorboten der Völkerwanderung, die Markomannen, bestürmen die Donauprovinzen. Seitdem wird das Reich, mit kurzen Ruhepausen, von Norden, Osten und Süden angegriffen; Verteidigung

wird zur Hauptaufgabe, Generäle werden Kaiser, 35 Kaiser lösen einander bis zum Jahr 284 ab

212/3   Fast alle Reichsbewohner erhalten das römische Bürgerrecht

224/226 Im iranischen Sassaniden-Reich entsteht Rom ein Rivale, der die römischen Ostprovinzen fordert und die Weltherrschaft beansprucht

260   Kaiser Valerian wird besiegt, gefangengenommen und zur Huldigung des Sassaniden-Königs gezwungen. Der obergermanische Limes wird aufgegeben

284–305 Kaiser Diokletian stabilisiert das Reich durch Teilung, Neuorganisation (Italien verliert seine Sonderstellung) und Machtkonzentration. Der Prinzipat wird zum Dominat, dem spätantiken Zwangsstaat

313   Kaiser Konstantin erkennt das bisher verfolgte Christentum an

410   Die Westgoten erstürmen Rom; erste Eroberung seit 387 v. Chr.

476   Romulus Augustulus, Roms letzter Kaiser, abgesetzt. Das Oströmische Reich (Byzanz) besteht noch 1000 Jahre weiter bis zur Einnahme Konstantinopels durch die Türken 1453

Amerikanische Geschichte

1775–1783 Im Unabhängigkeitskrieg lösen sich 13 Kolonien vom Mutterland England

1789   Die Verfassung tritt in Kraft

17. 9. 1796 Abschiedsbotschaft Washingtons: Heraushalten aus den Streitigkeiten Europas

1803   Kauf des Louisiana-Territoriums von Frankreich,
            Verdoppelung des Staatsgebiets

1812–1814   Krieg gegen Großbritannien, englische Truppen
            brennen 1814 Regierungsgebäude in Washing-
            ton nieder, letzte Feindeinwirkung auf US-Gebiet
            bis zum Terroranschlag am 11. 9. 2001

1819   Kauf Floridas von Spanien

2. 12. 1823 Verkündung der Monroe-Doktrin

1845   Der Kongreß billigt die Annexion des seit zehn
            Jahren selbständigen Texas

1846–1848   Krieg gegen Mexiko, das sein halbes Staatsgebiet
            abtreten muß, auf dem sechs US-Staaten ent-
            stehen

1861–1865   Bürgerkrieg: Die sklavenhaltenden Südstaaten
            erklären sich für unabhängig, die Nordstaaten
            erzwingen die Wiederherstellung der Einheit.
            Verlustreichster Krieg, den Amerika je führte

1864–1867   Napoleon III. etabliert Erzherzog Maximilian,
            Bruder Franz Josephs I., als Kaiser von Mexiko.
            Die USA erzwingen den Abzug der französischen
            Truppen und Preisgabe Maximilians

1867   Kauf Alaskas von Rußland

1895   Im Grenzstreit zwischen Venezuela und Britisch-
            Guayana tritt Washington für Venezuela gegen
            Großbritannien ein und feiert einen »Sieg«

1898   Krieg gegen Spanien, das Puerto Rico, Guam und
            die Philippinen abtreten und Kuba in die Unab-
            hängigkeit entlassen muß. Kuba wird amerikani-
            sches Protektorat, 1903 US-Marinestützpunkt
            Guantanamo auf Kuba; Annexion von Hawaii

1898–1902   Kolonialkrieg gegen die um Selbständigkeit kämp-
            fenden Filipinos

1904–1914 Bau des Panama-Kanals, nachdem die kolumbianische Provinz Panama mit Hilfe der USA ihre Selbständigkeit erklärt hatte

1905–1914 Interventionen in der Dominikanischen Republik, Kuba, Nicaragua, Mexiko, Haiti

1905 Präsident Theodore Roosevelt vermittelt den Frieden zwischen Rußland und Japan, erhält den Friedensnobelpreis

1917–1918 Teilnahme am Ersten Weltkrieg

1919 Der Kongreß lehnt Eintritt in den Völkerbund ab

1928 Im Kellogg-Briand-Pakt ächten die USA mit 61 anderen Staaten den Krieg als Mittel der Politik

1933 Anerkennung der Sowjetunion, Aufnahme diplomatischer Beziehungen

1935–1937 Neutralitätsgesetze sollen verhindern, daß die USA wie 1917 in einen Krieg geraten. Präsident Roosevelt plädiert gegen weltpolitische Abstinenz

1939 Neutralitätserklärung und Lockerung der Neutralitätsgesetze

1940 Lieferung von Kriegsgerät an Großbritannien gegen Überlassung von Stützpunkten auf Neufundland, den Bermudas und den Bahamas

1941 Das Pacht- und Leihgesetz, Anlaß für eine Grundsatzdebatte über Amerikas Rolle in der Weltpolitik, erlaubt Lieferung von Rüstungsgütern, wenn für die Sicherheit notwendig. Besetzung von Grönland und Island. Sperrung aller japanischen Guthaben in den USA, Handelsembargo gegen Japan. Verkündung der Atlantik-Charta gemeinsam mit Großbritannien.

7. 12. 1941 Japanischer Überfall auf Pearl Harbor, Zerstörung der US-Flotte; am Folgetag Kriegserklärung an Japan, am 11. Dezember deutsche Kriegserklärung an Amerika

24. 1. 1943 Roosevelt und Churchill verkünden als Kriegsziel die bedingungslose Kapitulation der Feindmächte

6. 6. 1944   Landung amerikanischer und britischer Streitkräfte in der Normandie

8. 5. 1945   Kapitulation der deutschen Wehrmacht, ab 5. 6.
Beginn der Vier-Mächte-Verwaltung Deutsch-
lands

26. 6. 1945 Unterzeichnung der Charta der Vereinten Nationen in San Francisco

6./9. 8. 1945 Abwurf von Atombomben auf Hiroshima und
Nagasaki

14. 8. 1945 Kapitulation Japans, anschließend Besetzung
durch amerikanische Streitkräfte

12. 3. 1947 Truman-Doktrin zur Stützung Griechenlands
und der Türkei gegen kommunistischen Druck
und Unterwanderung

5. 6. 1947   Marshall-Plan zur Stabilisierung Westeuropas
gegen den Kommunismus

11. 6. 1948 Vandenberg-Resolution empfiehlt Verteidigungs-
absprachen in Übersee, wenn nötig für die nationale Sicherheit

1948–1949   Sowjetische Blockade West-Berlins, amerikanisch-
britische Luftbrücke

4. 4. 1949   Unterzeichnung des Nordatlantik-Pakts

23. 9. 1949 Explosion einer sowjetischen Atombombe, Ende
des amerikanischen Atomwaffen-Monopols

1. 10. 1949 Sieg Mao Tse-tungs, Amerika »verliert« China

1950–1953   Korea-Krieg

1951   ANZUS-Sicherheitspakt: Australien, Neuseeland,
USA

1954   SEATO (Sicherheitspakt für Südostasien)

1958–1962 Bedrohung West-Berlins durch sowjetische Ulti-
maten, am 13. 8. 1961 Bau der Mauer, Kompromiß sowjetischer und amerikanischer Interessen

1962 Stationierung sowjetischer Raketen auf Kuba,
Atomkriegsgefahr. Kompromiß: Abbau der sowjetischen Raketen auf Kuba und der amerikanischen in der Türkei, Amerika greift Kuba nicht
an, die Sowjetunion nicht West-Berlin

1962–1973 Zunehmendes Engagement und Krieg in Vietnam

1970 Die amerikanische Überlegenheit in der Atom-
rüstung ist zu Ende, Verhandlungen über die
Begrenzung der strategischen Rüstungen (SALT)
beginnen. Die Nixon-Doktrin begrenzt überseei-
sches Engagement: Hilfe für Verbündete, aber
nicht Verteidigung aller freien Nationen in der
Welt

1973 Rückzug der amerikanischen Truppen aus Vietnam

1983 Präsident Reagan kündigt die Entwicklung eines weltraumgestützten Raketenabwehrsystems
(SDI) an

1985–1989 Verträge mit der Sowjetunion (Generalsekretär
Michail Gorbatschow) über Rüstungsbegren-
zung und -abbau

1990 Präsident George Bush erwirkt Gorbatschows
Zustimmung zur Vereinigung Deutschlands und
dessen Zugehörigkeit zur NATO

1991 Auflösung des Warschauer Pakts und der Sowjetunion, Ende des Ost-West-Konflikts. Krieg gegen
den Irak, der Kuweit überfallen und annektiert hat

1999 Luftkrieg im Rahmen der NATO ohne Mandat
der Vereinten Nationen gegen Rest-Jugoslawien,

»Kosovo-Krieg«. Erweiterung der Nato um Polen, Tschechien und Ungarn

11. 9. 2001 Terroristischer Überfall auf das Welthandelszentrum in New York und das Pentagon in Washington

2002 Vertreibung der Taliban und der Terror-Organisation Al Qaida aus Afghanistan. Mit der zweiten Ost-Erweiterung der NATO gehören alle ehemaligen Verbündeten Moskaus und drei ehemalige Sowjetrepubliken im Baltikum der amerikanisch geführten Allianz an

2003 Krieg gegen den Irak, Entmachtung des Diktators Saddam Hussein

Personenregister

»Ein erzählendes, beschreibendes, historisches Meisterwerk unserer Zeit.«

Golo Mann

So nuanciert wie fesselnd beschreibt Ronald Syme den blutigen Kampf um die Macht, den der herrschende Adel in Rom führte. Am Ende stand der Untergang der Republik.

»Es gibt historische Bücher, die sind spannender als jeder Roman. Zum 100. Geburtstag des Historikers Ronald Syme ist sein Meisterwerk in einer Übersetzung erschienen, die seiner Formulierungskraft endlich Ausdruck verleiht. Syme hat ein flüssig lesbares, im besten Sinne unterhaltendes Opus nicht nur zur römischen Geschichte geschrieben, sondern zu Funktionsweisen von Dekadenz und Totalitarismus.«

Wirtschaftswoche

Ronald Syme:
Die Römische Revolution
Machtkämpfe im antiken Rom
Grundlegend revidierte und erstmals vollständige Neuausgabe
777 Seiten, gebunden, 50 s/w-Abb., Lesebändchen,
ISBN 3-608-94029-4

Klett-Cotta

Geschichte des 20. Jahrhunderts

**Antisemitismus in
Deutschland**
Zur Aktualität eines Vorurteils
Hg. v. Wolfgang Benz
ISBN 3-423-04648-1

Peter Bender
Episode oder Epoche?
Zur Geschichte des geteilten
Deutschland
ISBN 3-423-04686-4

Wolfgang Benz
Potsdam 1945
ISBN 3-423-34230-7

**Die Gründung der
Bundesrepublik**
Von der Bizone zum
souveränen Staat
ISBN 3-423-04523-X

Deutsche Geschichte seit 1945
Chronik und Bilder
ISBN 3-423-30705-6

**Geschichte des Dritten
Reiches**
ISBN 3-423-30882-6

Martin Broszat
Der Staat Hitlers
ISBN 3-423-30172-4

Hans Buchheim, Martin
Broszat, Hans-Adolf
Jacobsen, Helmut Krausnick
Anatomie des NS-Staates
ISBN 3-423-30145-7

**Dokumentation der
Vertreibung der Deutschen
aus Ost-Mitteleuropa**
Gesamtausgabe in 8 Bänden
Im Text unveränderter
Nachdruck der Erstausgabe
von 1954–1961
ISBN 3-423-59072-6

**Enzyklopädie des
Nationalsozialismus**
Hg. v. Wolfgang Benz,
Hermann Graml und
Hermann Weiß
ISBN 3-423-33007-4

Niall Ferguson
Der falsche Krieg
Der Erste Weltkrieg und das
20. Jahrhundert
Übers. v. K. Kochmann
ISBN 3-423-30808-7

Norbert Frei
Vergangenheitspolitik
Die Anfänge der Bundesrepu-
blik und die NS-Vergangenheit
ISBN 3-423-30720-X

Der Führerstaat
Nationalsozialistische
Herrschaft von 1933 bis 1945
ISBN 3-423-30785-4

Hitlers Eliten nach 1945
Hg. v. N. Frei
ISBN 3-423-34045-2

Bitte besuchen Sie uns im Internet: www.dtv.de

Pilasterkapitell (Didyma)

Antenkapitell (Athen)

a

b

a lesbisches Kyma, b ionisches Kyma

Bassai

Athen

Didyma

Eleus

korinthische Kapitelle

Ionische Schmuckformen, korinthische Kapitelle

dtv-Atlas Baukunst

Band 1: Allgemeiner Teil.
Baugeschichte von Meso-
potamien bis Byzanz
130 Abbildungsseiten in Farbe
Originalausgabe

ISBN 3-423-03020-8

Bitte besuchen Sie uns im
Internet: www.dtv.de

dtv-Atlas
Baukunst

Band 1
Allgemeiner Teil
Baugeschichte
von Mesopotamien
bis Byzanz

Geschichte des 20. Jahrhunderts

Ian Kershaw
Hitlers Macht
Das Profil der NS-Herrschaft
Übers. v. J. P. Krause
ISBN 3-423-30757-9

Der Hitler-Mythos
Führerkult und Volksmeinung
Übers. v. B. Rehbein und
K. Kochmann
ISBN 3-423-30834-6

Hitler
Gesamtausgabe in drei Bänden
Band 1: 1889–1936
Übers. v. J. P. Krause und
J. W. Rademacher
ISBN 3-423-30841-9

Band 2: 1936–1945
Übers. v. K. Kochmann
ISBN 3-423-30842-7

Band 3: 1889–1945.
Registerband
ISBN 3-423-30843-5

David Clay Large
Hitlers München
Aufstieg und Fall der
Hauptstadt der Bewegung
Übers. v. K. H. Siber
ISBN 3-423-30794-3

Hartmut Mehringer
Widerstand und Emigration
Das NS-Regime und
seine Gegner
ISBN 3-423-04520-5

Peter Merseburger
Willi Brandt 1913–1992
Visionär und Realist
ISBN 3-423-34097-5

Horst Möller
Die Weimarer Republik
Eine unvollendete Demokratie
ISBN 3-423-34059-2

Peter Novick
Nach dem Holocaust
Der Umgang mit dem
Massenmord
Übers. v. I. Arnsperger und
B. Rehbein
ISBN 3-423-30877-X

Karin Orth
Die Konzentrationslager-SS
Sozialstrukturelle Analysen
und biographische Studien
ISBN 3-423-34085-1

Andrew Roberts
Churchill
und seine Zeit
Übers. v. F. Griese
ISBN 3-423-24132-2

Hagen Schulze
Der Weg zum Nationalstaat
Die deutsche Nationalbewe-
gung vom 18. Jahrhundert bis
zur Reichsgründung
ISBN 3-423-04503-5
Kleine deutsche Geschichte
ISBN 3-423-30703-7

Bitte besuchen Sie uns im Internet: www.dtv.de

Der Klassiker zur Geschichte der
römischen Republik

Theodor Mommsen
Römische Geschichte

Vollständige Ausgabe in acht Bänden
ISBN 3-423-59055-6

Theodor Mommsen legte mit seinem monumentalen Werk
den Grundstein der modernen Forschung. Seine umfassende
Geschichte der römischen Republik, von der Frühzeit bis zum
Beginn der Kaiserzeit, wurde ein sensationeller Publikumserfolg
und fand große internationale Resonanz. Sie gilt bis heute als
einzigartiges Meisterwerk.

»Selten fühlt man so lebhaft wie beim Studium von Mommsens
›Römische Geschichte‹, daß Klio eine der Musen war. Dieses
Werk begeisterte uns, als wir es in unserer Jugend kennenlern-
ten; es behält, da wir es in älteren Tagen wieder lesen, seine
Gewalt über uns. So groß ist die Kraft der historischen
Wissenschaft, wenn sie zugleich große historische Kunst ist.«
*Aus der Laudatio bei der Verleihung des Nobelpreises
für Literatur 1902 an Theodor Mommsen.*

»Mommsen hat die Grundlagen und die neuen Ziele für die
moderne Forschung nicht nur erschlossen, sondern schon
weitgehend erarbeitet. Damit zählt sein Werk zu den
hervorragendsten historiographischen Leistungen
des 19. Jahrhunderts.«
Kindlers Neues Literatur Lexikon